直译意译观念溯源

从佛经翻译到兰学翻译

陶磊 著

序

回想第一次跟陶磊见面,是在 2009 年底或 2010 年初,转眼已超过十年。

还记得最初见到陶磊的一刻,我是满心歉意的。那天,我从香港飞上海,陈思和兄说派陶磊到机场来接我。我回说,上海是我最常到的城市,实在没有接机的需要。跟着,思和兄告诉我,陶磊想跟我读博,希望这次能在上海见面。于是,我就请思和兄转告陶磊,我们在复旦的复宣饭店碰头。可是,那趟沟通上出了一点问题。我原已约好了一些友人,下飞机后直接去跟他们见面和吃晚饭,我以为是到上海后再另与陶磊相约见面的时间。但那晚十时多回到饭店时,却见到陶磊可怜兮兮地坐在复宣的大堂等我——是从午后一直等到晚上十时多。真的很歉咎,竟然这样浪费了年轻人的宝贵时间。虽然已是十多年前的事,但今天回想起来仍然耿耿于怀。

在过去一段很长的时间里,我完全不带博士生。这不是什么有没有博导资格的问题,香港的制度不同,助理教授也能带博士。但我自己带的第一个博士生要在 2005 年才入学,那是我开始在大学教书后 20 年的事,期间连硕士生也没有招一个。这似乎有点不寻常,但对我来说却很简单,就是不想浪费年轻人的宝贵时间。

一直认为,当导师压力是很大的。年轻人把一辈子的学术生命押在你身上，能没有压力吗？我时常跟一些要跟我读博的年轻人说，要慎重考虑，因为我自知不是好导师，我有挺惹人反感的"三不"：一不给题目，二不提供书单，三不联名发表文章。大概这在内地是较少见的。

要学生自己找论文题目，这是我一直坚持的。勉强派一个题目，不管喜欢不喜欢，却要学生捱上三五年，太残忍吧，更不要说一定做不出好成绩。况且，即使勉强接受一个派来的题目，完成论文，取得学位，后续呢？总不可能一辈子都要导师出题目吧？因此，训练博士生，首先应该训练他们学会找题目。花了好几年，还不知道怎样找一个有价值的题目去写论文，那真是浪费时间了。相反，学生自己找到一个真正喜爱的题目，如鱼得水，自然会享受研究的过程，做出成绩来，而在往后的日子也可以继续深化发展。所以，我是从来不给题目，要学生自己去找。

不给书目，大概很多学生和老师都会不以为然。但是，要给什么书目？每个题目要看的书不一样，怎样去一一罗列？开一份基础的、所谓的学科必读书的书目？可是，博士学位的阶段还要从基础书目开始看书？其实，如果一个博士生还不知道要看什么书，怎样找书，那已经不是书目的问题了。我时常跟学生说，学生应该比导师更熟悉和精通博士学位论文的内容，因为真正深入钻研这个题目的是学生，不是导师。因此，在论文题目的范围下，导师不应该给学生开书单，应该是由学生给导师开书单。如果学生一直倚赖导师开书目，才知道应该看什么书，这个学生肯定无法进步，更不要说能有所超越。从这角度看，导师给学生开书目，不但对学生没有帮助，倒是窒碍他们的进步。

至于导师与学生联名发表文章，这种本来源自理工科的做法今天在人文学科越来越普遍了。不过，自然科学研究和人文学科研究有一个根本性的分别。自然科学的研究，不管什么人去做，理论上结果都应该是一样的，但在人文学科研究里，相同的题目，相同的材料，不同的研究者会看出和写出很不一样的东西来。我一直很怀疑人文学科怎样可以二人合写文章。必须强调，我完全同意在大多数情况下，从博论分拆出来发表的文章都充满导师的心血，因此，我绝不是说联名发表文章是让导师占了学生的便宜；正好相反，我很清楚知道很多时候导师愿意把名字放上去，是为了让学生的文章能够较容易取得发表的机会，这无疑是对学生很大的帮助。但这又带出另一个疑问，这是不是说即使学生能写出高水平的学术论文，没有老师的名字，就没有发表的可能？而只要加上一位博导的名字，不管文章水平怎样，也能发表出来？这样是否暴露了另一个问题：发文章与学术地位或名气挂钩，而不是单纯地看文章的学术水平？我不会跟学生联名发表文章，并不是我不愿意帮忙，让他们有更大发表的可能。但如果我们这样做，其实是在认同甚至强化这种"制度"，结果只会让年轻人更难发表文章，更难建立自己的学术地位。这是我们愿意见到的情况吗？

不过，什么都不给，什么都不帮忙，为什么还要导师？我想，导师的功能不在于教导学生课题上的内容，而是要让学生学会怎样做研究，尤其是学会怎样去思考。从第一次讨论开始，到论文定稿提交的前夕，导师的角色应该是挑战者，以最尖锐的态度去挑战学生提出的每一个想法和论点，希望学生在响应和反驳的过程中，学会思考和处理问题的方法，不单只在写博论时用得着，也许对将来有更大的帮助。

说了一大堆，好像跟陶磊没有什么关系，其实不然。陶磊的情况正好说明上面谈到几点带学生的问题。

首先，我当然没有给他题目，他原来很早便决定要探研翻译的标准问题,希望能从更深的文化层面去讨论"直译""意译"等翻译观念。大概是因为我自己比较专注晚清以来的翻译史吧,陶磊在最初的阶段也都在看严复的"信达雅"、马建忠的"善译",以至"五四"时期的相关讨论,但这些似乎不太切合他的口味,一直没有找到什么突破点。不要说在研究过程中有什么满足感,而且每次跟他讨论,见到他愁眉苦脸,让我颇为担心。可是,不知什么原因,他突然来一个顿悟,放弃近代,追本溯源,从佛经翻译入手,连接日本兰学翻译,转眼间豁然开朗,恍惚进入了另一个境界。从找数据到阅读,从思考到撰写,处处得心应手,在愉快的心境下写出一部扎实的博士论文来。这充分说明让学生自己找题目的好处。书目方面,复旦中文系本科出身的陶磊,已不需要我告诉他应该看些什么基础性的书。关于佛经翻译和兰学翻译,我几乎完全是一个门外汉,假如有一天要走进这一领域,倒要他给我开一份书目呢。至于联名发表文章,如果真的有这情形出现,那肯定是我占他的便宜,但事实是:我连推荐发表文章也没有帮得上忙。不过,当我见到陶磊读博以来在思考和研究方法上日益成熟,我是很感欣慰和满意的。

　　毫无疑问,"直译"和"意译"是翻译批评中的重要概念,长期支配着有关翻译的讨论。尽管我们都好像知道什么叫"直译",什么叫"意译",却很少见到有人对这两个概念的来源做过认真细致的梳理。但这是重要的,没有弄清楚源头,后面的理解便没有把握了。陶磊在本书中通过对古代典籍的爬梳,综合语言学、文献学等方法,穷根究源地对"译""直译""直翻"以及其他一些相关短语的含义作辨析,指出这些词语原来与现代意义上的"直译""意译"完全不同,并以此前提推进,揭示古代佛经翻译中"敌对翻"和"取义翻"、"正翻"和"义翻"与现代的"直译""意译"含义相近。在本书中,陶磊以丰富的材料和详实细致的分析来建立论点,深具说服力。此外,他又确立作为现代译学术语的"直译""意译"来自日本兰学,是兰学翻译家参考中国古代佛经翻译方法而创制,并随着十九世纪末二十世纪初中国学生留日高潮进入汉语词汇,沿用至今。这是非常系统性的研究,理清"直译""意译"词义的完整发展,让我们对这两个译学关键词有更准确的理解,这是本书重大的学术价值所在。

今天,年轻人选择走上学术之路,真的很不容易,甚至可说是满途荆棘,前路茫茫。很多人为和非人为的、制度和非制度的障碍,让年轻人没法专心读书写作。陶磊读书勤奋认真,思考深邃细密,而更难得的是尽管他文质彬彬,说话委婉温柔,但实质外圆内方,有自己的立场,有自己的原则,这是我最欣赏他的地方,也确信是他将来取得更大学术成就的主要原因。陶磊用上几年的时间对原来已经很不错的博士论文整理修改,在内容和水平上有很大的提升,今天正式出版,可说是他学术生命中一个重要里程碑。在这里祝愿他的学术路途平坦顺利,且能够在坚实的基础更上层楼,对学术界作出重大的贡献。

王宏志

香港中文大学翻译系人文学科讲座教授

翻译研究中心主任

2020 年 9 月 22 日

目　录

引　言

一、研究缘起

"直译"和"意译"可能是当今翻译批评中最常用的两个术语，它们所指称的两种翻译方法也一直受到译者和翻译研究者的关注。截至 2020 年 9 月 12 日，"中国知网"（http://www. cnki. net/）所收录的论文中，包含"直译"或"意译"的有 246 536 篇，以"直译"或"意译"作为论文关键词的有 2 628 篇，而标题内包含"直译"或"意译"的则有 1 057 篇。如果以梁启超在《翻译文学与佛典》(1920)一文中将中国古代佛经翻译文体问题的焦点归于"直译、意译之得失"[①]为起点，相关讨论已经持续了整整一百年。

直到今天，离开"直译"和"意译"这两个术语，翻译批评仍可能陷入"失语"的窘境。然而，很少有人关注这两个词的来源，即使偶然提到也往往语焉不详。比如王宏印曾指出，"近代以来，西方译论的输入产生了直译、意译的提法"[②]，但并没有提供确凿的证据。具体到"直译"和"意译"的最早使用者，更是众说纷纭、莫衷一是。林煌天主编的《中国翻译词典》认为"直译"和"意译"都是"在'五

[①]　梁启超：《翻译文学与佛典》，梁启超：《佛学研究十八篇》，上海：上海古籍出版社，2001 年，第 179—180 页。
[②]　王宏印：《新译学论稿》，北京：中国人民大学出版社，2011 年，第 29 页。

四'前后提出来的"①。王宏印则认为"直译"和"意译"是"周作人先生首先引入的外来说法"②。胡晨飞笼统地称"直译"和"意译""是在二十世纪的二三十年代才出现",又说"首先明确界定'直译'概念的,当属茅盾③,因为茅盾在 1921 年 4 月 10 日《小说月报》第 12 卷第 4 期发表的《译文学书方法的讨论》中说:"翻译文学之应直译,在今日已没有讨论之必要。"④陈福康则认为:"在中国近代翻译史上,最早较明确地提出'直译'的观点,高张一帜,开译界新风的,是鲁迅、周作人兄弟。"⑤更确切地说,是"1920 年 4 月 17 日,周作人在他的译文集《点滴》的序中说,他的这几篇译作有'两件特别的地方',其第一件便是'直译的文体'"⑥。在陈福康看来,周作人似乎是最早提出"直译"的——时间上确实比茅盾早了一年。但王晓元指出周氏兄弟还不是首先使用"直译"一词的,因为"傅斯年在 1919 年 1 月 16 日所作的'译书感言'中便已认为'用直译的笔法'是'译书的方法'中'公共的原则'之一。从此文还可看出,傅斯年在此前便已经使用'直译'一说了"⑦。以上诸说大体都把"直译"提出的年代定在 1920 年前后,但细究其措辞则又模棱两可、含糊不确。

现代意义上的"直译"确实是在"新文化运动"中兴起的,茅盾

---

① 林煌天主编:《中国翻译词典》,武汉:湖北教育出版社,1997 年,第 943、851 页。

② 王宏印:《新译学论稿》,第 30 页。

③ 胡晨飞:《"直译""意译"之历史溯源与理论界说》,《英语研究》2009 年第 1 期,第 52—53 页。

④ 茅盾:《译文学方法的讨论》,《茅盾全集》第 18 卷,北京:人民文学出版社,1989 年,第 87 页。

⑤ 陈福康:《论鲁迅的"直译"与"硬译"》,《鲁迅研究月刊》1991 年第 3 期,第 10 页。

⑥ 同上,第 11 页。

⑦ 王晓元:《翻译话语与意识形态——中国 1895—1911 年文学翻译研究》,上海:上海外语教育出版社,2010 年,第 232 页。

就说过："'直译'这名词,在'五四'以后方成为权威。"①这便给人一种错觉,好像"直译"是在"五四"时期才出现的。其实,早有学者注意到"直译"一词在二十世纪初就已有人使用,只不过在当时是个"名声很坏的术语"②——比如《月月小说》1907年第5号上便有人撰文指摘当时的译者"卤莽从事,率尔操觚,即不免有直译之弊,非但令人读之,味同嚼蜡,抑且有无从索解者矣"③;《月月小说》的总译述、晚清翻译家周桂笙在该杂志创刊号上发表的《〈译书交通公会试办简章〉序》也称:"今之所谓译书者,大抵皆率尔操觚,惯事直译而已。"④更早一些的用例还可以在1903年出版的翻译小说《自由结婚》的弁言里看到,该书译者声称:"若按字直译,殊觉烦冗,故往往随意删减,使就简短,以便记忆。"⑤这样看来,"直译"提出的时间肯定在"五四"以前,傅斯年、周作人、茅盾等人只能算是较早提倡"直译"的。至于"意译"一词何时出现,我们没有见到相关讨论,但作为常常和"直译"对举的概念,其广泛使用大抵也始于"五四"。

那么,"直译"和"意译"的提法究竟是从什么时候开始的? 包括汉译佛典在内的中国古代文献中有没有出现过"直译"和"意译"这两个词? 如果有,它们是否就是现代意义上的"直译"和"意译"? 如果没有,那么在佛经汉译史上是否出现过与"直译"和"意译"相

---

① 茅盾:《直译·顺译·歪译》,《茅盾全集》第20卷,北京:人民文学出版社,1990年,第39页。
② 陈平原:《二十世纪中国小说史》第1卷,北京:北京大学出版社,1989年,第45页。
③ 佚名:《绍介新书〈福尔摩斯再生后之探索第十一、十二、十三〉》,陈平原、夏晓虹编:《二十世纪中国小说理论资料》第1卷,北京:北京大学出版社,1997年,第272页。
④ 周桂笙:《〈译书交通公会试办简章〉序》,《月月小说》1906年第1号,第263—264页。
⑤ 自由花:《〈自由结婚〉弁言》,陈平原、夏晓虹编:《二十世纪中国小说理论资料》第1卷,北京:北京大学出版社,1997年,第109页。

当的翻译手法？它们和"直译""意译"又有怎样的关系呢？这些都是本书试图解答的问题。

二、文献综述

（一）关于佛经汉译史上所谓"直译""意译"问题的研究

比较早地对佛经汉译史上的所谓"直译""意译"问题进行系统论述的文字见于梁启超在 1920 年写作的《翻译文学与佛典》。梁文将佛经翻译文体问题的焦点归于"直译、意译之得失"，认为中国古代的佛经翻译经历了"未熟的直译""未熟的意译""直译""意译""两者调和"五个阶段[1]。具体而言：汉末译经，由于"语义两未娴洽"，只能"依文转写而已"，故称"未熟的直译"，以安世高和支娄迦谶为代表；三国至西晋间的译品，"顺俗晓畅，以期弘通"，是为"未熟的意译"，以支谦、竺法护为代表；随着译经事业的日益兴盛，译本迭出，玉石混淆，"于是求真之念骤炽"，故有东晋道安主张纯粹"直译"；但尊尚"直译"太过，则矫枉过正，"复生反动"，于是出现了偏重"意译"的鸠摩罗什；到了唐代，精通梵汉两种语言的玄奘终于达到"意译直译，圆满调和"的境界，形成"中外醇化之新文体"[2]。梁启超在此文中将东汉至唐开元年间佛经翻译的文体变化描绘成"直译"和"意译"此消彼长、终趋融合的过程。"直译"和"意译"不仅被视作一组对立的翻译方法，而且其思想被认为贯穿了从东汉桓帝到唐代玄奘这五百年间的佛经汉译史。

正如吴海勇所指出的：《翻译文学与佛典》发表之后，"采用直译、意译这一组概念来分析古代佛经翻译言论，进而将后汉至有唐

---

① 梁启超：《翻译文学与佛典》，梁启超：《佛学研究十八篇》，第 179—180 页。
② 同上，第 179—188 页。

的佛经翻译实践描述为直译与意译的正反合发展过程的做法，与梁氏同出一辙，实即承袭梁氏论文的既成思路"①。李小荣也认为："此后对佛经汉译的理论检讨，大都围绕着直译、意译关系而展开，并常常兼及或融会文、质问题为一体。"②尽管佛经汉译史上的"文""质"概念是否可与直译、意译相等同尚存争议，但就其沿袭的二元对立分析模式来看，前者亦可视为后者的某种术语转换。

　　胡适在1928年出版的《白话文学史》即依据鸠摩罗什对竺法护所译《正法华经·受决品》"天见人，人见天"一句的批评，认为"罗什反对直译"③。书中还引用了陈寅恪的观点，指出罗什译本之所以在后世广为流传，"其文不皆直译，较诸家雅洁，当为一主因"④。汤用彤《汉魏两晋南北朝佛教史》称，"三国时支谦、康僧会译经，力求文雅，专主意译"，"但自晋以后，译经多主直译"⑤；又说，"道安草创维艰，且不通梵文，极恐失原旨，故提倡直译"，"及至罗什，因译事既典（兴），工具较完。对于翻译之眼光，遂不严于务得本文，而在取原意。慧远则趋折衷，兼取文质"⑥。罗根泽在《魏晋六朝文学批评史》第十一章《佛经翻译论》中指出：佛经汉译史上从东汉末到唐初的"上下五百年中，直译者有之，意译者有之"，而"翻译论的争执，集中点是直译或意译"⑦。具体而言，《法句经序》"依其义不用饰"，"因循本旨，不加文饰"的说法"可以算是最初的直译说"；提倡"案本而传，不令有损言游字；时改倒句，余尽实

①　吴海勇：《中古汉译佛经叙事文学研究》，北京：学苑出版社，2004年，第447页。
②　李小荣：《汉译佛典文体及其影响研究》，上海：上海古籍出版社，2010年，第1页。
③　胡适：《白话文学史》，上海：新月书店，1928年，第183页。
④　同上，第185页。
⑤　汤用彤：《汉魏两晋南北朝佛教史》上册，台北：台湾商务印书馆股份有限公司，1936年，第296页。
⑥　同上，第297页。
⑦　罗根泽：《魏晋六朝文学批评史》，重庆：商务印书馆，1943年，第137、130页。

录"的道安"是主张极端直译的",而"稍后的鸠摩罗什又主意译";慧远既看到了"文过其意"的"意译之失",又看到了"理胜其辞"的"直译之失",因而主张折中;与慧远类似,赞宁"也不偏重文,也不偏重质,也不极端主直译,也不极端主意译"①。

五十年代以后,关于佛经翻译方法的讨论大体上仍然承续了梁启超的话语模式。吕澂在《中国佛学源流略讲》中分析道安对佛经翻译的贡献时指出,"'文质'问题"是翻译过程中必然会碰到的问题,"'文'是修饰,在翻译时修辞力求与汉文接近,如采用《老》、《庄》、《论语》等中的术语来表示佛学的概念,使其易于被人接受。'质'就是朴质,在翻译上忠于原本,采取直译的方法,与汉文就有一些距离,比较艰涩难读"②。又说,玄奘的译文"比起罗什那样修饰自由的文体来觉得太质,却是比较法护、义净所译那样朴拙的作品又觉得很文","较之罗什的只存大意可说是直译,但比较义净那样的佶屈聱牙倒又近于意译"③。任继愈在《中国佛教史》中把汉末康巨"言直理旨(诣),不加润饰"的译文概括为"直译"④,又把道安评竺法护的"言准天竺,事不加饰;悉则悉矣,而辞质胜文也"理解为"着重直译"⑤。马祖毅《中国翻译简史:"五四"运动以前部分》则根据《综理众经目录》和《高僧传》对汉末至西晋译人的评语,判断"他们基本上是用的直译法";又说符秦译场的主持者赵政和道安也"主张直译";而鸠摩罗什则"倾向于意译",南北朝众多译家在他的影响下"基本上都采用意译";评价玄奘译笔时,马祖毅则直

①　罗根泽:《魏晋六朝文学批评史》,第 128—131、142 页。
②　吕澂:《中国佛学源流略讲》,北京:中华书局,1979 年,第 58—59 页。
③　同上,第 339—340 页。
④　任继愈:《中国佛教史》第 1 卷,北京:中国社会科学出版社,1981 年,第 150 页。
⑤　任继愈:《中国佛教史》第 2 卷,北京:中国社会科学出版社,1985 年,第 31 页。

接引用了吕澂的论断①。陈宗宝在《综述我国佛教经典翻译》一文中，以列表的形式把支谦、康僧会、鸠摩罗什、真谛和玄奘全部归在"意译"名下②。

　　九十年代初出版的《中国译学理论史稿》是翻译研究学术史上的经典著作。陈福康在该书中指出罗根泽以《法句经序》为"最初的直译"说似不恰当，因为"与其说是支谦，不如说是维祇难与座中众译人才是主张直译的"，《法句经序》的作者支谦其实"是倾向于'文'而不是'质'的"③。他还认为"我国译经史上始终存在着'文'、'质'两派"，并引用了梁启超在《翻译文学与佛典》中的说法："好文好质，隐表南北气分之殊。虽谓直译、意译两派，自汉代已对峙焉可耳。"④其后《史稿》在论及道安的"五失本"、"三不易"和玄奘的译经风格时也引用了梁文的观点，谈到"阙中论"时则继承了罗根泽的说法，认为慧远"说的'文过其意'，是批评'文'派一味意译之失；'理胜其辞'，则是指出'质'派胶于直译之缺"⑤。此外，《史稿》还指出：彦琮在《辨正论》中提出的"宁贵朴而近理，不用巧而背源"的原则"也是坚持忠实第一和倾向于直译的"⑥；赞宁"六例"中的"直言"和"密语"分别是指"用较通俗的话直译"和"用较隐秘的话意译"⑦。

　　这一时期值得注意的还有蒋述卓的《佛经传译与中古文学思

①　马祖毅：《中国翻译简史："五四"运动以前部分》，北京：中国对外翻译出版公司，1984 年，第 27—28、30、35、50、58 页。
②　陈宗宝：《综述我国佛教经典翻译》，《外语教学》1982 年第 2 期，第 63—64 页。不过与"意译"相对的译法并没有被描述为"直译"，而是被称作"硬译"。
③　陈福康：《中国译学理论史稿》，上海：上海外语教育出版社，1992 年，第 16 页。
④　同上，第 16—17 页。
⑤　同上，第 17、40、28 页。
⑥　同上，第 36 页。
⑦　同上，第 50 页。

潮》,该书指出:"中古时期的佛经翻译理论主要就是讨论佛经翻译是直译还是意译的问题,文质之争成为了贯穿中古佛经翻译全过程的中心议题。"①蒋述卓还参照罗根泽的观点,把"佛经翻译关于文质的讨论"分为三种:"一种主张直译(偏于质),如道安;一种主张意译(偏于文),如鸠摩罗什;一种是折衷(主张文质相兼),如慧远。"②陈士强的《汉译佛经发生论》认为佛典汉译史上一直存在着"讲究质朴('质')"的"直译"和"讲究修辞('文')"的"意译"两种观点的争论③。黄宝生的《佛经翻译文质论》"按照梁启超对佛经翻译方法的总结",把"言少事约,删削复重,事事显炳,焕然易观也"称作"意译",把"言准天竺,事不加饰,悉则悉矣,而辞质胜文也"称为"直译"④;又说,"梁启超创造性地将早期译经分成'未熟的直译'(即'语义两未娴洽,依文转写而已')和'未熟的意译'(即'顺俗晓畅,以期弘通,而于原文是否吻合,不甚厝意'),他完全可以顺着这条思路,将鸠摩罗什的翻译称作'成熟的意译',而将玄奘的翻译称作'成熟的直译'"⑤。

　　谢天振称安世高等"早期的佛经翻译家在翻译方法上大多取直译法",而支谦、康僧会、竺法护等三世纪的译者"还在理论上明确提出了直译的主张";又称"道安是直译派",鸠摩罗什是"意译派代表",玄奘的翻译则是"直译与意译的调和"⑥。书中还多次引用了梁启超、胡适和吕澂关于直译和意译的论述。王铁钧《中国佛典翻译史稿》更是宣称"自汉以来,'直译'、'意译',各执一端,阵垒分

---

① 蒋述卓:《佛经传译与中古文学思潮》,南昌:江西人民出版社,1990年,第7页。
② 同上,第8页。
③ 陈士强:《汉译佛经发生论》,《复旦学报》(社会科学版)1994年第3期,第99页。
④ 黄宝生:《佛经翻译文质论》,《文学遗产》1994年第6期,第5—6页。
⑤ 同上,第10页。
⑥ 谢天振:《译介学》,上海:上海外语教育出版社,1999年,第58—60、62页。

明"：东汉安世高、支娄迦谶"开中国译史'直译派'之先河,称其为中国'直译派'宗师亦可"；三国时,"译风则从早先坚持弃文存质之直译转向注重文辞典雅与讲究译文汉化之意译",支谦"堪称中国翻译史上'意译派'祖师"；到西晋,竺法护又一改前人"恣意削删之风,坚持忠实原本且不厌烦冗,可谓是直译派典型代表"；道安、赵政主持长安译经时,"直译原则可说已被推向极致"；道安殁后,鸠摩罗什被迎入中原,又标志着"'意译派'对'直译派'之胜利"；直至玄奘出,方可谓"直译意译,尽随其心,亦尽得其妙"①。

（二）关于日本兰学翻译中"直译""义译"的研究

一般认为,日本的兰学翻译始于杉田玄白所译德国解剖学著作《解体新书》。1968 年 2 月由日本筑摩书房发行的《言语生活》杂志第 197 号"直訳・意訳"特集中,有一则附在正文之后、没有署名的短文——《直訳・意訳の語源》,指出"直译""意译"二词未见于中国古代文献,应是由兰学医者杉田玄白所创制的"翻译"（最初称为"对译",其弟子大槻玄泽改称"直译"）和"义译"发展而来②。较早对杉田提出的翻译方法进行研究的,是日本学者松村明在《国語研究室》1964 年第 2 号发表的《翻譯・對譯・義譯——解體新書とその譯語（一）》③。该文对《解体新书》《和兰医事问答》（杉田玄白与藩医建部清庵的书信集）和《重订解体新书》（以下略作《重订》）中"翻译""对译""直译""义译"等翻译术语的演变进行了初步分析和归纳。1973 出版的《文学・語学》杂志第 66 号刊载了飛田

---

① 　王铁钧：《中国佛典翻译史稿》,北京：中央编译出版社,2006 年,第 105、20、44、31、61、111、135、238 页。
② 　佚名：《直訳・意訳の語源》,《言語生活》1968 年 2 月第 197 号,第 20 页。
③ 　松村明：《翻譯・對譯・義譯——解體新書とその譯語（一）》,《国語研究室》1964 年第 2 号,第 76—80 页。

良文的《近代語研究の資料》,其中"翻译资料"一节抄录了《言語生活》所载《直訳・意訳の語源》中的大部分文字①,后收入 1983 出版的《日本語研究論集》第 15 卷《現代語》专辑②。在舒志田的《『全體新論』と『解體新書』(重訂版を含む)との語彙について——日本の洋学から中国への影響の可能性》和张哲嘉的《『全體新論』と『解體新書』の漢字医学術語について》中,《解体新书》医学名词的翻译方法也有所涉及③。对本书的撰写比较有启发价值的是吉野政治的《蘭書三訳法の起源とその名称》,该文指出《重订解体新书》所用的"直译"和"义译"继承了南宋法云《翻译名义集》中佛经汉译方法的术语("正翻"和"义译"),并仔细梳理了江户时代 14 位兰学家对翻译方法的命名④。

中文论著方面,冯天瑜、邓新华在《中、日、西语汇互动与近代新术语形成》一文中较早注意到《〈解体新书〉凡例》和《〈重订解体新书〉凡例》中关于"直译"和"义译"的记载⑤。朱兵在论述"神经"一词的来源时也提到了杉田玄白的"翻译三原则"("直译""义译"和"对译")⑥。王国强、邹桂香和牛亚华则发现《〈解体新书〉凡例》载有"斯书所直译文字,皆取汉人所译西洋诸国地名",牛亚华在论

---

① 飛田良文:《近代語研究の資料》,《文学・語学》1973 年第 66 号,第 53—54 页。
② 飛田良文:《近代語研究の資料》,土屋信一編:《現代語:日本語研究論集 15》,东京:有精堂出版株式会社,1983 年(昭和五十八年),第 59—60 页。
③ 舒志田:《『全體新論』と『解體新書』(重訂版を含む)との語彙について——日本の洋学から中国への影響の可能性》,《或問》2004 年第 8 号,第 53—74 页;张哲嘉:《『全體新論』と『解體新書』の漢字医学術語について》,鈴木貞美、刘建辉編:《東アジアにおける近代諸概念の成立》,京都:国際日本文化研究センター,2012 年,第 173—178 页。
④ 吉野政治:《蘭書三訳法の起源とその名称》,《同志社女子大学日本語日本文学》2014 年第 26 号,第 41—57 页。
⑤ 冯天瑜、邓新华:《中、日、西语汇互动与近代新术语形成》,《浙江社会科学》2002 年第 4 期,第 123 页。
⑥ 朱兵:《经络的内涵与神经的联系》,《中华医史杂志》2004 年第 3 期,第 156 页。

说大槻玄泽重订《解体新书》时"仍然坚持用汉语词汇"时还引用了"此所译定内景名物，汉人所未说，而不可以汉名直译者，皆出于新译"等段落①，但他们都没有对这里的"直译"作进一步分析。

比较早地对《解体新书》中的"翻译"和"义译"给予明确界说的是钱国红②，他在《晚清中国的社会转型与日本研究——以郭嵩焘、黄遵宪、梁启超为例》一文中指出："这里的所谓'翻译'，用现在的话说叫直译，指有相当于荷兰语的汉语表现时，使用中国或日本既存的用语表达。'义译'是说在没有与既存的词汇相对应的表达时，按照荷兰语意义造词翻译。"刘力力、王育林、马燕冬《从"大机里尔"到"胰"——荷兰语医学名词"alvleesklier"汉译探微》一文也持类似观点，该文认为"所谓'翻译'，即以对等语传达原文涵义；所谓'义译'，即今所称之意译"，又指出大槻玄泽在重订《解体新书》时"将'翻译'更名为'直译'，即以岐黄医典中的固有词汇日译兰医用语，是为三种译法之首选"③。**以上二说都把《解体新书》中的"翻译"（即《重订》中的"直译"）和"义译"当作现代意义上的"直译"和"意译"来理解。**

旅日学者沈国威在《西方新概念的容受与造新字为译词——以日本兰学家与来华传教士为例》中以《解体新书》里的"翻译"和"义译"为例，强调"兰学翻译中最为正统的方法是'翻译'，即利用

① 王国强、邹桂香：《西学汉籍东传日本述略》，《图书与情报》2004 年第 5 期，第 54 页；邹桂香：《十六至十八世纪西学文献在中国的传播》（硕士学位论文），郑州：郑州大学，2005 年，第 39 页；牛亚华：《中日接受西方解剖学之比较研究》（博士学位论文），西安：西北大学，2005 年，第 79、141—142 页。
② 钱国红：《晚清中国的社会转型与日本研究——以郭嵩焘、黄遵宪、梁启超为例》，中国史学会、中国社会科学院近代史研究所编：《黄遵宪研究新论——纪念黄遵宪逝世一百周年国际学术研讨会论文集》，北京：社会科学文献出版社，2007 年，第 147 页。
③ 刘力力、王育林、马燕冬：《从"大机里尔"到"胰"——荷兰语医学名词"alvleesklier"汉译探微》，《中西医结合学报》2011 年第 10 期，第 1158—1159 页。

中国典籍中已有的词语表达西方的新概念。'义译'即创造新的复合词,乃是不得已而为之"①。更为系统的论述见于沈国威《近代中日词汇交流研究:汉字新词的创制、容受与共享》一书,该书第一章《日本的近代汉字新词创制》在谈到《解体新书》的译词创制原则时,对"翻译"和"义译"进行了专门论述,并着重解说了"义译"一法:沈著指出,杉田玄白所说的"翻译"(即《重订》中的"直译")是指"使用已有的汉字词直接去译外语的词";"义译"则要求译者"在没有现成词语的情况下创制新的译词"②。虽然沈国威对"翻译"和"义译"的解释与前文所举诸说并无太大差别,但对于这两个概念和现代意义上的"直译""意译"之间的关系却提出了不同看法:**他认为"义译"同时包含了现在被称作"直译"和"意译"的方法,而"翻译"则"无专指的术语"可以对应**③。

徐克伟的学位论文《〈翻译新定名义解〉初探》设专章探讨了《重订解体新书·翻译新定名义解》中的"翻译理论"问题④,他采纳了沈国威对"翻译三原则"内涵的界定,但对沈著把大槻的"三译者效浮屠氏译经旧例"说成是"借助中国典籍的权威化的做法"提出了质疑。徐文认为:"玄泽继承发展玄白理论的同时,的确是努力向《翻译名义集》上靠拢的。"⑤台湾学者张哲嘉在前人研究的基础上,以"《重订解体新书》对三译原则的运用"为题,再次对该书中

---

① 沈国威:《西方新概念的容受与造新字为译词——以日本兰学家与来华传教士为例》,《浙江大学学报》(人文社会科学版),2010年第1期,第124页。
② 沈国威:《近代中日词汇交流研究:汉字新词的创制、容受与共享》,北京:中华书局,2010年,第77、81页。
③ 同上,第77、86页。
④ 徐克伟:《〈翻译新定名义解〉初探》(硕士学位论文),北京:北京大学,2012年,第30—46页。
⑤ 同上,第31页。

的"直译""义译"和"对译"进行了逐一检视①。虽然张文认可大槻对翻译术语的命名"更接近现代的用法",但对这三种翻译方法的解说则与沈国威没有太大差别,只是把沈著中提出的"义译"的两种类型——"摹借法"(相当于直译)和"汲义法"(相当于意译)进一步细分成了"组合""取义""假借"和"造字"四类②。此外,张哲嘉的《〈重订解体新书〉译词的改定与方法》和《逾淮为枳:语言条件制约下的汉译解剖学名词创造》也涉及《解体新书》(含《重订》)中提出的翻译方法问题③。

　　综上可见:关于中国古代佛经翻译史上所谓"直译""意译"问题的研究,虽然对于个别译者的翻译倾向究竟应当归入"直译"还是"意译"存在分歧④,但整体而言始终没有超出梁启超《翻译文学与佛典》的论述范式,且每每陷入"概念先行"的误区而缺少具有说服力的实证研究。《解体新书》和《重订解体新书》中的"直译"和"义译"受到了一些关注,但存在的争议也非常明显:沈国威和张哲嘉认为,"直译"和"义译"并不能和现代意义上的翻译术语相等同,"义译"实际上了包含了直译和意译两种方法;钱国红等人则认为,《重订解体新书》中的"直译"和"义译"就相当于我们现在说的"直译"和"意译",或至少具有比较明确的对应关系。关于《解体新

①　张哲嘉:《〈重订解体新书〉对三译原则的运用》,黄自进主编:《东亚世界中的日本与台湾》,台北:中研院人文社会科学研究中心,2013 年,第 41—64 页。
②　张哲嘉:《〈重订解体新书〉对三译原则的运用》,黄自进主编:《东亚世界中的日本与台湾》,第 45、55—56 页。
③　张哲嘉:《〈重订解体新书〉译词的改定与方法》,铃木贞美、刘建辉编:《東アジアにおける知的交流:キイ・コンセプトの再検討》,京都:国際日本文化研究センター,2013 年,第 225—235 页;张哲嘉:《逾淮为枳:语言条件制约下的汉译解剖学名词创造》,沙培德、张哲嘉主编:《近代中国新知识的建构》,台北:中研院,2013 年,第 32—37 页。
④　笔者认为,这些分歧很可能是论者对直译和意译的理解不同造成的。

书》和《重订解体新书》的翻译是否借鉴了佛经汉译的体例,沈国威、徐克伟和吉野政治也提出了不同的观点。

三、本书的研究方法和相关说明

本书立足于对原始材料的充分掌握,从实证角度对"直译"和"意译"这组概念进行追根溯源式的考察,探讨中日古代典籍(包括佛典注疏)和近现代文献中出现过的"直译"和"意译"以及表达相应概念的术语,以期厘清它们和现代意义上的"直译"和"意译"之间的关系。

本书题为"'直译''意译'观念溯源——从佛经翻译到兰学翻译",其中的"观念"泛指一般性的思想意识(文中间或换用"概念"一词,含义则同),区别于"观念史"(或称"概念史")研究中具有特定意涵的"观念"("概念")①。换言之,本书的论述不是在"观念史"研究的语境中展开的。

虽然迄今为止,无论译者还是翻译研究者对"直译"和"意译"的理解都还存在不少分歧,但大体上我们是把这两个词当成一组含义相对的概念在使用,即:当我们谈论"直译"时,往往表示区别于"意译";当我们使用"意译"时,则表示区别于"直译"。比如《现代汉语词典》认为,直译"指偏重于照顾原文字句进行翻译(区别于'意译')",而意译则是"根据原文的大意来翻译,不作逐字逐句的

---

① 关于"观念史"(亦称"概念史"或"历史[文化]语义学")的内涵界定和研究方法,可以参考冯天瑜、刘建辉、聂长顺主编的《语义的文化变迁》(武昌:武昌大学出版社,2007年,第7—76页)中关于"'历史文化语义学'界说"的相关篇什,以及方维规的《概念史研究方法要旨——兼谈中国相关研究中存在的问题》(黄兴涛主编:《新史学(第三卷):文化史研究的再出发》,北京:中华书局,2009年,第3—20页)和金观涛、刘青峰的《观念史研究》(北京:法律出版社,2009年,第3—9页)。

翻译（区别于‘直译’）"①;《中国翻译词典》也将"意译"定义为"与
直译相对应的翻译术语"②。因此,当"直译"和"意译"被当作一组
含义相对的汉语词来使用（包括"各自成词"和"语义相对"两个标
志性特征）时,我们即视其为现代意义上的译学术语。本书的研究
亦以现代意义上的"直译"和"意译"在汉语中的出现为时间下限,
对这组术语之后的发展变化不作详细讨论。

---

①　中国社会科学院语言研究所词典编辑室编:《现代汉语词典》(第 5 版),北京:商务
　　印书馆,2005 年,第 1749、1618 页。
②　林煌天主编:《中国翻译词典》,第 851 页。

第一章 "译"的词义演变和古汉语中的"直译""直翻"及"意""译"连用的短语

第一节 "译"的最初含义及其演变

一、"译"的本义

翻译史研究者在讨论中国早期的翻译活动时,往往会谈到"译"这个词,而其含义和现在并不相同。比如《礼记·王制》中有这样的记载:

> 中国、夷、蛮、戎、狄……五方之民,言语不通,嗜欲不同。达其志,通其欲:东方曰寄,南方曰象,西方曰狄鞮,北方曰译。①

中央王朝与周边民族"言语不通,嗜欲不同",要"达其志,通其欲"自然得仰赖翻译。但也有人指出:仅仅依据这段文字,很难判断

---

① 郑玄注,孔颖达正义,吕友仁整理:《礼记正义》,上海:上海古籍出版社,2008年,第537—538页。与《礼记》或有渊源关系的《大戴礼记》中保留了一段类似的文字,也介绍了"五方之民"的不同习俗,但并未提到"寄""象""狄鞮"和"译",只说"知通之,信令之"(方向东:《大戴礼记汇校集解》,北京:中华书局,2008年,第912页)。

"寄""象""狄鞮"和"译"究竟是对翻译工作者的称呼,还是对他们所从事的翻译工作的称呼①。为了佐证前一种情况,《周礼·秋官》对"象胥"的描述常常被拿来同时引用:

> 象胥,掌蛮、夷、闽、貉、戎、狄之国使,掌传王之言而谕说焉,以和亲之。若以时入宾,则协其礼,与其辞,言传之。②

《周礼》明确将"象胥"列为一个官职③,主要负责与外国使臣的沟通工作,也就是充当译者。所以郑玄在注文中借用东汉经学家郑众的话说:"象胥,译官也。"④这里的"象胥"被认为就是《礼记·王制》所说的"象",所以"寄""狄鞮"和"译"应该也都是译官的称谓⑤。到汉代,"译"取代"象"成为译官的统称。武帝先后设立"译官令""译官

---

① 韩宝育:《先秦时期语言学思想检视》,《陕西师范大学学报》(哲学社会科学版)2010 年第 6 期,第 67 页。
② 郑玄注,贾公彦疏,彭林整理:《周礼注疏》,上海:上海古籍出版社,2010 年,第1490 页。
③ 郑玄认为"胥"的意思是"有才知者"(同上,第 1315 页)。"胥"同时也是《周礼》所载官制中一个地位不高的品秩,扬雄《方言》就指出"胥"有"辅"的意思(华学诚汇证,王智群、谢荣娥、王彩琴协编:《扬雄方言校释汇证》,北京:中华书局,2006 年,第427 页)。
④ 郑玄注,贾公彦疏,彭林整理:《周礼注疏》,第 1455 页。
⑤ 至于《周礼》为什么把四种译官统称为"象",郑玄的解释是"周之德先致南方"(郑玄注,贾公彦疏,彭林整理:《周礼注疏》,第 1315 页),亦即周朝最先和南方少数民族发生往来。另可参考德国学者毕鹗从上古音构拟的角度对这四个字所作的分析(Wolfgang Behr, "'To translate' is 'to exchange' 譯者言易也— Linguistic Diversity and the Terms for Translation in Ancient China," *Mapping Meanings: The Field of New Learning in Late Qing China*, eds., Michael Lackner & Natascha Vittinghoff [Leiden: Brill Academic Publishers, 2004], pp. 188 – 193)。香港学者张佩瑶也有相关解读(Martha P. Y. Cheung, "Ji (寄), Xiang (象), Didi (狄鞮), Yi (译) — A Study of Four Key Terms in Ancient Chinese Discourse on Translation," *Translation Studies: An Interdisciplinary Approach*, ed., Luo Xuanmin [Beijing: Foreign Languages Press, 2006], pp. 244 – 248)。

丞"和"九译令"①,"象胥"等词不再使用,但其职司则一脉相承。东汉许慎的《说文解字》也把"译"解释成"传译四夷之言者"②,不再按照东、南、西、北四个方位"依其事类"③进行细分——后人认为这可能和汉以来与北方民族交往频繁有关("北方曰译")④。

《周礼》和《礼记》的这两段文字一般被视为关于"周王朝"(甚至"远古"时期)翻译官职的记载——罗新璋、马祖毅、陈福康、黎难秋等皆持此说⑤,于是研究者长期以来"对先秦'译'概念的认识往往限于'北方语译官'层面(而行为'译'的出现又往往被推迟至汉代以后甚或更晚)"⑥。但是,翻译学界似乎很少注意到《礼记》和

---

① 《汉书·百官公卿表》载:"典客,秦官,掌诸归义蛮夷,有丞。景帝中六年更名大行令,武帝太初元年更名大鸿胪。属官有行人、译官、别火三令丞及郡邸长丞。"又:"典属国,秦官,掌蛮夷降者。武帝元狩三年昆邪王降,复增属国,置都尉、丞、候、千人。属官,九译令。"(班固撰,颜师古注:《汉书》第 3 册,中华书局,1962 年,第 730、735 页)另,《中国历代职官词典》把"九译令"解释成"能翻译多种语言之官"(沈起炜、徐光烈编著:《中国历代职官词典》,上海:上海辞书出版社,1992 年,第 9 页),还有论者解作"译令九人"(热扎克·买提尼牙孜主编:《西域翻译史》第 2 版,乌鲁木齐:新疆大学出版社,1996 年,第 33 页)。笔者不同意以上二说。参见下文对"九译"等词的分析。
② 许慎撰,徐铉校定:《说文解字》,南京:江苏古籍出版社,2001 年,第 57 页下。
③ 郑玄注,孔颖达正义,吕友仁整理:《礼记正义》,第 538 页。
④ 北宋僧人赞宁说:"《周礼》有象胥氏通六蛮语,狄鞮主七戎,寄司九夷,译知八狄。今四方之官,唯译官显著者何也?疑汉以来多事北方,故译名烂熟矣。"(赞宁撰,范祥雍点校:《宋高僧传》,北京:中华书局,1987 年,第 52 页)其实前一句话并非出自《周礼》,而是赞宁对《礼记·王制》中相关文字的概述。由此可见,赞宁也认为《周礼·秋官》里的"象胥"就是《礼记·王制》里的"象",并把"寄""象""狄鞮"和"译"都看成官名。南宋法云的表述也很类似:"《周礼》掌四方之语,各有其官。东方曰'寄',南方曰'象',西方曰'狄鞮',北方曰'译'。今通西言而云译者,盖汉世多事北方,而译官兼善西语。故摩腾始至而译《四十二章》,因称'译'也。"(法云:《翻译名义集》,《大正藏》第 54 册,第 1056 页上)
⑤ 见罗新璋:《我国自成体系的翻译理论》,罗新璋编:《翻译论集》,北京:商务印书馆,1984 年,第 1 页;马祖毅:《中国翻译简史:"五四"运动以前部分》,第 2 页;陈福康:《中国译学理论史稿》,第 11 页;黎难秋:《中国科学文献翻译史稿》,合肥:中国科学技术大学出版社,1993 年,第 1 页。
⑥ 谢思田:《我国译史发端界说——中国翻译释意思想起源的寻迹》,《外国语》2011年第 2 期,第 82 页。

《周礼》这两部书本身存在的巨大争议①,尤其是其中的断代问题可谓聚讼纷纭,迄无定论。

　　一般认为,《礼记》是记载和阐述先秦礼仪的资料汇编,系西汉今文经学家戴圣辑录而成。其内容广博,门类杂多,作者并非一人,各篇的写作时代也不尽相同——其中尤以记录了所谓"周王朝翻译官职"的《王制》篇的情况最为复杂。我们目前能够看到的关于该篇的最早记载见于《史记·封禅书》,其云:"(前元十六年)夏四月,文帝……使博士诸生刺《六经》中作《王制》。"②按照司马迁的说法,《王制》篇是汉初博士根据儒家《六经》写成的,并非先秦"实录"。东汉末年的经学家卢植同意《史记》的记载,但郑玄认为该篇的创作紧挨在东周灭亡之后,孔颖达则推定"《王制》之作,盖在秦汉之际"③。近代以来,廖平、康有为等人认为《王制》是"孔子改制之作";任铭善、钱玄、沈文倬也各有不同看法④。据洪诚分析,《王制》篇的内容可能是由不同时期的材料"层累"而成的⑤。

---

① 据笔者所见,仅有孔慧怡提出过质疑(孔慧怡:《重写翻译史》,香港:香港中文大学翻译研究中心,2005年,第26页)。

② 司马迁撰,裴骃集解,司马贞索隐,张守节正义:《史记》第4册,北京:中华书局,1959年,第1382页。

③ 郑玄注,孔颖达正义,吕友仁整理:《礼记正义》,第449页。又,陆德明释文引卢植语:"汉文帝令博士诸生作此篇。"孔颖达亦称:"卢植云:汉孝文皇帝令博士诸生作此《王制》之书。"郑玄则提出:"孟子当赧王之际,《王制》之作,复在其后。"(同上)赧王是东周末代君主。

④ 见王锷:《清代〈王制〉研究及其成篇年代考》,《古籍整理研究学刊》2006年第1期,第19—21页。

⑤ 洪诚认为:"今传之《王制》,自篇首至下大夫一命,乃《王制》正篇,出于七十子之徒所追记、所闻述;此下有附记,止于'不造燕器';又有附释,自'方一里'以下迄末。附记附释皆晚周人为之。"(洪诚:《读〈周礼正义〉》,洪诚:《洪诚文集·雒诵庐论文集》,南京:江苏古籍出版社,2000年,第209页)王锷则认为,《礼记·王制》创作时间的断代可以"古者以周尺八尺为步"一句为界:之前的部分可能写于战国中期,之后的部分则"是秦汉人解释前面'经文'部分的文字"(王锷:《清代〈王制〉研究及其成篇年代考》,第24页)。另可参见王锷《〈礼记〉成书考》(北京:中华书局,2007年,第172—187页)讨论《王制》篇的文字。

那么,篇中的"北方曰译"等记载到底是真实的还是后人杜撰的? 如果属实,则又始于何时? 这些问题目前很难给出明确的答案。

同样,《周礼》的成书情况也不明朗。《周礼》原名《周官》,是一部记载政治制度和百官职守的典籍,始出于西汉景帝、武帝之际。虽然被刘歆颂为"周公致太平之迹",但关于该书真伪及创作年代的争论几乎自其面世之日起就已开始,至今莫衷一是。各方的说法归纳起来,至少有以下五种:(1) 西周成书说(或称周公手作,或以为非);(2) 春秋成书说;(3) 战国成书说;(4) 周秦之际成书说;(5) 汉初成书说(或称刘歆伪作,或称王莽伪作)[1]。与《礼记》类似,也有论者认为《周礼》不成于一人一时[2]。

概而言之,《礼记》(特别是《王制》篇)和《周礼》都未必成书于西周(遑论"远古"),甚至可能是后世经学家附会而成的作品,其中涉及"译"和"象胥"的记录是不是"关于周王朝的翻译官职"[3]的真实记载,实在很值得怀疑。

除了传世文献的可信度大打折扣之外,目前见到的先秦出土

---

[1] 见沈长云、李晶:《春秋官制与〈周礼〉比较研究——〈周礼〉成书年代再探讨》,《历史研究》2004 年第 6 期,第 3 页。另可参见彭林《〈周礼〉成书于汉初说》(《史学史研究》1989 年第 3 期,第 13—18、12 页)、《〈周礼〉主体思想与成书年代研究》(北京:中国社会科学出版社,1991 年,第 4—8 页)以及杨天宇《略述〈周礼〉的成书时代与真伪》[《郑州大学学报》(社会科学版)2000 年第 4 期,第 71—77 页]和吕友仁《关于〈周礼〉的几个问题》(中国历史文献研究会主编:《历史文献研究》总第 20 辑,华中师范大学出版社,2001 年,第 84—93 页)的分析。

[2] 如《四库全书总目》:"夫《周礼》作于周初,……其制去成康未远,不过因其旧章,稍为改易,而改易之人不皆周公也。于是以后世之法窜入之,其书遂杂。"(永瑢等:《四库全书总目》,北京:中华书局,1965 年,第 149 页中)洪诚的观点也颇类似:"此书实起于周初,历二三百年之损益积累而成,成书最晚不在东周惠王后。"(洪诚:《读〈周礼正义〉》,洪诚:《洪诚文集·雒诵庐论文集》,第 206 页)

[3] 马祖毅:《中国翻译简史:"五四"运动以前部分》,第 2 页。

文献中也都没有可资验证的材料①——仅有一位学者从战国楚简中辨识出可以作"象胥"解释的"象"字②,但这也只能说明"象"这个词可能被用来指称译官;关于"译"字的先秦出土材料仍付阙如。从这个意义上说,德国学者毕鹗(Wolfgang Behr)把《礼记·王制》的相关记载称为"难以核实的假设"(such an assumption is rather hard to verify)③是合乎情理的判断。在我们把"寄""象""狄鞮"和"译"视为"曾经的官方头衔"(once official titles)乃至"用隐喻和象征性语言对现在被称为'翻译'的那种行为进行描述、命名和包装的一种重要的理论尝试"(theoretically significant attempts made in the past to describe, to name, and to wrap around with metaphors and figurative language the activity now called 'fanyi')④之前,应该先对其历史真实性进行审慎的论证。

不过,虽然周王朝是否把译官称为"译"值得商榷,但"译"这个词在古汉语中曾被当作"译官"来使用则是毫无疑问的。《三国志·魏书·公孙瓒传》:"丘力居等闻虞至,喜,各遣译自归。"⑤《汉书·佞

---

① 参见 Wolfgang Behr, "'To translate' is 'to exchange' 譯者言易也 — Linguistic Diversity and the Terms for Translation in Ancient China," *Mapping Meanings: The Field of New Learning in Late Qing China*, eds., Michael Lackner & Natascha Vittinghoff, pp. 187-188。陈福康也注意到了这一点(陈福康:《中国译学理论史稿》,第 10 页)。

② 见李灵洁的硕士学位论文《出土楚简所见与今本大小戴〈礼记〉相关文献研究》(上海:复旦大学,2012 年,第 33—34 页)。

③ Wolfgang Behr, "'To translate' is 'to exchange' 譯者言易也 — Linguistic Diversity and the Terms for Translation in Ancient China," *Mapping Meanings: The Field of New Learning in Late Qing China*, eds., Michael Lackner & Natascha Vittinghoff, p. 187.

④ Martha P. Y. Cheung, "Ji (寄), Xiang (象), Didi (狄鞮), Yi (译) — A Study of Four Key Terms in Ancient Chinese Discourse on Translation," *Translation Studies: An Interdisciplinary Approach*, ed., Luo Xuanmin, p. 251.

⑤ 陈寿撰,裴松之注,陈乃乾校点:《三国志》第 1 册,北京:中华书局,1964 年,第 240 页。

幸传》:"单于怪(董)贤年少,以问译。"①这两处"译"显然都作"译官"解释。成书更早的《吕氏春秋》也是把"译"当作"译官"使用的:

> 凡冠带之国,舟车之所通,不用象译狄鞮,方三千里。②

这里把"象""译""狄鞮"并列起来,倒是与《礼记》和《周礼》的记载吻合,但孰先孰后仍无法确定。一般认为《吕氏春秋》作于战国末期③,也就是说:用"译"来指称"译官"的做法大抵在秦以前就已出现(尽管未必早到西周)。然而,"译官"究竟是不是"译"这个词的本义呢?

有人借助文字学的方法来分析"译"的本义。牛云平、杨秀敏根据《说文解字》对"译"(譯)的字形分析试图"还原"该字的本义,他们认为:"'译'是形声字,其形部'言'表示'譯'是口头语言行为;其声部'睪'在表声之外,从其篆体形象来看,也含有会意'观察'的意味。因此,'译'字的本义就是指把自己观察到的内容用口讲出来,使人明白。"④这种说法看似有一定道理,其实没有可靠的证据支持。要考查汉字的本义,必须先找到这个字的原始形体,而目前

---

① 班固撰,颜师古注:《汉书》第 11 册,第 3737 页。

② 许维遹撰,梁运华整理:《吕氏春秋集释》,北京:中华书局,2009 年,第 460 页。

③ 关于《吕氏春秋》的成书年代也有争议,但各家断代的前后跨度不大,主要集中在嬴政四年(前 243 年)至秦统一六国(前 221 年)之间,只有极少数学者认为在秦统一之后。参见陈奇猷:《〈吕氏春秋〉成书的年代与书名的确立》,《复旦学报》(社会科学版)1979 年第 5 期,第 103—104 页;吴光:《黄老之学通论》,杭州:浙江人民出版社,1985 年,第 166—170 页;赵年苏:《关于〈吕氏春秋〉成书年代之我见》,《苏州大学学报》(哲学社会科学版)1987 年第 3 期,第 122—125 页;李家骧:《〈吕氏春秋〉成书年代新考》,《湘潭大学学报》(哲学社会科学版)1995 年第 2 期,第 6—10 页;修建军:《〈吕氏春秋〉成书年代问题辨正》,《管子学刊》1999 年第 3 期,第 69—71 页;刘慕方:《论〈吕氏春秋〉的成书》,《学海》1999 年第 5 期,第 116—119 页;黄伟龙:《〈吕氏春秋〉成书考》,《文献》2003 年第 1 期,第 9—17 页。

④ 牛云平、杨秀敏:《人本与物本——"翻译"与"translate"语义谱系分析比较》,《河北师范大学学报》(哲学社会科学版)2007 年第 6 期,第 98 页。

出土的甲骨文和金文里没有见到"译"字,最早的材料只有汉简中出现的隶书①。《说文》分析的虽然是早于隶书的小篆字形,但仍不足以作为"造字本义"的判断依据。而且,某个汉字的义符在单独使用时可能有多种含义,甚至可以表示不同的词,这势必导致孤立的字形分析得出不统一的结论。比如同样是"译"(譯)这个字,我们也可以给出另一种分析:将"睪"视为"驿"(驛)的省略,表示传递。译(譯)=言(说)+睪(同"驿",传递),因此"译"的造字本义就变成了"用一种语言传达另一种语言"②。以上两种字形分析的结论都可以从后人的训释中得到"呼应",比如朱骏声在《说文通训定声》里就指出"译"可以假借为"睪"③;陆德明解释《孝经·圣治章》旧注中的"重译"时也说:"译,本亦作'驿'。"④然而,用这些后世语料来解释原初字形实则近乎"循环论证",并没有足够的说服力。以上的字形分析其实都带有相当程度的主观性,在没有比较

---

① 如居延汉简三〇三·八号简有"女译"字样(其图版和释文见中国社会科学院考古研究所编《居延汉简甲乙编》,北京:中华书局,1980 年,上册甲编图版第 118 页 1582 号、下册第 211 页下)。《居延汉简释文合校》(谢桂华、李均明、朱国炤著,北京:文物出版社,1987 年,第 496 页)和《中国简牍集成》(标注本)第 7 册(中国简牍集成编辑委员会编,兰州:敦煌文艺出版社,2001 年,第 227 页)的整句释文与前著有所出入,但"女译"二字皆同。

② 见"象形字典"网"译"条(http://www.vividict.com/Public/index/page/details/details.html?rid=7906,访问于 2020 年 9 月 12 日)。姚腾在《"翻译"非"译"——浅谈中国传统译论中翻译定义的变迁》(《长春大学学报》2013 年第 5 期,第 576 页)一文中也采用了类似的解释方法。

③ 朱骏声:《说文通训定声》,北京:中华书局,1984 年,第 475 页上。

④ 陆德明撰,黄焯断句:《经典释文》,北京:中华书局,1983 年,第 342 页下。又,刘攽校《后汉书·鲜卑传》"鲜卑始通驿使":"'驿'当作'译'。"(见《后汉书》中华书局点校本校勘记引,1965 年,第 2996 页)再如《三国志·吴书·薛综传》引薛综疏:"自斯以来,颇徙中国罪人杂居其间,稍使学书,粗知言语,使驿往来,观见礼化。"(陈寿撰,陈乃乾校点:《三国志》第 5 册,第 1251 页)清人沈善登《致杨仁山书》:"今观东僧新译之两经,不直由梵翻华,而先假道于英音英义,展转置驿,以通于华。"(沈善登:《〈报恩论〉卷附:致杨仁山书》,《卍续藏经》第 110 册,台北:新文丰出版公司,1993 年,第 597 页上)综合文义判断,这两处"驿"也可能通"译"。

过重复字形之前,仅凭孤立个案揣测"造字本义"很容易出现差错。王宁曾指出,追究汉字的本义("以形索义")必须经过"溯本"(如为借字,则求本字)、"复形"(寻找字的原始形体)、"归纳异字同词"和"分析字形"四个阶段①。根据目前掌握的材料看,"译"这个字恐怕还无法从文字学的角度勘明其本义。

实际上,即使我们能够还原"译"的造字本义,问题也未必能迎刃而解。按照陆宗达和王宁的说法,"字"的本义是"体现在文字字形上的字义"②,它不能简单地等同于"词"的本义,因为"象形、会意以及形声字中的义符都是比较具体的,但它所代表的词,却不一定是一个具体的意义,而可能一开始就是一个很抽象的意义。只是既然用意音文字来表示,那么抽象意义也就不得不以一个具体的字形或义符为依托了"③。这种"抽象意义"显然只有在具体语境中才能表现出来④。所以,考查词的本义不能光看字形,还要结合实际用例综合分析。但正如上文提到的,早期文献的稀缺使得我们很难通过这样的方式分析"译"这个词的本义。

高守纲曾指出,探求词的本义应从以下三个方面综合考察:(1)义位⑤之间的联系层次;(2)词的书写形式;(3)用例始见文献⑥。上文讨论的分析方法实际上是从后两个方面着手,但都无法得出令人信服的结论。那么,分析"译"各义位之间的联系能为

---

① 王宁:《训诂学原理》,北京:中国国际广播出版社,1996年,第45—46页。
② 陆宗达、王宁:《古汉语词义研究——关于古代书面汉语词义引申的规律》,《辞书研究》1981年第2期,第31页。
③ 蒋绍愚:《古汉语词汇纲要》,北京:北京大学出版社,1989年,第64页。
④ 王宁则将字的本义进一步细分为"造意"和"实义":前者指"字的造形意图",即"造字本义";后者则是"造意中反映出的词义",是"真正在语言中被使用过"的含义,等同于"词的本义"(王宁:《训诂学原理》,第43页)。
⑤ "义位"(sememe)指义系统中能独立存在的基本语义单位,近似于通常说的"义项"(参见蒋绍愚:《古汉语词汇纲要》,第37页)。
⑥ 高守纲:《古代汉语词义通论》,北京:语文出版社,1994年,第43页。

我们提供怎样的线索呢？现代汉语中的"译"一般作及物动词使用（如"译书""译经"等），指的是"翻译"这一行为[1]，和古汉语中表示"译官"的动词"译"分属不同词类。根据蒋绍愚的观点，同一个汉字表示的几种意义之间只要有一定关系，即使其语法功能发生了变化，一般仍看作同一个词的不同义位[2]。也就是说，"译官"和"翻译"行为可以视为"译"这个词的两个不同义位，而其间的变化过程就是所谓"词义引申"的过程。正如陆宗达和王宁所指出的："引申是一种有规律的词义运动。"[3]那么，我们是否可以根据词义引申的一般规律来推测"译"的本义呢？

高守纲在归纳古汉语词义引申的方式时，曾把"借动作行为指代动作行为的实施者（多指以实施该动作行为为职业的人）"专门归为一类，比如："倡（唱）"由"领唱"引申为"以演唱为职业的人"；"贼"由"杀害"引申为"刺客"；"将"由"领兵"引申为"领兵的人"[4]。罗正坚列举的"乞"（乞讨→乞讨的人）、"候"（侦查→侦查敌情的人）和"侦"（同上）[5]也属此类。但反过来的情况，即由动作行为的实施者引申出动作行为的例子则未见到。这种现象符合我们对事物的认知方式。试想：若要描述某个具体行为的实施者，势必先对这一行为作出界定，因为该行为本身是其实施者区别于其他行为实施者的唯一特征，亦即我们不可能回避行为过程而直接表达行为实施者的概念；反过来，当我们要描述某个行为时，则不一定会涉及该行为的实施者。具体到"译"这个词，曾有论者指出过：

---

[1]　中国社会科学院语言研究所词典编辑室编：《现代汉语词典》（第 5 版），第 1615 页。

[2]　蒋绍愚：《古汉语词汇纲要》，第 31 页。

[3]　陆宗达、王宁：《古汉语词义研究——关于古代书面汉语词义引申的规律》，《辞书研究》1981 年第 2 期，第 31 页。

[4]　高守纲：《古代汉语词义通论》，第 57 页。

[5]　罗正坚：《汉语词义引申导论》，南京：南京大学出版社，1996 年，第 86—87 页。

"理论上应该是先有表行为活动的'译'概念的出现,然后才是其他(译者、译文等)。"①从逻辑上看确实如此:当我们要表达"译官"的概念时,必须先界定"翻译"这个行为,因为从事"翻译"行为是"译官"区别于其他职官的唯一特征。简言之,"译"的"译官"这层意思无法离开"翻译"行为而单独存在。因此,把"译官"视为"译"的本义,认为由表示"翻译行为实施者"的义位引申出表示"翻译行为"的义位不符合词义引申的一般逻辑。后世经学家在解释《礼记·王制》"北方曰译"一句中的"译"时暴露出的"词性冲突"足以证明这一点:孔颖达承认这里的"译"是"通传北方语官"(即承认其为名词),同时又认为"译"和"陈"同义,指"陈说外内之言"(即动词)②;贾公彦同意郑玄"通夷狄之言曰象"的判断(可以据此推测他也认可"译"是译官),但又用"易"来训"译",指出其含义是"换易言语,使相解也"③;张自烈也指出"译"和"寄""象""狄鞮"都是"通远人言语之官",同时又说:"译,释也,犹言誊也。谓以彼此言语相誊释也。"④以上这些学者虽然都把"译"看作官名,却又不得不用别的动词来加以训释。这种矛盾在许慎以"译"释"译"的做法中表现得尤为明显:《说文》称"译"为"传译四夷之言者"⑤——释文中的"译"当动词用,而作为被释字的"译"则被视为名词。综上可见,我们确实无法绕开翻译行为来指称翻译行为的实施者,"翻译"(行

---

① 谢思田:《我国译史发端界说——中国翻译释意思想起源的寻迹》,《外国语》2011年第 2 期,第 82 页。

② 郑玄注,孔颖达正义,吕友仁整理:《礼记正义》,第 539 页。

③ 郑玄注,贾公彦疏,彭林整理:《周礼注疏》,第 1315 页。

④ 张自烈、廖文英编,董琨整理:《正字通》,北京:中国工人出版社,1996 年,第 1081页上。不过更早提出这一观点的是元代的刘砺。《礼记集说》(陈澔注,万久富整理,南京:凤凰出版社,2010 年,第 104 页)引刘氏语:"译,释也,犹言誊也。谓以彼此言语相誊释而通之也。"

⑤ 许慎撰,徐铉校定:《说文解字》,第 57 页下。

为)这个概念本身已经包含在"译官"这个义位里了,因此前者的出现应当先于后者。如果用语义成分分析的方法来描写"译"从"翻译"引申出"译官"的过程,可以粗略地表示成:

翻译＝[转换]＋[语言]→译官＝[转换语言]＋[官员]

这一引申过程在修辞学中被称为"转喻"(metonym),其背后的心理机制是一种"相关联想"(关系联想),即由对象之间的某种联系所唤起的联想①。

实际上,本义始见文献晚于引申义的情况确有发生,比如"理"(治玉→整治)和"习"(鸟反复飞→学习),这两个词根据字形分析和义位关系整理得出的本义在文献中的用例都比引申义的用例要晚②。这种现象可能是由"文献语言在反映口语方面的局限性和不平衡性"③造成的,即本义在口语中的早期用例没有被记录下来或记录了但没有保留下来;还有一种可能是这个字本身就是为引申义造的,比如"侯"(诸侯→箭靶)、"启"(开启→启发)、"陽"(日光→山南水北)等④。

综合以上分析,笔者认为"译"这个词并非是"由最初的指代职称和官衔发展到了指代两种语言之间的转换活动"⑤;恰恰相

① 参见王兴业《引申义的演变规律初探》,河南省语言学会编:《汉语论丛》第 2 辑,郑州:河南大学出版社,1992 年,第 306—320 页。
② 高守纲:《古代汉语词义通论》,第 46 页。
③ 同上。
④ 同上,第 48—51 页。
⑤ 贺爱军、乔璐璐:《从"译"到"翻译"——翻译本体话语的演变与分析》,《宁波大学学报》(人文科学版)2013 年第 1 期,第 41—42 页。其理由是:"翻译人员依附于外事机构,而外事活动主要是语言沟通,于是产生了指代转移,用指代职衔的'译'来转指政府的交流活动和言语沟通,从而具备了动词的含义。"然而任何一个翻译人员从事的都是"语言沟通"活动,无论其是否"依附于外事机构"。我们无法从这段论述中发现"译"的"指代转移"与"依附于外事机构"有何关联。

反,"译"本来的意思就是指翻译行为,"译官"才是后来衍生的含义①。

二、对动词"译"的考察

《说文·言部》载:

> 译,传译四夷之言者。②

释文里的"传译"表示行为动作,"四夷之言"是"传译"这个行为的对象。从语法上看,这里的"传译"只可能是动词性并列短语(由两个动词构成的短语)或由这种短语发展而来的双音节动词③——无论哪一种情况,"译"都是动词,指的是翻译行为。这说明"译"在东汉时已可以当动词用。不过,同样是"传译"这个词语,我们还可以找到更早的例子。董仲舒《春秋繁露·王道》载:

> 五帝三王之治天下……囹圄空虚,画衣裳而民不犯。四夷传译而朝。民情至朴而不文。④

这句话里的"传译"没有跟宾语,乍看起来好像很难用"翻译"来解释,也无法立刻判断出它在句中充当的成分。好在类似的句式在

---

① 《汉字源流字典》(谷衍奎编,北京:语文出版社,2008年,第516页)就把"译"的本义标为"翻译",而非"翻译人员"。
② 许慎撰,徐铉校定:《说文解字》,第57页下。
③ 部分双音节动宾短语也可以带宾语参齐沪扬、连蜀:《动词性短语与动词的功能比较》,《上海师范大学学报》(社会科学版),2000年第4期,第75页。但"传译"显然不属此类。
④ 苏舆撰,钟哲点校:《春秋繁露义证》,北京:中华书局,1992年,第101—103页。本书引文内着重号皆系笔者所加,不一一说明。

汉代文献中多次出现,兹举几例:

> 累九译而请朝,致贡职以供祀。① (《新书·礼容语》)
>
> 后三年,则越裳氏重译而朝,曰:“道路悠远,山川阻深,恐一使之不通,故重三译而来朝也。”② (《说苑·辨物》)
>
> 后果有越裳氏重九译而来矣。③ (《白虎通·封禅》)

这里的“重译”“重三译”“重九译”和“累九译”应该如何理解?我们注意到,句中的这三个短语和后面的谓词性成分都由连词“而”来连接。一般认为,“而”主要用来连接两个谓词或谓词性短语以构成连谓短语④;“重译”“重三译”和“重九译”则都是以“译”为中心词的偏正短语,而谓词性偏正短语只有状中式短语一种,那么充当中心词的“译”只能是动词⑤。《史记·大宛列传》有:“重九译,致殊俗,威德遍于四海。”张守节《正义》认为,“重九译”就是“重重九遍译语而致”⑥,亦即经过九次翻译才能到达。《文选·东京赋》有

---

① 贾谊撰,阎振益、钟夏校注:《新书校注》,北京:中华书局,2000年,第379页。
② 刘向撰,向宗鲁校证:《说苑校证》,北京:中华书局,1987年,第457—458页。
③ 陈立撰,吴则虞点校:《白虎通疏证》,北京:中华书局,1994年,第287页。
④ 裴燮君:《连词“而”语法功能试析》,《广西师范学院学报》(哲学社会科学版)2005年第3期,第103页。
⑤ 古汉语中也出现过“体词性成分＋‘而’＋谓词性成分”的结构,比如“人而无仪”(《诗经·鄘风·相鼠》)、“子产而死”(《左传·襄公三十一年》)等,但这种结构要求体词性成分充当判断性谓语,并和“而”后的谓词性成分共享同一个“话题性主语”(杨荣祥:《论“名而动”结构的来源及其语法性质》,《中国语文》2008年第3期,第239—246页)。如果把“重译”“重三译”“重九译”和“累九译”中的“译”当作名词(“译官”)来理解,也就是把它们看成名词性偏正短语,那么从语法上看的确符合上述结构,但在语义上无法成立:以“越裳重译而来朝”为例,该句子的“话题性主语”是“越裳”,它确实充当了“来朝”的主语;但如果把“重译”(“多个译官”)理解成“越裳”的判断性谓语,句子就变成了“越裳,重译也,而来朝”,显然不合逻辑。
⑥ 司马迁撰,裴骃集解,司马贞索隐,张守节正义:《史记》,第3166—3167页。

"重舌九译而至",李善引薛综注说得更加明白:"重舌,谓晓夷狄语者。九译,九度译言始至中国者也。"①颜师古注《汉书·贾捐之传》"越裳氏重九译而献"引晋灼语:"远国使来,因九译而语言乃通也。"②我们知道,古汉语中的数词"三"和"九"常作虚指,只是强调次数多,并非真的是三次或九次。因此以上引文中的"重译""重三译""重九译"和"累九译"意思一样,都是指要经过多次翻译——也就是说一路上要经过多个操用不同语言的地区,必须依靠重重转译才能沟通,可见路途之遥远③。而上文所引《春秋繁露·王道》"四夷传译而朝"中的"传译"只是省略了数词,换成和"译"含义相近的"传"④,同样也是强调"四夷"依靠翻译不远万里而来。据孔慧怡观察,类似的词语有很多,包括"重译""数译""累译""三(参)译""四译""五译""八译""九译""重九译"等多种表达方式,"但以'重译'的使用率最高"⑤。

上引《白虎通》《说苑》所载"越裳重译来朝"一事后世流传甚广,说的是周成王时南方的越裳国借助翻译前来进贡⑥,翻译学界一般视之为中国古代最早有文献记载的口译活动。但马祖毅、陈

---

① 张衡:《东京赋》,萧统编、李善注:《文选》,上海:上海古籍出版社,1986 年,第127 页。
② 班固撰,颜师古注:《汉书》第 9 册,第 2832 页。
③ 何科根认为这里的"重译"是在描绘"献雉仪式上正式使用译员互相进行致辞或问对的隆盛情况"(何科根:《"越裳献雉"及越鸟的文化阐释:兼及修正〈撒马尔罕的金桃〉的一些说法》,《文艺理论与批评》1998 年第 5 期,第 126 页)。笔者不同意这一观点。
④ 扬雄《方言》释"译":"传也。"(华学诚汇证,王智群、谢荣娥、王彩琴协编:《扬雄方言校释汇证》,第 955 页)
⑤ 孔慧怡:《重写翻译史》,第 24 页。
⑥ 其实也有人对此事的真实性提出过含蓄的质疑,比如清代的崔述就说:"此事不见于经,惟《尚书大传》及《说苑》有之。然于理无所害。"(崔述:《丰镐考信录》,北京:中华书局,1985 年,第 82 页)

福康等人所引《册府元龟》及《后汉书》均非此事原载①，更早的《汉书》《白虎通》《说苑》和《韩诗外传》已有著录②，内容大同小异。

---

① 马祖毅：《中国翻译简史："五四"运动以前部分》，第2—3页；马祖毅：《中国翻译简史："五四"以前部分》（增订版），北京：中国对外翻译出版公司，1998年，第3—4页；陈福康：《中国译学理论史稿》，第10页。谢思田在《我国译史发端界说——中国翻译释意思想起源的寻迹》（《外国语》2011年第2期，第80—81页）中也指出了这一点。《册府元龟·外臣部》载："周公居摄六年，制礼作乐，天下和平。交阯之南有越裳国，以三象重译而献白雉，曰：'道路悠远，山川阻深，音使不通，故重译而朝。'"又："周公居摄六年，越裳以三象胥重译而献白雉曰：'道路悠远，山川阻深，音使不通，故重译而朝。'"（王钦若等编纂，周勋初等校订：《册府元龟》，南京：凤凰出版社，2006年，第11205、11525页）《后汉书·南蛮西南夷列传》："交阯之南有越裳国。周公居摄六年，制礼作乐，天下和平。越裳以三象重译而献白雉，曰：'道路悠远，山川岨深，音使不通，故重译而朝。'"（范晔撰，李贤等注：《后汉书》，第2835页）何科根据《吕氏春秋·古乐》高诱注判断"三象"系"周公所作乐名"，用在这里指的是"献雉仪式上演奏名为'三象'的乐曲以庆贺"（何科根："《越裳献雉》及越鸟的文化阐释——兼及修正《撒马尔罕的金桃》的一些说法》，《文艺理论与批评》1998年第5期，第126页）；还有人援引许嘉璐主编的《二十四史全译·后汉书》对该句的白话翻译，称"三象"指的是"（乘坐）三头大象"（张岳琢、贺延情：《〈中国翻译通史（古代卷）〉中一处翻译指瑕》，《群文天地》2009年第9期，第77—79页）。但笔者认为"象"即"象胥"，应指译官，"以三象重译"就是依靠多位译官的转译。

② 《汉书·贾捐之传》："越裳氏重九译而献。"又，《汉书·西域传》："周公之让白雉。"（班固撰，颜师古注：《汉书》，第2831、3930页）《白虎通·封禅》："成王之时，有三苗异亩而生，同为一穟，大几盈车，长几充箱，民有得而上之者，成王召周公而问之。公曰：'三苗为一穗，天下当和为一乎？'后果有越裳氏重九译而来矣。"（陈立撰，吴则虞点校：《白虎通疏证》，第287页）《说苑·辨物》："成王时有三苗贯桑而生，同为一秀，大几盈车，民得而上之成王。成王问周公：'此何也？'周曰：'三苗同秀为一，意天下其和而为一乎？'后三年，则越裳氏重译而朝，曰：'道路悠远，山川阻深，恐一使之不通，故重三译而来朝也。'"（刘向撰，向宗鲁校证：《说苑校证》，第457—458页）《韩诗外传》卷五："成王之时，有三苗贯桑而生，同为一秀，大几满车，长几充箱，民得而上诸成王。成王问周公曰：'此何物也？'周公曰：'三苗同为一秀，意者天下殆同一也。'比几三年，果有越裳氏重九译而至，献白雉于周公，曰：'道路悠远，山川幽深。恐使人之未达也，故重译而来。'"（韩婴撰，许维遹校释：《韩诗外传集释》，北京：中华书局，1980年，第180页）另有论者称："《尚书》记载'远方重译而至七十六国'。"[乌云高娃：《东亚"译语"考——兼论元明与朝鲜时代"译语"意义之演变》，南京大学民族研究所、暨南大学中国文化史籍研究所、香港教育学院社会科学系编：《元史及民族史研究集刊》第14辑，海口：南方出版社，2001年，第167页；庄颖：《唐代鸿胪寺译语人浅议》，《首都师范大学学报》（社会科学版）2007年增刊，第37页]误。此系孔颖达《尚书正义》引西晋皇甫谧语（孔安国传，孔颖达正义，黄怀信整理：《尚书正义》，上海：上海古籍出版社，2007年，第328页）。

《后汉书》李贤注称："事见《尚书大传》。"①持此观点的还有清人陈立，他说《白虎通》"所引成王事，《大传》文也"②。当代学者王利器也认为《韩诗外传》《白虎通》《说苑》等"皆本《尚书大传》为说也"③。可见《尚书大传》应是现存最早记载"越裳重译来朝"的传世文献④。

据侯金满推断，《尚书大传》的成书当在西汉文景之际，但其定本至明末已全部亡失，后由清人辑佚成帙⑤。皮锡瑞辑本中提到

---

① 范晔撰，李贤等注：《后汉书》，第 2835 页。
② 陈立撰，吴则虞点校：《白虎通疏证》，第 287 页。
③ 王利器：《新语校注》，北京：中华书局，1986 年，第 61 页。
④ 但清末民初学者唐晏认为此事首见于陆贾《新语·无为》，其文作："越裳之君，重译来朝。"（王利器：《新语校注》，第 59、61 页）向宗鲁则称其文字"本《尚书大传·嘉禾篇》（据陈辑本）及《韩诗外传》卷五"（刘向撰，向宗鲁校证：《说苑校证》，第 458 页）。另有论者称"越裳献雉"见于《国语·齐语》，又说"《竹书纪年》载，周成王十年，'越裳氏来朝'"（何科根："'越裳献雉'及越鸟的文化阐释——兼及修正〈撒马尔罕的金桃〉的一些说法"，《文艺理论与批评》1998 年第 5 期，第 124 页）。然笔者查阅《国语》（徐元诰撰，王树民、沈长云点校：《国语集解》，北京：中华书局，2002 年）未能看到相关文字，类似的表述仅见于东汉王充《论衡·恢国》："成王之时，越常献雉，倭人贡畅。"（黄晖：《论衡校释》，北京：中华书局，1990 年，第 832 页）至于《竹书纪年》，其古本成于战国，后亡；清人有辑本；今本系后人重新编订，被很多学者判为伪书。"越裳氏来朝"一句实出于今本《竹书纪年》，书中还有"唐叔献嘉禾，王命唐叔归禾于周文公"等记载，王国维便认为其抄袭自《书序》及《尚书大传》（王国维撰，黄永年校点：《古本竹书纪年辑校·今本竹书纪年疏证》，沈阳：辽宁教育出版社，1997 年，第 83 页）。还有人强调说《古本竹书纪年辑证》一书中录有"大戊遇祥桑，侧身修行。三年之后，远方慕明德，重译而至者七十六国。商道复兴，庙为中宗"〔郑三粮："先秦翻译探微"，《嘉应学院学报》（哲学社会科学），2005 年第 5 期，第 115 页〕。实际上这段文字出自该书附著王国维《今本竹书纪年疏证》（方诗铭、王修龄：《古本竹书纪年辑证》，上海：上海古籍出版社，1981 年，第 220 页）。另，今传《孔子家语·五仪解》亦有："桑穀于朝，七日大拱，占之者曰：'桑穀野木而不合生朝，意者国亡乎？'太戊恐骇，侧身修行，思先王之政，明养民之道，三年之后，远方慕义，重译至者，十有六国。"（陈士珂辑：《孔子家语疏证》，北京：中华书局，1985 年，第 36 页）但不少人认为该书系王肃伪造，清代范家相和孙志祖都曾指出此段抄袭自刘向《说苑·敬慎》（参见邬可晶：《〈孔子家语〉成书考》，上海：中西书局，2015 年，第 292 页）。
⑤ 侯金满：《〈尚书大传〉源流考》（硕士学位论文），南京：南京大学，2013 年，第 9—13、35—36 页。黄开国认为"其书绝不会晚于董（仲舒）、韩（婴）的著作"〔黄开国："简论伏生与〈大传〉"，《成都大学学报》（社会科学版）2000 年第 2 期，第 23 页〕；方力特和林凡则判断其"下限当在汉成帝在位期间（前 33—前 7）"（方力特、林凡："〈尚书大传〉的成书、流传及其社会历史意义"，北京大学中国古文献研究中心编：《北京大学中国古文献研究中心集刊》第 11 辑，北京：北京大学出版社，2011 年，第 143 页）。

"越裳重译来朝"一事的文字如下:

> 成王时,有苗异茎而生,同为一穟。人有上之者,王召周
> 公而问之。公曰:"三苗为一穗,抑天下共和为一乎?"果有越
> 裳氏**重译**而来。①(《嘉禾》)
>
> 越裳以三象**重译**而献白雉,曰:"道路悠远,山川阻深,音
> 使不通,故**重译**而朝。"②(同上)
>
> 周成时,越裳氏来献白雉,曰:"吾闻国之黄耇曰:'天无烈
> 风淫雨,江海不波溢,于兹久矣。意中国有圣人,盍往朝之?'
> 故**重三译**而至。"③(同上)

此外,《汤誓》和《高宗肜日》两篇也出现了"译"字:

> 桀无道,囚汤。后释之,诸侯**八译**来朝者六国。④(《汤誓》)
>
> 武丁祭成汤,有飞雉升鼎耳而雊。武丁问诸祖己。祖己
> 曰:"雉者,野鸟也,不当升鼎;今升鼎者,欲为用也。远方将有
> 来朝者乎?"故武丁内反诸己,以思先王之道。三年,编发**重译**
> 来朝者六国。⑤(《高宗肜日》)
>
> 武丁之时,桑穀俱生于朝,七日而大拱。武丁召其相而问焉。
> 其相曰:"吾虽知之,吾不能言也。"问诸祖己,曰:"桑穀,野草也。
> 野草生于朝,亡乎?"武丁惧,侧身修行,思昔先王之政,兴灭国,继
> 绝世,举逸民,明养老之礼。**重译**来朝者六国。⑥(《高宗肜日》)

---

① 皮锡瑞:《尚书大传疏证》,《续修四库全书》编纂委员会编:《续修四库全书》第55
册,上海:上海古籍出版,1996年,第763页下。
② 同上,第763页下。
③ 同上,第764页上。
④ 同上,第731页下。
⑤ 同上,第732页下。
⑥ 同上,第733页上下。

以上引文中的"译"都作动词用。各种古书引述《大传》的文字或有出入,但大都保留了"译"字,原文应该确实使用过。

我们知道,《尚书大传》是一部阐发《尚书》经义的著作,但其解经方式不像后世笺注那样随文释义,而是"于经文之外,别撰大义"①,所以在行文过程中常常需要节引经文。此种行文方式,可能保留了一些今本《尚书》已经散佚的文字。如《归禾》《嘉禾》《咸义》三篇,正文已亡,其名目见于《书序》:

> 伊陟相太戊,亳有祥桑穀共生于朝;伊陟赞于巫咸,作《咸义》四篇。

> 唐叔得禾,异亩同颖,献诸天子。王命唐叔归周公于东,作《归禾》。

> 周公既得命禾,旅天子之命,作《嘉禾》。②

古人认为人间君王的得失在自然界中会有所应验,引文记录的正是此类事件:伊尹之子伊陟辅佐商王太戊期间,亳都出现了桑树、楮树共生一株的反常现象;周成王的弟弟唐叔得到一棵异株同穗的禾苗,认为是吉兆,于是将其献给成王,成王又命他赐予周公。

《书序》乃《尚书》篇目及各篇创作缘起之汇总,产生于周秦时代,本来单独附在书后自成一篇,"至孔安国之《传》出,始引《小序》分冠各篇之首"③。以上三段序文分别介绍了《归禾》《嘉禾》和《咸

---

① 侯金满:《〈尚书大传〉源流考》,第 75 页。
② 王云五主编,屈万里注译:《尚书今注今译》,台北:台湾商务印书馆,1969 年,第 195、199 页。
③ 朱彝尊:《曝书亭集》卷五十五《书论二》。转引自徐有富:《〈书序〉考》,《古典文献研究》,2005 年,第 209 页。

义》三篇的写作缘由,与《大传》辑本所载事迹颇多吻合:辑本《高宗肜日》的时代和人物虽然与《书序》记载不同,但辑本中第二个版本的情节以及对"桑穀共生"现象的描述和《书序》一致;辑本《嘉禾》"异茎同穗"事也和《书序》的文字相符。虽然有论者指出《大传》中的很多历史故事"和《尚书》之间的联系往往只是故事的主角来自同一历史时期"①,即属于补充性质的文字;但根据《书序》的记载来看,以上所引《大传》文字属于对《归禾》《嘉禾》《咸义》三篇的情节概述或摘要,并不是为了阐释经义而援引的事例。笔者认为,这些段落的主体部分应当是取自《尚书》正文的;而"重译来朝"在每一个段落中都是渲染天子德行的核心情节,亦不会是《大传》作者自行补出。因此,作动词使用的"译"很可能存在于《尚书》佚文中。

另外,此前较少被注意到的先秦子书《鹖冠子》中的《王鈇》一篇也出现了"译"字:

　　……故能畴合四海以为一家,而夷貉万国,皆以时朝服致绩,而莫敢效增免。闻者**传译**来归其义,莫能易其俗,移其教。故其威立而不犯,流远而不废。②

与之前引用的文字类似,这段记载也是在描绘天子德被四海、万邦来朝的画面。所谓"传译来归其义",就是说"夷貉万国"因为倾慕中华礼乐制度,便借助翻译("传译")远道而来。目前多数学者认为《鹖冠子》大体成书于战国中晚期至秦统一前,确是一部先秦文

---

① 方力特、林凡:《〈尚书大传〉的成书、流传及其社会历史意义》,北京大学中国古文献研究中心编:《北京大学中国古文献研究中心集刊》第 11 辑,第 151 页。
② 黄怀信:《鹖冠子汇校集注》,北京:中华书局,2004 年,第 211—212 页。

献①。那么,《鹖冠子·王鈇》可能也是"译"作动词用的较早书证之一②。

---

① 参见吴光:《〈鹖冠子〉非伪书考辨》,《浙江学刊》1983 年第 4 期,第 36—42 页;李学勤:《马王堆帛书与〈鹖冠子〉》,《江汉考古》1983 年第 2 期,第 51—56 页;谭家健:《〈鹖冠子〉试论》,《江汉论坛》1986 年第 2 期,第 57—62 页;丁原明:《〈鹖冠子〉及其在战国黄老之学中的地位》,《文史哲》1996 年第 2 期,第 24—27 页;黄怀信:《〈鹖冠子〉源流诸问题》,黄怀信:《古文献与古史考论》,济南:齐鲁书社,2003 年,第 386—388 页。由于《王鈇》等篇不避"迁"字,而"迁"是赵悼襄王的继承者赵幽缪王的名讳,黄怀信据此推断《鹖冠子》的完成"当在赵悼襄王之世"(黄怀信:《〈鹖冠子〉源流诸问题》,黄怀信:《古文献与古史考论》,第 387 页),即公元前 243 年至前 236 年间。

② 还有两种文献也可能出现过作动词用的"译"字:(1)《文子·精诚》载:"天下莫不仰上之德,象主之旨,绝国殊俗,莫不重译而至。"(王利器:《文子疏义》,北京:中华书局,2000 年,第 60 页)此句中也有表示经过重重翻译远道而来的"重译"。《汉书·艺文志》著录《文子》九篇,称其作者为"老子弟子,与孔子并时"(班固撰,颜师古注:《汉书》第 6 册,第 1729 页)。相传文子即春秋时越国大臣范蠡之师,"本受业于老子"(晁公武撰,孙猛校证:《郡斋读书志校证》,上海:上海古籍出版社,1990 年,第 474 页)。传世《文子》有十二篇,但前人多疑其为伪作,或认为抄袭自《淮南子》。虽然 1973 年河北省定县汉墓出土了《文子》残简,但今本《文子》和竹简本的关系在学界却始终无法达成共识——据孟鸥归纳,至少有"残本说""增补说""窜改说""合编说"四类观点[《〈文子〉新探》(博士学位论文),济南:山东大学,2011 年,第 4 页]。关于今本《文子》和《淮南子》的关系也是众说纷纭,"或言今本《文子》抄袭《淮南子》,或言《淮南子》抄袭《文子》,或言二者互相抄袭,或言二者存在共同来源"(孟鸥:《〈文子〉新探》,第 7 页)。另可参见张丰乾《出土文献与文子公案》(北京:社会科学文献出版社,2007 年,第 6—22 页)的综述。笔者在比较了竹简本《文子》的释文(河北省文物研究所定州汉简整理小组:《定州西汉中山怀王墓竹简〈文子〉释文》,《文物》1995 年第 12 期,第 27—34 页)、今本《文子》和《淮南子》后发现,上文所引今本《文子》"天下莫不仰上之德,象主之旨,绝国殊俗,莫不重译而至",未见于竹简本,《淮南子·泰族训》作:"四海之内,莫不仰上之德,象主之指,夷狄之国,重译而至。"(何宁:《淮南子集释》,北京:中华书局,1998 年,第 1383 页)"重译而至"四字皆同,故无法排除今本《文子》抄袭《淮南子》的可能。《淮南子》撰于西汉景帝朝后期,而诸家关于今本《文子》成书时间的推断,其跨度从春秋末战国初直至六朝(孟鸥:《〈文子〉新探》,第 106—110 页),因此很难判定今本《文子·精诚》中"译"的用例是否早于《尚书大传》。(2) 清人辑录的《太公匮》也有"越裳氏献白雉,重译而至"(严可均校辑:《全上古三代秦汉三国六朝文》,北京:中华书局,1958 年,第 52 页下)的记载,但原本已亡,其成书状况颇为复杂,牵涉与各种太公兵书的关系,材料稀缺,殊难考订,不过大抵可以确认并非姜尚所作。此外,还有一些论者误将北魏郦道元《水经注》里的"《周礼》九夷远极越裳,白雉象牙,重九译而来"(王国维校,袁英光、刘寅生整理标点:《水经注校》,上海:上海人民出版社,1984 年,第 1136 页)一句理解成了"《周礼》称:'九夷远及越裳,白雉象牙,重九译而来'"(程爱勤:《古越裳考》,《东南亚纵横》1991 年第 3 期,第 8 页;程爱勤:《叶调国研究》,郑州:中州古籍出版社,1993 年,第 194—195 页;何平:《越裳不是泰老民族的先民》,《广西民族研究》2002 年第 2 期,第 88 页;何平:《越裳的地望与族属》,《东南亚》2003 年第 3 期,第 52 页)。其实原文并非对《周礼》的直接引用,今本《周礼》正文内并无"译"字。

三、"译"的词义引申

作动词用的"译",主要是指把一种语言转换成另一种语言的过程。但现实生活中使用"译"这个词的场合却不限于此,比如我们会说"把英语译成汉语""把文言译成白话",还会说"把电报译成文字"——这三类情况其实属于三种不同类型的"翻译",雅各布森(Roman Jakobson,1896-1982)称之为"语际翻译"(interlingual translation)、"语内翻译"(intralingual translation)和"符际翻译"(intersemiotic translation)[①]。顾名思义,"语际翻译"指的是不同语言之间的转换,这种类型的翻译最常见,也是翻译研究关注的重点;"语内翻译"指的是同一种语言内部的转换,包括文体和语体等形式变化,也被称为"重述"(rewording);"符际翻译"则是雅各布森站在符号学立场上提出的概念,指语言和其他符号之间的转换。这三种转换,在雅各布森看来都是用一套符号系统来解释另一套符号系统。简而言之,翻译(translation)的过程被认为就是阐释(interpretation)的过程——"译"的词义引申过程正可说明中西方在这一点上的理解不谋而合。

在《礼记·王制》的记载中,"中国"和所谓"东夷""西戎""南蛮""北狄"都是根据空间来划分的概念,译官("寄""象""狄鞮"和"译")从事的翻译工作正是为了解决"五方之民"的沟通问题,属于雅各布森说的"语际翻译"[②];但随着时间的推移,语言和文字发生

---

① Roman Jakobson，"On linguistic Aspects of Translation"，*The Translation Studies Reader*，ed.，Lawrence Venuti（London：Routledge，2000），p. 114.

② 贺爱军、乔璐璐把"中原地区的语言与各少数民族地区语言之间的转换活动"当成"语内翻译",认为"'译'这一术语在时空纬度上从'语内翻译'过渡到了'语际翻译'"〔贺爱军、乔璐璐:《从"译"到"翻译"——翻译本体话语的演变与分析》,《宁波大学学报》(人文科学版)2013年第1期,第42页〕。这种理解是错误的。雅各布森所说的"语内翻译"是指同一种语言内部的形式转换;而汉语和少数民族语言并不是同一种语言,不能用政治意义上的国家为标准来界定"语内翻译"。

了变化,"语内翻译"的必要性就凸显出来了——这种形式的翻译,通常被称为"训诂"。正如清儒陈澧所说:"地远则有翻译,时远则有训诂。"[1]不过,这两种基于不同维度(空间和时间)的"解释"行为并不总是被明确地区分开来,人们偶尔也会用"训诂"来指称"语际翻译",比如《后汉书·南蛮西南夷列传》录有白狼王敬献的《远夷乐德歌诗》等三首少数民族歌谣,李贤作注时根据《东观汉记》的相关记载为其补入了"夷语",他把以汉译"夷"的过程称为"重译训诂为华言"[2];而"语内翻译"被说成"译"的情况更加普遍,这也就是"译"的引申义。《正字通》称:

> 凡诂释经义亦曰"译"。[3]

把"训诂"当成"译"的观念来自人们对翻译行为的这样一种认识:"译,释也。"[4]与雅各布森的看法一样,汉语语境中的翻译也被当成一个解释的过程。更有趣的是,汉字的表意性质可能还为翻译和解释之间的关系额外提供了一种记音文字所不具备的可能性。有学者就认为:"'译'与'释'在音、形、义三方面都非常相关,其共同目标就是通过口说、书写或者其他方式使人明白隐

---

[1] 陈澧:《东塾读书记(外一种)》,北京:生活·读书·新知三联书店,1998年,第218页。

[2] 范晔撰,李贤等注:《后汉书》,第2856页。《东观汉记》是东汉时官修的一部纪传体史书,也是最早的东汉史,但在唐宋以后逐渐散佚,现存清人辑本。根据李贤的叙述,《东观汉记》收录了白狼王所献诗歌的原文和汉语译文,今本《东观汉记》的相关内容正是由《后汉书》及李贤注补出的(刘珍等撰,吴树平校注:《东观汉记校注》,北京:中华书局,2008年,第891页)。

[3] 张自烈、廖文英编,董琨整理:《正字通》,第1081页上。

[4] 同上。

而不彰的某事物。"①虽然根据《说文》提供的"译"的小篆字形尚不足以判断其本义,但"译"和"释"在词源学上的关系应当是可以肯定的。《方言》和《广雅》都认为"译"有"见"的意思②,而"见"是"现"的古字,有"显现"的意思。所以王念孙解释说:"'见'者,著见之义。"他还引用郑玄在《诗经·齐风·载驱》的笺注中提到的"圛,明也",称其"义与'译'相近"③。"释也""见(现)也""明也",这些表述都说明翻译行为被理解成意义的阐释和彰显过程,而翻译和训诂正是在这个层面上实现了语义的互通。东汉王符《潜夫论》云:

夫圣人为天口,贤人为圣译。④

俞樾解释说:"天无言而圣人代之言,故曰'为天口'。圣人之言,人不易晓,而贤者为通其指趣,故曰'为圣译'。"下文又有"贤者之所说,圣人之意也"⑤。古代"圣人"是上天的代言人,但"圣人"讲的话不容易明白,需要后世"贤人"为他作注解。这里的"译"显然不属于"语际翻译",而是训释文义的意思。

---

① 牛云平、杨秀敏:《人本与物本——"翻译"与"translate"语义谱系分析比较》,《河北师范大学学报》(哲学社会科学版)2007 年第 6 期,第 98 页。
② 华学诚汇证,王智群、谢荣娥、王彩琴协编:《扬雄方言校释汇证》,第 955 页;王念孙著,钟宇讯点校:《广雅疏证》,北京:中华书局,1983 年,第 84 页下。
③ 王念孙著,钟宇讯点校:《广雅疏证》,第 84 页下。"圛"和"译"发音也相同,郑笺:"圛,音'亦'。"另外,《说文·口部》还有一个被解释为"译"的"囮"字(许慎撰,徐铉校定:《说文解字》,第 129 页下)因为钱锺书的引用而广为知晓,此处不赘(钱锺书:《林纾的翻译》,钱锺书:《七缀集》,北京:三联书店,2002 年,第 77 页。参见钱锺书:《管锥编》第 3 册,北京:三联书店,2007 年,第 1854—1857 页)。
④ 王符著,汪继培笺:《潜夫论笺校正》,北京:中华书局,1985 年,第 72 页。
⑤ 同上。

再如,柳宗元《天对》有如下一句:

> 尽邑以垫,孰译彼梦?①

整个庄子都淹没了,是谁"译"了那个梦呢?《天对》记录了柳宗元对屈原《天问》中 170 多个问题的解答或回应。这一问的原文是:"水滨之木,得彼小子。夫何恶之,媵有莘之妇?"②"小子"(小孩儿)指的是商朝圣人伊尹。传说伊尹的母亲住在伊水边上,怀孕时梦见神仙告诉她:如果发现捣米的石臼流出水来就赶快逃跑,千万不要回头看。第二天,伊尹的母亲果然看到石臼流水,但她在逃跑的途中没有听从仙人的嘱咐,一回头看到大水淹没了整个村庄,结果自己变成了一棵空心桑树。后来有莘国的一名妇人从空桑中得到了伊尹,并让他充作有莘氏女儿的陪嫁奴隶③。令屈原感到困惑的是:有莘国人为何如此讨厌伊尹,以至于要让他做奴隶?柳宗元没有正面回答这个问题,而是从逻辑上驳斥了上述传说:既然整个村庄的人都淹死了,伊尹的母亲又变成了桑树,那么她梦见神仙的事是谁传出来的呢? 这里的"译"带有"转述,传达"的意思。

　　郭璞释《方言》"译,见也":"传宣语,即相见。"④王念孙《广雅

---

① 复旦大学中文系古典文学教研组注:《天问天对注》,上海:上海人民出版社,1973年,第 61 页。垫,沉溺,这里指被水淹没。

② 同上。媵,陪嫁。

③ 事见《吕氏春秋·本味》:"有侁氏女子采桑,得婴儿于空桑之中,献之其君。其君令烰人养之,察其所以然,曰:'其母居伊水之上,孕,梦有神告之曰:"臼出水而东走,毋顾。"明日视臼出水,告其邻,东走十里,而顾,其邑尽为水,身因化为空桑。'故命之曰'伊尹'。此伊尹生空桑之故也。长而贤。汤闻伊尹,使人请之有侁氏。有侁氏不可。伊尹亦欲归汤,汤于是请取妇为婚。有侁氏喜,以伊尹媵女。"(许维遹:《吕氏春秋集释》,第 310 页。)侁,同"莘"。

④ 华学诚汇证,王智群、谢荣娥、王彩琴协编:《扬雄方言校释汇证》,第 955 页。

疏证》云:"谓传宣言语,使相通晓也。"①如果把"解释"理解成使语言的意义显现("见"),即"使相通晓",那么我们可以说"解释"这个引申义侧重于表达"译"的结果,而结果的产生往往先得依靠语言的传播,即"传宣言语"的过程。上文说过,"译"作动词时就常常和"传"搭配,比如"传译四夷之言"(《说文》)、"传译而朝"(《春秋繁露》)、"传译来归其义"(《鹖冠子》)等。扬雄《方言》除了把"译"解释成"见",也提到了"传"②。《文选》李善注则称《说文》也把"译"解释成"传",即"传四夷之语也"③。更明确的是《正字通》"译"字释文中的一句:

> 传夷夏之言,转相告也。④

无论是"传宣语"还是"转相告",都是强调语言的传播过程。张自烈还认为"译"就好比"誊","谓以彼此言语相誊释也"⑤。《说文·言部》载:"誊,迻书也。"也就是说,翻译的过程包含了信息的复制过程,一个"誊"字点出了语言传播的本质。"译"正是在这一基础上派生出了"转述,传达"的新含义。

不过"译"的这一用法还可以追溯到比柳宗元作《天对》早得多的时代。《管子·四时》篇在解释人事活动应顺应时令时提出了一年四季施政的不同规矩,其中秋季施政的第一条原则是:

---

① 王念孙著,钟宇讯点校:《广雅疏证》,第 84 页下。
② 华学诚汇证,王智群、谢荣娥、王彩琴协编:《扬雄方言校释汇证》,第 955 页。
③ 司马相如:《喻巴蜀檄》,萧统编,李善注:《文选》,第 1963 页。段玉裁据此订《说文》:"译,传四夷之语者。"(许慎撰,段玉裁注:《说文解字注》,郑州:中州古籍出版社,2006 年,第 101 页下)
④ 张自烈、廖文英编,董琨整理:《正字通》,第 1081 页上。
⑤ 同上。

禁博塞,围小辩,斗译忌。①

"博塞"即博赛,是一种具有赌博色彩的棋牌游戏;"小辩"指辩说琐碎小事。"禁博塞"和"围小辩"的含义比较明确:为了顺应秋天的收敛之气,人们对自己的行为应当有所克制,禁绝博戏活动,避免为小事发生争执,不要逞口舌之快。争议的焦点在"斗译忌"这三个字上。黎翔凤引《方言》"译,传也,见也",认为"众有忌讳,随所见传播不已,是谓'译忌'",而"周人以讳事神,因忌而斗者不少"②。道听途说、私相传话是周代的一种忌讳,称为"译忌",人们常因此发生纠纷。所以房玄龄把"斗译忌"解释成"译传言语相疾忌为斗讼"③,"斗译忌"和"小辩"同为"围"(阻止)的对象④。那么,这里的"译"就是一个动词,同样有"转述,传达"的意思。虽然关于《管子》的成书时代也颇多争议,以为其托名管仲,实则"非一人之笔,亦非一时之书"⑤,但大体上都认为除《轻重》十九篇外,多作于战国。针对《四时》篇的专门研究则进一步将其创作时代划定在阴

① 黎翔凤撰,梁运华整理:《管子校注》,北京:中华书局,2004 年,第 851 页。
② 同上。原文作"周人以译事神",误。语出《左传·桓公六年》:"周人以讳事神,名,终将讳之。"(杨伯峻编著:《春秋左传注》,北京:中华书局,1981 年,第 116 页)
③ 黎翔凤撰,梁运华整理:《管子校注》,第 851 页。
④ 俞樾认为原文应为"译忌斗",而"译"(譯)是"睪"的假字,有"捕治"的意思,"禁围之不止,从而捕治之"(黎翔凤撰,梁运华整理:《管子校注》,第 853 页)。戴望指出"忌"也是假字,通"慁",意为"教","民私自教斗,故捕治之也"(同上)。但高亨《古字通假会典》(济南:齐鲁出版社,1989 年)、许伟建《上古汉语通假字字典》(深圳:海天出版社,1989 年)、王海根《古代汉语通假字大字典》(福州:福建人民出版社,2006 年)均未见"译"(譯)通"睪"的例子;仅马天祥、萧嘉祉《古汉语通假字字典》(西安:陕西人民出版社,1991 年,第 904—905 页)录有"译"(譯)通"睪",但其引用的唯一书证是《汉书·平帝纪》的记载:"元始元年春正月,越裳氏重译献白雉一,黑雉二。诏使三公以荐宗庙。"此说或出自朱骏声《说文通训定声》(北京:中华书局,1984 年,第 475 页上),但上文已指出"重译"一词中的"译"正是翻译的意思,并非通假。
⑤ 叶适:《习学记言序目》,北京:中华书局,1977 年,第 663 页。

阳家学派创始人邹衍之前①。那么《管子·四时》中的"译"便是一个比较早的用例了。

"译"还有一种比较少见的用法。龚自珍《古史钩沉论三》：

> 汉之徒隶写官，译形借声，皆起而与圣者并有权。②

龚自珍说的是：汉代负责抄写文书的官员常常用形体类似或发音相近的文字更改儒家经典，与圣人争衡，导致异文杂出，圣人的本意逐渐模糊衰微。所谓"译形借声"就是"改易字形，同声假借"③，这里的"译"有"转换，改变"的意思。

"译"从转换语言引申出转换字形的意思，两者具有内在逻辑的一致性——更确切地说，这里的"译"是虚化了翻译行为的特定对象（即语言），将行为本身（即转换）抽象化后提取出来，用于陈述语言以外的事物。这种引申过程属于意义的扩大。

第二节 "直译"的使用情况

《说文·乚部》称："直，正见也。从乚，从十目。"④段玉裁注：

---

① 持此观点的有白奚（《也谈〈管子〉的成书年代与作者》，《中国哲学史》1997 第 4 期，第 117 页）、巩曰国（《〈管子〉成书与流传研究》，济南：山东大学，2004 年，第 52 页）和张固也（《〈管子〉研究》，济南：齐鲁书社，2006 年，第 293 页）等。胡家聪（《管子新探》，北京：中国社会科学出版社，1995 年，第 112 页）认为"大约写在战国中期宣王、湣王时的稷下之学"，与上述三人划定的时代相仿。翟江月在《试论〈管子〉中的作品完成在〈吕氏春秋〉成书之后》（《管子学刊》2004 年第 3 期，第 13—19 页）一文中提出了不同意见，不过其主要证据是二书在内容上有大量相似之处，能确定是《吕氏春秋》影响《管子》的仅个别篇目。
② 龚自珍著，王佩诤校：《龚自珍全集》，上海：上海古籍出版，1999 年，第 25 页。
③ 罗竹风主编：《汉语大词典》第 11 卷，上海：汉语大词典出版社，1993 年，第 446 页。
④ 许慎撰，段玉裁注：《说文解字注》，第 634 页上。

"谓以十目视。乚者,无所逃也。三字会意。"又:"见之审则必能矫其枉,故曰'正曲为直'。"①在许慎和段玉裁看来,"直"的本义是用十个眼睛看,表示仔细观察,引申为矫正。但他们依据的是"直"的小篆字形"直",而其甲骨文和金文字形分别是"𠃓"和"𥄂"②。我们注意到"目"这一义符(甲骨文"𤱶",金文"𤱶")准确地保留了下来,但甲骨文中的一条竖线到金文变成了"十",又多出一个"乚";而小篆则基本延续了金文的字形。这就推翻了许慎所谓"以十目视"的说法,"矫其枉"也不是由"见之审"引申出来的。根据"直"的甲骨文字形推断,"直"的造字本义可能是用"眼睛看直线"表示"直的,不弯曲的"。

　　"直"后来衍生的含义颇多,《故训汇纂》"直"条收录训释共计144种③,《汉语大词典》归纳的义项也有28种之多,涉及形容词、动词、名词、副词等各种词类④。"直"作副词时,可表示"径直;直接"。这一用法在战国时代已经出现,如《公羊传·庄公三十二年》:"杀世子、母弟,直称君者,甚之也。"北魏贾思勰《齐民要术·八和齑》"橘皮"条:"新者直用。"石声汉译:"新鲜的,直接用。"唐元稹《和李校书新题乐府·上阳白发人》:"醉酣直入卿士家,闺闱不得偷回避。"⑤在这几个例子中,作为副词的"直"都是和动词组成状中短语("直称""直上""直用""直入")。类似地,古汉语里也出现过由副词"直"和动词"译"组成的短语,其字面意思就是"直接

────────────

① 许慎撰,段玉裁注:《说文解字注》,第634页上。
② 汉语大字典编辑委员会编纂:《汉语大字典》(第2版),成都:四川辞书出版社,第71页。
③ 宗福邦、陈世铙、萧海波主编:《故训汇纂》,北京:商务印书馆,2003年,第1543—1544页。
④ 罗竹风主编:《汉语大词典》第1卷,上海:上海辞书出版社,1986年,第853—854页。
⑤ 同上,第854页。

翻译"。

不少研究者都已注意到《宋高僧传》里就有"直译"①。北宋僧人赞宁(919—1001)在总结前人译经理论的基础上提出"新意六例",其中一例就是"直译"和"重译":

> 一、**直译**,如五印夹牒直来东夏译者是;二、重译,如经传岭北楼兰、焉耆,不解天竺言,且译为胡语……②

这里的"重译"是指先由梵语译为"胡语",再由"胡语"译为汉语,其实就是现在说的转译,即"不直接根据某种语言的原文翻译,而根据另一种语言的译文翻译"③;与之相对的"直译"则强调不经过中介译本,直接从原文(此例中指五印度的梵本佛经)译出。

"直译"的这一用法在元代也出现过。根据《金史》的记载,金章宗于明昌二年(1191)四月下诏:

> 自今女直(真)字**直译**为汉字,国史院专写契丹字者罢之。④

---

① 如王文颜:《佛典汉译之研究》,台北:天华出版事业股份有限公司,1984年,第280页;张广达:《论隋唐时期中原与西域文化交流的几个特点》,《北京大学学报》(哲学社会科学版)1985年第4期,第5页;陈福康:《中国译学理论史稿》,第50页;王宏印:《中国传统译论经典诠释——从道安到傅雷》,武汉:湖北教育出版社,2003年,第83—84页;曹明伦:《翻译之道:理论与实践》,保定:河北大学出版社,2007年,第40页;李小荣:《汉译佛典文体及其影响研究》,上海:上海古籍出版社,2010年,第11页;贺爱军:《译者主体性的社会话语分析——以佛经译者和近现代西学译者为中心》,北京:科学出版社,2015年,第77页。
② 赞宁撰,范祥雍点校:《宋高僧传》,北京:中华书局,1987年,第54页。
③ 中国社会科学院语言研究所词典编辑室编:《现代汉语词典》(第5版),北京:商务印书馆,2005年,第1790页。
④ 脱脱等:《金史》,北京:中华书局,1975年,第218页。

金朝虽然创制了女真字,但灭辽后契丹字仍在使用。金世宗时,女真字与汉字对译,都需通过契丹字转译①。直到金章宗时,女真字才不再经过契丹字转译而"直译"为汉字。

以上两处"直译"都含有直接翻译的意思,且都与转译相对。但是,在不同的语境中,怎样的翻译才算"直接",各人的理解并不一致。

唐代的义净(635—713)便是在另一个意义上使用"直译"。在他翻译的《根本说一切有部毗奈耶》中记载了这样一条戒律:如果有猎人问比丘是否看到他追赶的猎物,佛陀要求弟子即使看到也不能作肯定回答(因为这样做会间接导致杀生),而应对猎人嘘寒问暖,以言语搪塞;若猎人一再追问,比丘可以先"自观指甲",然后对猎人说:"诺佉钵奢弭。"②"诺佉钵奢弭"是用汉字记录的梵语发音,义净解释说:

> 若据梵音,"诺佉"者是"爪甲"义,亦是"不"义;"钵奢"是"见"义;"弭"是"我"义。即是"我见爪甲",亦目(自)"我不见"义。苾刍眼看爪甲,即表不是妄言。彼人闻说道无,即谓无不见物。佛开方便,救苦众生。若**直译**云"我观指甲",道理无(元)不相见。为此留本,梵音口授,方能细解。③

"诺佉"对应的梵语兼有"爪甲"(即指甲)和"不"两种含义,于是"诺

---

① 马祖毅:《中国翻译简史:"五四"以前部分》(增订版),第176页。
② "若苾刍见有猎人逐獐鹿等来入寺内,苾刍见已,猎人问言:'圣者,颇见有走鹿从此过不?'苾刍不应答言'我见'。若是寒时,报屠人曰:'贤首,汝可暂入温室中,少时向火。'若是热时,报言:'贤首,汝可暂入凉室,饮清冷水,少时停息。'若猎者云:'我不疲倦。我问走鹿。'即应先可自观指甲,报彼人云:'诺佉钵奢弭。'"(义净译:《根本说一切有部毗奈耶》,《大正藏》第23册,第779页上)
③ 同上。

佉钵奢弭"就成了双关语,既可以表示"我见爪甲",也可以表示"我不见"。如果比丘直接说没见到猎物,就触犯了佛教的根本戒条——"妄语戒";若先看一眼自己的指甲,再说"我见爪甲"便不破戒。而猎人以为比丘说的是"我不见",也就不会继续追赶猎物。"诺佉钵奢弭"利用了语言的歧义性,让僧人既不违反戒律,又能达到护生的目的。不过,这个巧妙的机关最好通过"梵音口授",很难用书面文字迻译——如果只取"诺佉钵奢弭"的一种意思,"直译"成"我观指甲",就不能凸显一语双关的效果,所以义净选择了音译加注的办法。很显然,"直译云'我观指甲'"中的"直译"并非与转译相对,而是指与音译相对的义译[①]。——这也是笔者见到的最早使用"直译"的例子。

类似的用法还见于北宋惟白的《大藏经纲目指要录》。该书卷三解说同本异译的《大集贤护经》《般舟三昧经》和《拔陂菩萨经》时称:

> 所云"拔陂",或云"飙陁和",或云"拔波",皆梵音差别。此方**直译**为"贤护"。[②]

"拔陂""飙陁和"和"拔波"是梵语词"pāla"的不同音译,惟白没有选择音译,而是把梵文的意思翻译出来。此例中的"直译"和义净使用的"直译"一样,也是指根据原文的含义(而非发音)来翻译。

---

① 现代汉语中的"意译"有两个义项:一是"根据原文的大意来翻译,不作逐字逐句的翻译(区别于'直译')",二是"根据某种语言词语的意义译成另一种语言的词语(区别于'音译')"[中国社会科学院语言研究所词典编辑室编:《现代汉语词典》(第5版),第1618页]。为避免混淆,本节中的"意译"一般指第一个义项,而将第二种"意译"写作"义译"。

② 惟白:《大藏经纲目指要录》,《昭和法宝总目录》第2卷,1929年,第623页中。

称其为"直译",说明作者认为义译比音译更直接——由于音译造成了一词多译的情况,容易引起误会,义译在这里就显得简单明了,有利于译名的统一。

以上两例中的"直译"和赞宁说的"直译"之所以指代不同的翻译方法,乃是因为论者选取的参照对象不同:赞宁以"重译"为参照,认为不经过转译的翻译更直接;义净和惟白则以音译为参照,将义译视作更直接的翻译,故称义译为"直译"。不过,即使同样面对义译和音译,论者也可能作出不一样的判断。比如清人何琇[①]在说明"古无叶音"时举过这样一个例子:

> 如"龟兹"读"邱慈",此直译以同音,并无意义,是汉时读"龟"为"邱"、读"兹"为"慈"之明证。否则曷不直译为"丘慈"字欤?[②]

"直译以同音"明显是强调根据译出语的发音(而非含义)来翻译。这里的"直译"与《根本说一切有部毗奈耶》《大藏经纲目指要录》中表示义译的"直译"相反,指的是音译。

在赞宁的"新意六例"中,由于转译这种翻译方式需要利用中介译本,本身带有"间接"性,所以人们很自然地认为不经过转译的翻译更"直接";音译和义译则不同,要判断哪个更"直接"往往带有主观性,论者完全可以根据自己对翻译的理解和论述的需要作不同选择,这就导致了"直译"在不同的语境中既可以指代音译也可指代义译。

---

① 生卒未详,事见徐世昌《大清畿辅先哲传·文学传三》(北京:北京古籍出版社,1993年,第675—676页)。
② 何琇:《樵香小记》,北京:中华书局,1985年,第11页。

　　还有一种非常特殊的"直译",其语义与现代意义上的"直译"相反,反而接近我们现在说的"意译"。与以上几例类似,这种"直译"的出现也是由某个具体的名词翻译问题引起的:梵语"修多罗"(sūtra)是一切佛法的统称①,历来译作"契经"。古代译经家认为,"修多罗"的本义是"线",但译成"线"无法凸显对佛法的尊崇,故引申为"经"②;而"经"有"贯"和"摄"两种功能,所谓"贯穿即为契理,摄持即是合机",其中包含了"契合"的意思。所以,"译家依笔削之理,取呼召之便,借义助名",把"修多罗"翻译成了"契经"③。从语义学的角度看,我们可以近似地把"契"理解成从"经"的词义中分解出来的一个义素。为了表意的明确和称呼的方便(比如构成双音节词),"古德"就用"契"来修饰"经",组成复合词"契经"来翻译"修多罗"。唐代僧人慧苑在《续华严经略疏刊定记》中指出这种译法是不恰当的,他主张:如果在既有的汉语词汇中可以找到对应译名,应直接使用该词;如果没有,就采用音译,或根据梵语的含义用汉语表达出来充当译词("若名梵汉共有,则敌对而翻;如其彼有此无,或即令留梵语,或复借义充名"④)。"契经"这种"半义半名"(以"契"为"义",以"经"为"名")的译法在慧苑看来不是译经正轨,他称之为"以义为名失"⑤。然而,只要稍微思考

---

① "修多罗"也可以作为九分教或十二分教中的一类,专指长行(即以散文形式连缀而成的、不限字数和行数的经文,与韵文"偈颂"相对)。
② 按照法藏的说法,"线能贯华,经能持纬,义用相似;但以此方重于'经'名,不贵'线'称,是故翻逐其所重,废'线'存'经',从臂立名"(法藏:《华严经探玄记》,《大正藏》第 35 册,第 109 页上)。
③ 慧苑:《续华严经略疏刊定记》,《卍续藏经》第 5 册,第 7 页。
④ 同上。"敌对而翻"即直译,见本书第二章第二节。
⑤ 同上。《刊定记》先作"译义为名失",后称"以义为名失"(慧苑:《续华严经略疏刊定记》,《卍续藏经》第 5 册,第 7 页上下)。澄观《大方广佛华严经随疏演义钞》《华严经疏钞玄谈》均引作"以义为名失"(《大正藏》第 36 册,第 35 页上;《卍续藏经》第 8 册,第 432 页上),鲜演《华严经谈玄抉择》、普瑞《华严经谈会玄记》亦作"以义为名失"(《卍续藏经》第 11 册,第 910 页上;《卍续藏经》第 12 册,第 213 页下)。

一下,我们必定会像元朝的普瑞那样作如下设问:

> 明知古人"经"上加于"契"字,是半从义耳。问:准前所释,若**直译**为"圣教",诸过皆离,何须委曲作此解耶?①

假如明知"契经"一译属"半从义"而仍译作"经",乃是因为中国人习惯用"经"来指称圣人的教化,那为什么不索性把"修多罗""直译为'圣教'"②呢? 大费周章地译成"契经",岂不是授人口实?

值得注意的是,普瑞认为把"修多罗"翻成"圣教"是一种"直译"。从今天的角度看,既然"古人"认为"修多罗"的本义是"线",那么把它译为"圣教"就是一种意译;但在普瑞看来,"契经"一译过于迂回,由"线"及"经"的推理过程本身就以"圣教"为逻辑上的中转,不如译成"圣教"更加直截了当,还能避免各种争议,因此这种译法很自然地被称为"直译"。有趣的是,这种"直译"所表达的含义和现代意义上的"直译"恰好相反。

总的来说,"直""译"连用在古代文献中比较少见,而且和现在说的"直译"有很大差别,其含义是从字面上合成的,即:

直译=直(直接)+译(翻译)=直接翻译。

---

① 普瑞:《华严悬谈会玄记》,《卍续藏经》第 12 册,第 213 页下。此处实为普瑞明知故问、自问自答,其云:"有理可通,则为出意释之,使夫后人不轻圣教;若理不可通,则正之以梵本,须为辨明,令邪正区分。今既有理可通,故出意释之。"(同上)普端认为约定俗成的"契经"一译"有理可通",所以没必要据此指责"古人"。

② "圣教"一词在唐代常专指佛陀之言教。窥基《异部宗轮论疏述记》载:"'圣'者,正也。与正理合,目之为'圣'。又,契理通神,名之为'圣'。此言所显,即佛世尊所说教能引圣,名'圣教'。"(窥基:《异部宗轮论疏述记》,《卍续藏经》第 83 册,第 424 页上)玄奘所译经典唐时概称"新译圣教",唐太宗亦有《大唐三藏圣教序》。参见《佛光大辞典》"圣教"条(慈怡主编:《佛光大辞典》第 6 卷,高雄:佛光出版社,1988 年,第 5581 页中)。

虽然在不同语境中,"直译"具体指代的对象也不同,但其本身的含义都是"直接翻译"——正因为以上提到的四种翻译方法都是论者心目中的"直接翻译",所以才会被称为"直译"。我们知道,短语和复合词在语义上的区别之一就是短语的意义往往由组成该短语的各语素直接合成,而大部分复合词的意义则偏向于专门化和特殊化①。因此以上几例中的"直译"更接近短语,"直"作为表方式的状语修饰核心动词"译"。典型意义上的复合词"直译"在古汉语中并没有出现过。

近代以来,"直译"被用于指称与"意译"相对的翻译方法,但它在古代的用法并没有立即消失,而是在相当长的一段时间内延续了下来。清末学人徐珂(1869—1928)在解释"察汉托洛亥山"一词时说:"蒙古言'察汉'为白,'托洛亥'为头,谓白云覆于山头,故邵阳魏源直译为'白云山'也。"②"察汉托洛亥"系蒙古语音译,"白云"则是义译。若严格按照"'察汉'为白,'托洛亥'为头"来译,应作"白头山";之所以翻成"白云山",译者除了考虑到"察汉托洛亥"的语义因素外,还兼顾了对现实情状的描摹("白"指白云)。这里的"直译"主要指与音译相对的义译,也兼带了意译的意思。与"察汉托洛亥山"相比,"白云山"这一译法的"直接"性表现为语义的鲜明和文字的简练。

再如,1925 年成仿吾在《现代评论》撰文比较徐志摩、胡适和朱家骅各自翻译的诗歌《弹竖琴者》时称:"朱译是从德文直译出来的,所以除了二、三两行(前四行与后四行)译走了之外,比较上倒还忠实,胡、徐两位是从 Carlyle 的英译重译出来的,蛇足颇

---

① 黄月圆:《复合词研究》,《国外语言学》1995 年第 2 期,第 1 页。
② 徐珂:《清稗类钞》第 1 册,北京:中华书局,1984 年,第 101 页。

多。"①这里的"直译"与"重译"（转译）相对，与赞宁"新意六例"中的"直译"同义。不过这一意义上的"直译"后来更多地被称为"直接译"或"直接翻译"，以区别于表示转译的"间接翻译"②；"重译"则成了重新翻译的意思。

相较而言，指代音译的"直译"具有更强的生命力。试看以下几例：

> 版克此云银号，又曰票号、曰兑局、曰钱店，其实皆版克也。所不当云银号者，以其业不仅银；所不当云钞局者，以其事之异古。而票号诸名又嫌不典，不若**直译**其音之为当也。③（严复：《原富》按语，1902）

> 蒲陶、目宿，昔皆汉土所无，则**直译**其音以成语。④（章炳麟：《规〈新世纪〉〈哲学及语言文字二事〉》，1908）

> 佛经中梵文名词都**直译**其音，即如"南无阿弥陀佛"，今有几人能言其意耶？⑤（胡适：《胡适留学日记》，1912）

"版克""蒲陶""目宿""南无阿弥陀佛"和上文提到的"龟兹"一样都

---

① 成仿吾：《〈弹竖琴者〉的翻译》，《现代评论》1925 年第 2 卷第 48 期，第 19 页下。
② 如史贲（鲁迅）：《论重译》，《鲁迅全集》第 5 卷，北京：人民文学出版社，2005 年，第 531—532 页；史贲（鲁迅）：《再论重译》，同上，第 534—535 页；茅盾：《翻译的直接与间接》，《茅盾全集》第 20 卷，北京：人民文学出版社，1990 年，第 140—142 页；穆木天：《论重译及其他》，陈惇、刘象愚编选：《穆木天文学评论选集》，北京：北京师范大学出版社，2000 年，第 375—377 页。
③ 亚当·斯密著，严复译：《原富》，北京：商务印书馆，1981 年，第 85 页。
④ 太炎（章炳麟）：《规〈新世纪〉〈哲学及语言文字二事〉》，《民报》报馆：《民报（六）》（影印合订本）北京：中华书局，2006 年，第 3778 页。
⑤ 胡适：《胡适留学日记》上册，合肥：安徽教育出版社，1999 年，第 111 页。

是记录外语发音的汉字词语,所谓"直译"指的是音译①。由于"直译"之后往往紧跟宾语"其音",不容易和表示逐字逐句义译的"直译"相混,所以这一用法长期沿用。直到 1993 年,有人在谈到"直译"时,仍将其分成"直译其音"和"直接按原文字面意思来译"两类②。

十九世纪末还新增了一种古汉语中从未出现过的"直译",即:

> 以本国语言解外国语言,谓之"横译";以今日语言解古时语言,谓之"直译"。③

这一说法出自近代教育家陈子褒(1862—1922,名知孚,字子褒,号荣衮,以字行)在 1899 年发表的《论训蒙宜先解字》。这里的"横译"("以本国语言解外国语言")相当于雅各布森提出的"语际翻译"(interlingual translation)④,而"直译"("以今日语言解古时语言")则接近传统小学中的训诂,属于"语内翻译"(intralingual translation)。清儒陈澧(1810—1882)曾说:"地远则有翻译,时远

---

① 有人认为严复文中的"直译""应指语言形式贴近原语的翻译方法",其理由是"音译是较为极端的直译,是不译之译",并由此推断"直到清朝末年,直译才出现了接近今天的意义,即贴近原文形式的翻译方法"(赵巍、石春让:《"文质"的现代转化问题——兼论传统译论的价值和现代阐释》,《上海翻译》2009 年第 3 期,第 14—15页)。笔者不赞同这一说法。严复只说"直译其音"为当","为当"不代表一定贴近原文;即便认定音译更贴近原文,以音译为"直译"的看法也并非始于清末——上文所引《樵香小记》的作者何琇系雍正十一年(1733)进士(何琇:《樵香小记》,北京:中华书局,1985 年,第 11 页),可见以音译为"直译"的做法在清前期已有。

② 王盛英:《关于人名、地名和书名等的翻译问题》,《西安教育学院学报》1993 年第 4期,第 31 页。

③ 陈子褒:《论训蒙宜先解字》,陈子褒著,区朗若、冼玉清、陈德芸编校:《陈子褒先生教育遗议》,桂林:广西师范大学出版社,2012 年,第 8 页。

④ Roman Jakobson, "On Linguistic Aspects of Translation," *The Translation Studies Reader*, ed., Lawrence Venuti, p114.

则有训诂。"①陈子褒将训诂归入翻译,并根据中西方文字书写习惯的差异,别之以"直译""横译"之名。不过这种分法其实并非陈氏首创,1878 年就有人提出过,只不过用的不是"直译"和"横译",而是"直翻"和"横翻":

　　　　盖以华文化梵语,是"横翻"也;以今人解古书,犹"直翻"也。②

"译"和"翻"都是翻译的意思,从表述看,陈子褒很可能是借鉴了上述观点。不过这种"直译(翻)"终究只是一家之言,并没有获得广泛认可。

　　当然,近代以来出现的最重要的一种"直译"是所谓强调忠实原文的"直译",也就是我们现在经常使用的译学术语"直译"。对这一类型的"直译",下文将设专章分析。

第三节　"直翻"的使用情况

　　赞宁认为,在"译"之外又用"翻"来表示翻译的做法始于东汉,他声称:"'翻'也者,如翻锦绮,背面俱花,但其花有左右不同耳。由是,'翻''译'二名行焉。"③用"翻"来表示翻译可能不像赞宁说的那样早,但在唐代已经是比较普遍的情况了④。"直翻"的含义

① 　陈澧:《东塾读书记(外一种)》,北京:生活·读书·新知三联书店,1998 年,第 218 页。
② 　沈善登:《报恩论卷附:致杨仁山书》,《卍续藏经》第 110 册,第 489 页上。
③ 　赞宁撰,范祥雍点校:《宋高僧传》,第 52 页。
④ 　孔慧怡:《重写翻译史》,第 22 页。

也由其语素义构成,即"直接翻译"。在不同的语境中,怎样的翻译才算"直翻"也取决于论者的主观判断。不过,根据现有的文献看,用"直翻"指称义译的情况最为常见,比如《四分律名义标释》中这段文字:

> 旧云声论"八转声"者:一、补沙:此是直指陈声,如人斫树,指说其人,即今体声;二、补卢衫:是所作业声,如所作斫树,故云"业"也(旧**直翻**为"所作士","士"乃男子美称也);三、补卢崽拿:是能作具声,如由斧斫,故云"具"也(旧**直翻**为"能作士");四、补卢沙耶:是所为声,如为人斫,故云"为"也(旧翻为"所为士");五、补卢沙頞(音"朵"):是从声,如因人造舍等,故云"从"也("从"即所因,故旧**直翻**为"所从士");六、补卢杀娑:是所属声,如奴属主,故云"属"也(旧翻为"所属士");七、补卢铢:是所依声,如客依主,故云"依"也(旧翻为"所依士");八、稷补卢沙:是召呼之声,故云"呼"也。[①]

"声论"(Vyākaraṇa)即"声明记论"。"声明"是古印度"五明"[②]之一,研究对象包括文字、语法和音韵;而"声论"就是此类论著的总称。以上这段文字分析了梵语中名词、代名词及形容词语尾的八种变化(即所谓"八转声"),分别为:体格("补沙")、业格("补卢衫")、具格("补卢崽拿")、为格("补卢沙耶")、从格("补卢沙頞")、属格("补卢杀娑")、依格("补卢铢")和呼格("稷补卢沙")。论者

---

① 弘赞:《四分律名义标释》,《卍续藏经》第 70 册,第 410 页。
② 具称"五明处",系印度古代的五种学问,其内容如《大唐西域记》卷二所载:"一曰声明,释诂训字,诠目疏别。二工巧明,伎术机关,阴阳历数。三医方明,禁咒闲邪,药石针艾。四曰因明,考定正邪,研核真伪。五曰内明,究畅五乘因果妙理。"(玄奘撰,章巽校点:《大唐西域记》,上海:上海人民出版社,1977 年,第 36 页)

对这八种变格的梵文名称进行了音译,也就是用汉字来记录它们的梵文发音,并加以解释。同时,他还指出这八格中的七格原有旧译,而且都是义译,比如:"补卢衫"(业格)"旧直翻为'所作士'";"补卢崽拿"(具格)"旧直翻为'能作士'";"补卢沙頯"(从格)"故旧直翻为'所从士'"。这里的"直翻",字面意思和"直译"一样,表示"直接翻译";而作为其参照对象,不"直接"的翻译就是"补卢衫""补卢崽拿"和"补卢沙頯"这些音译词。所以,这里的"直翻"指的是与音译相对的义译。

类似的还有:

> 梵语"首楞严",《涅槃经》佛自释云:"'首楞'者,名一切事毕竟;'严'者,名坚;一切毕竟而得坚固,名'首楞严'。"……故,古德亦有**直翻**为"究竟坚固"者。①

作者明言"首楞严"(Śūraṃgama)系"梵语",即梵语音译,义译应为"一切毕竟而得坚固",所以古德"直翻"其为"究竟坚固"。这里的"直翻"也是被当作义译来用的。

解释《妙法莲华经文句》(以下简称《文句》)的《妙经文句私志记》(以下简称《私志记》)中,"直翻"也常常指代义译。在解释佛陀的十大弟子之一——舍利弗的名字时,此二书有如下记载:

> 舍利弗,具存应言"舍利弗罗",此翻"身子"。又翻"舍利"为"珠",其母于女人中聪明,聪明相在眼珠,珠之所生,故是"珠子"。又翻"身",此女好形身,身之所生,故言"身子"。②

---

① 通理:《楞严经指掌疏》,《卍续藏经》第 24 册,第 174 页。
② 智顗:《妙法莲华经文句》,《大正藏》第 34 册,第 11 页下。

（《文句》）

> 初，**直翻**而不释义……；次，重翻而释其义；三，虽更重翻，
> 正是释前初翻义也。①（《私志记》）

《私志记》把《文句》的解释分成三个层次：第一个层次叫作"直翻
而不释义"，对应《文句》的第一句话，即把梵语"舍利弗"
（Sāriputra）翻译成汉语"身子"，但不说明为什么这么翻；第二个层
次叫作"重翻而释其义"，对应《文句》的第二句话，也就是把"舍利
弗"翻译成"珠子"，并详细阐述其中的原因；第三个层次叫作"更重
翻"且"释前初翻义"，亦即再次把"舍利弗"翻译成"珠子"，同时加
以解释。"舍利弗"是梵语音译，"弗"被认为是"子"的意思，但由于
对"舍利"的不同理解，形成了"珠子"和"身子"两种说法——这两
种说法显然都属于义译，和"舍利弗"这一音译相对，而《私志记》在
分析《文句》第一层次时所说的"直翻"正是在这个意义上使用的。

《文句》紧接着解释了舍利弗的另一个名字——"优波提舍"
（Upadeśa），而《私志记》的分析仍然使用了"直翻"：

> 父为作名，名"优波提舍"，或"优波替"，此翻"论义"。论
> 义得妻，因论名子。②（《文句》）
> 初，**直翻**。释谓：因论义，得妻有子。③（《私志记》）

"论义"即论说义理，在佛教语境中专指通过问答来显扬教义的一
种论辩形式。传说舍利弗的父亲饱学善辩，有一次要求和国师陀

---

① 智云：《妙经文句私志记》，《卍续藏经》第 45 册，第 892 页上。
② 智顗：《妙法莲华经文句》，《大正藏》第 34 册，第 11 页下。
③ 智云：《妙经文句私志记》，《卍续藏经》第 45 册，第 892 页上。

罗"论义"。陀罗不敢应战,为了息事宁人,就把自己的女儿嫁给舍利弗的父亲。后来出生的舍利弗于是得到了"优波提舍"这个别名,而"优波提舍"的字面意思就是"论义"①。所以《文句》说舍利弗的父亲"论义得妻,因论名子"(凭借"论义"娶得妻子,于是给孩子取名"论义")。《私志记》认为把"优波提舍"翻成"论义"是一种"直翻",同样是以义译视之。

此外,《文句》把"难陀"(Nanda)翻译成"善欢喜""欣乐"②,把"四大天王"的名字"提头赖咤""毗留勒叉""毗留博叉"和"毗沙门"分别翻译成"持国"(或"安民")、"增长"(或"免离")、"非好报"(或"恶眼")和"种种闻"(或"多闻")③,《私志记》同样称其为"直翻"④。

有时候,指代义译的"直翻"会被认为是不恰当的翻译方法。其中的原因有很多,比如为了彰显佛教义理的殊胜不凡,有些译者就常常主张"不直翻":梵语"般若"(Prajña)一词,直接义译成汉语就是"智慧"的意思;但佛教徒认为"般若"并非世俗意义上的智慧,而是助人了生脱死、超凡入圣的究竟智慧,其"体性圆融,照用自在,能穷诸法实性之边底,是超情离见玄妙之绝称,非同世智之智、聪慧之慧"⑤。为了让世人保持对"般若"的敬畏之心,玄奘便主张保留音译——用明末清初僧人弘赞(1611—1681)的话来说,就是:

---

① 《妙法莲华经入疏》载:"(舍利弗)又名'优波提舍',此云'论义'。其父学通典籍,铁镆其腹,头戴火冠,独步王舍,打论义鼓。国师陀罗自知陈故,兼则相不祥,恐义屈夺封,以女妻之。论义得妻,因论名子。"(道威:《法华经入疏》,《卍续藏经》第47册,第16页下)
② 智顗:《妙法莲华经文句》,《大正藏》第34册,第17页中。
③ 同上,第24页上。
④ 智云:《妙经文句私志记》,《卍续藏经》第45册,第923页下;智云:《妙经文句私志记》,《卍续藏经》第46册第34页上。
⑤ 弘赞:《般若心经添足》,《卍续藏经》第41册,第921页下。

　　　　恐人滥此,故存梵音,而不**直翻**华言。①

玄奘所谓"'般若'尊重,'智慧'轻浅,令人生敬,是故不翻"②中的
"不翻"和弘赞说的"不直翻"是同样的意思,都是指不义译。

　　我们知道,玄奘把"般若"这个译例归入"五种不翻"中的"生善
故不翻",除此之外还有一种常见的情况叫作"多含故不翻"③,即:
一个梵语词包含多重含义,所以不义译。玄奘举例时用的是"薄伽
梵"(一译"婆伽婆"),称其"含六义"④,故"不翻";弘赞则说:

　　　　此是世尊有大功德至圣之名,体含多义,不可**直翻**。⑤

这里的"体含多义,不可直翻"也就是玄奘说的"多含故不翻","不
可直翻"和"不翻"都是指不能义译。弘赞还列举了"迦絺那"和"扇
底迦"作为"不可直翻"的例子:

　　　　迦絺那,旧翻"功德"。按梵音,本含多义,未可**直翻**。"迦
　　　絺"声近"迦提","迦提"是星名。是星直此月,此月所得衣,于
　　　此月初,受作"功德衣",还受斯号。据正梵音,云"求那",此翻
　　　"功德"。今以"迦絺那"**直翻**为"功德",由见未可。故上古传
　　　来,名表非一。是知"迦絺那"不可以一义翻之,或翻云"坚

---

① 弘赞:《般若心经添足》,《卍续藏经》第 41 册,第 921 页下。
② 法云:《翻译名义集》,《大正藏》第 54 册,第 1057 页下。
③ 同上。
④ 即"自在"、"炽盛"、"端严"、"名称"、"吉祥"、"尊贵"六种含义(法云:《翻译名义
集》,《大正藏》第 54 册,第 1057 页中)。
⑤ 弘赞:《四分律名义标释》,《卍续藏经》第 70 册,第 694 页下。

固"，又云"坚实"，或云"荫覆"，又名"难活"。①

梵语"迦絺那"包含"坚固""坚实""荫覆""难活"等多种意思，其梵语名词没有唯一的汉语表义（"名表非一"），而旧译"功德"甚至可能是由于"迦絺"和"迦提"（"求那"）发音相近而导致的讹传，所以弘赞认为该词"未可直翻"。这里的"直翻"就是"以一义翻之"，即义译的意思。

"扇底迦法"是密教灭罪转障的一种仪式，也称"息灾法"，其灭除的对象包括"鬼魅""疾病""囚闭""枷锁""疫病""国难""水旱不调""虫损苗稼""五星陵逼本命"等各种形式的灾害②，无法一一穷尽。所以，弘赞说：

> "扇底迦"，义译为"息灾"，复含上多义，故存梵音，而不**直翻**华言。③

在这里，弘赞直接点出"不直翻"就是指不"义译为'息灾'"。

实际上，很多梵语词都因为包含多种意思而被认为不应"直翻"为汉语。除了以上几例，"阿罗汉""比丘""修多罗"等常见的佛教音译词可能都是出于这种考量而被保留了下来：吉藏就曾指出，"阿罗汉"虽然被天亲"直翻为'应'"，但实际上包含了十五种含义④；智云认为，"比丘"一词具有"怖魔""乞士""持戒""净命""破恶"五层意思，"直翻为'除馑士'"只涉及"破恶""乞士"两

---

① 弘赞：《四分律名义标释》，《卍续藏经》第 70 册，第 845 页下。
② 弘赞：《七俱胝佛母所说准提陀罗尼经会释》，《卍续藏经》第 37 册，第 470 页上。
③ 同上。
④ 吉藏：《三论略章》，《卍续藏经》第 97 册，第 789 页中。

义,"犹阙余义"①;智圆强调,"修多罗"只能用"涌泉""显示""出生""绳墨""结鬘"这五个义项来解释("五义训释"),不可以"直翻"②。

我们在上文中说过,"直翻"常以否定的形式(即"不直翻")出现,其表达的意思就是不进行义译而代之以音译,有时可以简略地说成"不翻"(比如玄奘的"五种不翻"),可见"音译"往往被当成不是翻译的"翻译"来看待。或许正因为如此,我们没有见到用"直翻"来指称音译的例子。

和古汉语中的"直译"类似,"直翻"也不用来表示现代意义上的直译,而指称意译的情况却可以见到。严格来说,直译和意译都是义译的下位概念,可以视作义译的不同类型。换言之,义译和意译并不是同一个层面上、互相独立的两种翻译方法,这就给我们确定"直翻"究竟是指义译还是意译带来了困难——被认为指称意译的"直翻",从另一个角度去理解,也可以认为是指称义译。不过,我们在分析古汉语中"直译"的使用时发现:要辨别所谓"直接翻译"具体指的是哪种翻译方法,关键在于确定其参照对象,即确定这种被认为更"直接"的翻译方法是相对于哪种翻译方法而言的。由于义译和音译是两个相对的概念,只要确定是以音译为参照对象,"直翻"指的就是义译。而既然直译和意译是从属于义译的两个相对概念,那么只要确定某处使用的"直翻"是相对于直译而言的,我们就可以判断这里的"直翻"是指意译。

比如弘赞的《四分律名义标释》中记载了这样一个故事:佛在

---

① 智云:《妙经文句私志记》1—6卷,《卍续藏经》第45册,第829页上。
② 智圆:《涅槃经疏三德指归》,《卍续藏经》第58册,第756页上。

世时,中印度有一个国家的太子叫"阿阇世",汉语的意思是"未生怨"。据说是因为太子还没出生就有相师说他将来会弑父,所谓"未生已恶,故因为名"。太子降生后,国王命人将他从楼上扔下,不料阿阇世没有摔死,只断了一根手指,于是人们又称他为"婆罗留枝(支)",有的译者翻成"无指"[①]。但弘赞认为:

> 按梵音,"婆罗留支"此翻"爱护"。或当时见其坏指,亦为护彼心故,而作此名。若**直翻**为"无指",恐讹也。[②]

"婆罗留支"是一个音译词,"爱护"和"无指"都是对该词所记录的梵文原词的义译。但通过更细致的观察,我们不难发现:弘赞认为"爱护"是对原词字面意思的直译("按梵音"),并且专门解释了这个名字可能的由来;而"无指"却是汉语译者根据阿阇世太子的受伤状况给出的译名,和"婆罗留支"原词的字面意思并不匹配。从今天的角度看,用"无指"对译"婆罗留支"属于意译的范畴,而弘赞正是将这种翻译称作"直翻"。很显然,论者是以"爱护"(直译)一译为参照,认为翻成"无指"(意译)更加直接,所以这里的"直翻"应看作是对意译的指称。弘赞之所以认为"无指"一译更直接,在逻辑上也是可以理解的:阿阇世太子因为摔断手指而被称为"婆罗留支",读者很自然地会认为"婆罗留支"的意思应该和太子受伤有关;而"爱护"这个译法,却要求读者对故事情节的进一步发展进行想象和推测才能理解,所以弘赞才不确定地说:"或当时见其坏指,亦为护彼心故,而作此名。"即使他对"婆罗留支"的字面意思没有理解错,但显然连他自己都不能肯定为什么人们会去"爱护"这

---

① 弘赞:《四分律名义标释》,《卍续藏经》第 70 册,第 509 页上。
② 同上,第 510 页上。

位"未生已怨"的太子。

另一个例子出自唐代僧人法铣的《梵网经菩萨戒疏》,《疏》文开头在解释"僧伽"一词时说:

> 摄体从用,**直翻**"和合"。……摄用从体,但翻为"众"。……若体用合翻于"僧",即《智论》云:秦言众多比丘和合一处,是名"僧伽"。①

"体""用"是中国传统哲学中的一对重要范畴,其内涵复杂多变。总体而言,我们可以把"体"理解成事物内在的本质和基础,把"用"理解成事物外显的性质与效用。具体到以上这段引文,"体"对应"僧伽"这个概念本身,即其本义;"用"则是指"僧伽"的性质。"摄"即收敛,"摄体从用"就是以"僧伽"的性质为主导,隐藏其"体";"摄用从体"则是以"僧伽"的本义为主导,隐藏其"用"。"僧伽"一词,按照"摄体从用"的方式翻译为"和合",即属于现在说的意译;按照"摄用从体"的方式翻译为"众",也就是直译;如果要"体用合翻",就只能音译,翻成"僧伽",略作"僧"。"僧伽"一词一般用来称呼三人以上的僧团组织,故直译称"众",而意译为"和合"则是强调其团结与和谐。法铣说"摄体从用,直翻'和合'",显然是把意译当作直接的翻译来看待,而其参照对象便是"摄用从体"的直译(即"众")。

---

① 法铣:《梵网经菩萨戒疏》,《卍续藏经》第 60 册,第 477 页下。类似的文字亦见于智云《妙经文句私志记》卷四(《卍续藏经》第 45 册,第 836 页下)。智云生卒年未详,但周叔迦考证此《记》作于唐贞元之际(785 年至 805 年)(周叔迦:《释家艺文提要》,北京:北京古籍出版社,2004 年,第 501 页);又据《宋高僧传》载,法铣卒于大历十三年(778 年),其著《梵网经菩萨戒疏》必在此前,故以《疏》为先。

第四节　"意""译"连用的情况

　　《说文·心部》："意，志也。"段玉裁注："志即识，心所识也。"①
也就是说，"意"指的是人的心思、意志。《汉语大词典》所收录的
"意"的名词义项，除了通假的情况，大都围绕这层意思展开，比如：
(1) 意志，愿望。如贾谊《过秦论》："秦孝公……有席卷天下、包举
宇内、囊括四海之意，并吞八荒之心。"(2) 意思，见解。亦指念头，
想法。如柳宗元《桐叶封弟辩》："吾意不然。"(3) 胸怀，内心。如
《汉书·高帝纪上》："高祖为人，……宽仁爱人，意豁如也。"(4) 情
意，感情。如欧阳修《醉翁亭记》："醉翁之意不在酒。"②仔细体味
这些用例，我们会发现"意"的各个义项之间并没有判然分明的界
限，在具体语境中往往不是只能用某个特定的义项才解释得通。
但总的来说，"意"这个词的含义和人的主观意志有关。现代汉语
中的"意译"指的是"根据原文的大意"来翻译③，"(原文的)大意"
是"意译"的一个语素义，而原文"大意"的产生也必须经过读者的
主观理解。

　　古汉语中没有"意译"一词，但"意""译"二字也有连用的例子。
不过，"直"有副词词性，能和动词"译"组成状中短语；而"意"除了
通假的情况，只有名词和动词两种词性，所以"意"和"译"不能单独
组成短语，往往需要搭配介词——比较常见的搭配是和"以"组成
"以意译"。在"以意译"这个短语里，"译"充当核心动词，"以意"作
为表示方式的状语修饰"译"。严格来说，这里的"意"和"译"只是

---

①　许慎撰，段玉裁注：《说文解字注》，第 502 页上下。
②　罗竹风主编：《汉语大词典》第 7 卷，上海：汉语大词典出版社，1991 年，第 687 页。
③　中国社会科学院语言研究所词典编辑室编：《现代汉语词典》(第 5 版)，第 1618 页。

在排列顺序上相邻,并不处于同一句法层面,和我们现在说的"意译"具有完全不同的语法关系。但我们也应当注意到:现代汉语里的"意译"是一个状中式复合词,在结构上和状中短语"以意译"是对应的,所以我们仍有必要观察后者在古汉语中的使用情况。

明人方应选在《汝志引赞·图考》中说:

> 汝,旧号"汝海",当尧水时茫茫巨浸,乌观"汝坟"哉!自禹凿伊阙决使入河,始成大陆。后数百年而文王兴,遂为遵化地。想"汝坟"云者,即《禹贡》所云"下土坟垆",水落土出,决溁若坟然。而《诗》不言"坟"所谓,汉儒谓之"大防",汉去周又千余年,陵谷代迁,萦为奥壤,盖**以意译**耳。①

方应选认为:"汝"这个地方在尧的时代还是一片汪洋大海,大禹治水时把"汝海"之水引入河道,陆地才慢慢浮现出来。而之所以称之为"汝坟",是因为"坟"本来指的就是隆起的土地,比如《尚书·禹贡》就把低地和高地合称为"下土坟垆"②。到了汉代,"汝"地的地貌又发生了巨大的变化,当时的经学家所看到的"汝坟"和一千年前周文王时代的"汝坟"已经全然不同,"汝坟"的"坟"因此被误以为是"堤岸"(大防)的意思。这个误解的过程就被方应选描述为"以意译"。

"意"作名词时强调人的主观意志,"以意译"的字面含义是"根据自己的意思来翻译"。但"译"作动词时,除了有"翻译"的意思,还可以引申出"解释""传达""转换"等义,因此"以意译"的具体含

---

① 方应选:《方众甫集》,四库全书存目丛书编纂委员会编:《四库全书存目丛书》集部第170册,济南:齐鲁书社,1997年,第231页下。
② 孔安国传,孔颖达正义,黄怀信整理:《尚书正义》,第218页。

义在不同场合中也会表现出微妙的差别。以上这段引文里的"译"就不是狭义的"翻译"(即"语际翻译"),而接近训诂。这里的"以意译"可以理解成"想当然地解释"。

明人笔记《旧京遗事》也用到了"以意译"这个短语。该书描述了明末士大夫之间为了收受贿赂而采取的一种联络方式,叫作"短封廋词":

> 士大夫短封廋词,起自崇祯中,内主不称名,客不称字,隐语射覆,得书者以意译之,答书如其来焉。①

"廋词"即隐语,"短封"是指简短的书信。为了避免留下罪证,地方官吏将行贿的意愿写成简短的谜面,不署名字,派人投递给京官。得书者收到信札后"以意译之"——也就是猜出谜底,然后用同样的方式给予答复。这种用来互通消息的文体就叫"短封廋词"②。这里的"以意译"是指根据自己的想法来猜测、破解③。类似的还有以下两例:

> 吾头场既出,自觉满志,谓可命中矣。孰意誊录生将我《伊尹圣之任》篇裂去,四股仅存大半篇;而对读生将极碎极恶

---

① 史玄、夏仁虎、阙名:《旧京遗事　旧京琐记　燕京杂记》,北京:北京古籍出版社,1986 年,第 13—14 页。
② 宋代朝臣就有以"短封廋词"互通讯息的记录。《孔氏谈苑》载:"宋庠罢参,郑戬罢枢,叶清臣罢计,吴安道罢尹,盖吕文靖恶其党盛也。时数公多以短封廋词相来往,如'青骨不识字''米席子作版'之类。'青骨'谓蒋堂,时谚谓知制诰为'识字',待制为'不识字'。杨吉作发运,以米饷枢要,得户部副使。"(孔平仲:《孔氏谈苑》,北京:中华书局,1985 年,第 37 页)
③ 上一例中的"以意译"也可作此解:汉儒根据自己的理解,猜测"汝坟"的"坟"是"堤岸"(大防)的意思。

之字添注其旁,全不可识。房师王夒老读至此篇,细阅几遍不得通晓其意,遂欲置之。及读至一论,又击节鼓舞不已。复翻头场,细细批阅,将孟义增添之字**以意译**出,逐字改正,以呈于总裁韩座师。①

　　句曲张菊人大令尝于河北逆旅人家败箩中见有樊宗师文一册,是写本,虫穿蚁穴,半皆朽蠹,**以意译**之,大抵皆序记类语也。②

第一段材料是明朝万历年间一位进士回忆自己参加头场会试的经历。科举制度规定,考试结束后答卷上的考生个人信息全部弥封,答卷正文须经誊录生抄写一遍,再由对读生负责校对,最后交房考官阅卷③。这种"糊名易书"的做法本来是为了防止作弊,可一旦遇到工作马虎、不负责任的誊录生和对读生,考生的前程就会被耽误。上文记录的正是此类情况,不过幸运的是,评阅其考卷的考官调出了原卷重新加以核对,将随意添加的文字"以意译出,逐字改正"。第二段材料是清人俞樾在《茶香室四钞》中转引的一则轶事:有人在河北的一家旅店里发现了唐代散文家樊宗师的一册文集,但由于保存不当,书卷已遭蠹蛀,字迹模糊,只能"以意译之"。以上两处"以意译"都是强调根据人的主观推断进行猜测,以达到识别文字的目的(一处是改讹字,一处是辨蠹字)。

　　在实际使用过程中,"译"的语义还可能进一步引申,"以意译"在具体语境中的含义也会随之发生变化。明代思想家耿定向在为

---

① 姚希孟:《文远集》,四库禁毁书丛刊编纂委员会编:《四库禁毁书丛刊》集部第179册,北京:北京出版社,1997年,第681页上。

② 俞樾:《茶香室丛钞》第4册,北京:中华书局,1995年,第1658页。

③ 参见杨希义:《唐代科举和铨选制度中的糊名暗考》,《学术月刊》1991年第3期,第72—74页。

他的文集《译异编》作序时说：

> 兹举友所谈及者，**以意译**其数端。……或以为推墨附儒，或以为郢书燕说，知我罪我，故任之也。①

《译异编》是耿定向以儒学会通佛学的作品，内含十四篇短文，记录了作者对佛教中十四个重要概念的解读②。由于耿氏是站在儒家立场上检视佛教思想，所以将后者称为"异"，也就是异端、异学；而"译"则带有发挥、演绎的意思。有论者就说："'译'者，绅绎引申之意；……'译异'就是通过对佛书某些语句和意义的引申来阐发儒学思想。"③这种阐发不可避免地带有作者的主观意见，故称之为"以意译"。

此外，由于"以意译"中的"意"和"译"不在一个句法层面上，所以还可以在这个短语里增加其他成分单独修饰"意"。比如：

> 此条措语如抟散沙，譬之鹊啾鼠唧，在彼虽有意谓，难**以人意译**之，不特不可言通，亦且无从议不通也。④

这是章学诚对袁枚列举的"古文十弊"中的第八弊"窘于边幅，有文

---

① 耿定向：《耿天台先生文集》，四库全书存目丛书编纂委员会编：《四库全书存目丛书》集部第 131 册，济南：齐鲁书社，1997 年，第 281 页下。
② 分别是《宗教译》《心经译》《维摩译》《楞严译》《法华译》《坛经译》《准提咒译》《六道译》《六通译》《净土译》《出离生死译》《出世经世译》《情欲性命译》和《守中译》。
③ 张学智：《明代哲学史》，北京：北京大学出版社，2000 年，第 279 页。
④ 章学诚著，仓修良编注：《文史通义新编新注》，杭州：浙江古籍出版社，2005 年，第 391 页。"在彼虽有意谓，难以人意译之"一句，原书作"在彼虽有意谓难，以人意译之"。此处采用郑奠、谭全基《古汉语修辞学资料汇编》（北京：商务印书馆，1980 年，第 550 页）的句读。

无章,如枯木寒鸦,淡而无味,且当不住一大题目"所进行的驳斥。他把这条批语比作"鹊啾鼠唧",意在贬斥袁枚为鼠鹊之流,讥讽这样的措辞只有鼠鹊自己才能明白,人类是理解不了的。所谓"难以人意译之"就是说无法用人的思想来解读。在这个例子里,短语"以意译"中间插入了"人"这个词,修饰"意",强调是人之"意",而不是鼠鹊之"意"。

"译"还可以联合其他动词,组成和"以意译"类似的结构。文廷式《纯常子枝语》卷十九载:

> 后汉支娄迦谶译《阿閦佛国经》,"阿须轮"即"阿修罗","捷杳惢"即"乾闼婆",惟"惢"字不知所出。又云以"七宝"作"瑿","瑿"字不见《说文》,及经中"閦"字,疑皆支谶**以意译写**。①

文廷式认为"惢""瑿""閦"等字的出处无从查考,应该是译者支娄迦谶根据自己对经文的理解生造出来的。此处的"译"取其本义,也就是翻译的意思。"以意译写"指的是根据自己的主观想法来翻译(具体表现为生造新字)。在"以意译写"这个短语里,"译写"是一个并列式复合词,充当状语"以译"的核心动词,并省去了后面的宾语。

以上总结了由介词"以"搭配"意"和"译(写)"组成状中短语的几种情况。除此之外,含义类似的还有"随意译(写)"。《清实录》乾隆三十八年有这样一条记载:

---

① 文廷式:《纯常子枝语》,扬州:江苏广陵古籍刻印社,1990年,第282页上。

　　　　前据阿桂奏,从金川脱出之喇嘛齐楚木永仲师徒三人,已
　　谕令解京候讯。今用番字核对,则"齐楚木永仲"乃簇尔齐木
　　拥隆,"札什车尔真"乃札什策零洋,"伊什隆真"乃伊什陇藏。
　　原译之名,实为舛谬,且各路军营奏折似此**随意译写**者,不可
　　枚举。①

发音相同或相近的汉字在汉语中普遍存在,所以专有名词的音译
需要统一标准,否则就会出现五花八门的译法。这段文字批评的
正是不遵循人名的既定译法,"随意译写"的现象。"随意"指随着
自己的意愿,"随意译写"就是随着自己的意愿进行翻译。和"以意
译"一样,"随意译(写)"也是一个状中式短语,由动宾短语词汇化
而来的副词"随意"修饰核心动词"译(写)"。

　　《元朝秘史》卷一李文田注也用到了"随意译写":

　　　　"势物"即"事物"。下文卷八有"管的事物"语,京师"势"、
　　"事"音近,**随意译写**也。②

《元朝秘史》原名《忙豁仑纽察脱(卜)察安》(意为"蒙古的秘密历
史",故亦称《蒙古秘史》),系明代翰林译员从畏兀儿体蒙古文译
出,所采用的汉译方式包括以下三种:(1)音译,即用汉字记音;
(2)旁译,用俗语直译某些字词;(3)总译(或称"明译"),用俗语节
略意译整个段落③。此处所引文字系注解该书第四节之总译:"都

---

①　《清实录》第 20 册,北京:中华书局,1986 年,第 462 页上下。
②　李文田:《元秘史注》,《续修四库全书》编纂委员会编:《续修四库全书》第 312 册,
　　第 314 页上。
③　甄金:《蒙古秘史学概论》,呼和浩特:内蒙古教育出版社,1996 年,第 112 页。

蛙锁豁儿独额中生一只眼,望见三程远地的势物。"①李文田指出:
因为"势"和"事"在北京话里发音相近,所以译者就把"事物"写成
了"势物"。这里的"随意译写"和上一例相同,也是指随着自己的
心意去翻译。

小　　结

　　综上所述,"直译"和"意译"在古汉语中都没有成词②。

　　"意""译"连用只构成单纯的线性关系,必须搭配其他成分才
能组成谓词性短语(比如"以意译"等)。就语义而言,"以意译"的
字面意思是"根据人的主观判断进行翻译",似乎和现代汉语中的
"意译"还有些相通之处;但在实际使用过程中,"以意译"的含义会
随着核心动词"译"的语义引申而发生变化:除了表示翻译,这里
的"译"还可以表示解释、猜测、演绎等。"以意译"的语义总体而言
是不稳定的。综合以上两方面,我们认为现代汉语中的"意译"和
古汉语中的"以意译"这类短语没有语言学意义上的渊源关系③。

　　古汉语中的"直译"则是一个独立的短语,"直"和"译"的关系
比较紧密,相对而言比"以意译""随意译"具有更完备的成词条件。
但在现有的文献中,我们并没有发现"直译"被当成一个复合词使

---

① 其音译和旁译为:"都蛙锁豁儿　莽来(额)　敦答(中)　合察(独)　你都秃(眼)
忽儿班(三)　捏兀里(程)　合札剌(地行)　合聭忽(望见)　不列额(有来)。"(额
尔登泰、乌云达赉校勘:《蒙古秘史》,呼和浩特:内蒙古新华书店,1980年,第4、
914页)

② 现代汉语中的许多双音节复合词是从古汉语短语演变而来的,短语在长期的使用
过程中"逐渐凝固或变得紧凑而形成单词",语言学术语称之为"词汇化"
(lexicalization)(董秀芳:《词汇化:汉语双音词的衍生和发展》(修订本),北京:商
务印书馆,2011年,第33—36页)。

③ 佛典注疏中还有一种由"意""译"构成的特定短语——"取(会)意译",虽然在语义
上和"意译"相当(详见本书第二章),但也没有证据表明后者系由前者演变而来。

用的迹象,甚至作为短语出现的"直译"也不多见。从语义上看,论者一般用"直译"表示"直接翻译"。这里的"译"通常就是严格意义上的翻译(语际翻译),但所谓"直接"仍可以根据语境的不同指代不同的翻译方法——按照现在的分类方法,至少包括直接译(不经过中介译本,与转译相对)、音译、义译和意译四种,具体取决于论者对翻译的理解和论述的需要,带有很强的主观性。因此,古汉语中"直译"的语义也是游移不定的,而且从未用来指称现代意义上的直译(反而可以表示意译)。

总之,古汉语中的"直译""意译"和我们现在使用的译学术语"直译""意译"在语法和语义两方面都完全不同,不存在语言学上的渊源关系。那么,"直译"和"意译"的来源究竟为何? 中国古代是否存在指称这两种翻译方法的词语呢?

第二章　佛经汉译理论中表示"直译"和"意译"的术语（上）："取意译"和"敌对翻"

　　中国古代有将近一千年的佛经翻译史，关于佛经汉译方法的讨论由来已久。梁启超在其名文《翻译文学与佛典》中指出，佛经翻译经历了"未熟的直译""未熟的意译""直译""意译"和"意译直译，圆满调和"五个阶段[①]。这样的归纳是否合理固然可以讨论，毕竟古代译经家与注疏者并没有用"直译"和"意译"来命名他们的翻译方法[②]，但这至少说明在佛经汉译的过程中可能已经存在与我们今天所说的"直译""意译"相近的做法。

　　我们知道，中国有文字记载的佛典翻译始于汉末，迄于北宋，尤以唐朝为盛。伴随汉文佛典的大量译出，注释经论的活动也在唐代蓬勃开展。有"华严疏主"之称的澄观（738—839）[③]曾这样评

[①]　梁启超：《佛学研究十八篇》，第 179—188 页。

[②]　上文说过，北宋赞宁提出的"新意六例"中有一例称作"直译"和"重译"，但他说的"直译"是指不经过中介译本而直接根据原文翻译，与表示转译的"重译"相对，不同于我们现在说的"直译"（参见本书第一章第二节）。本章中的"直译"和"意译"均取其现代含义。

[③]　澄观先作《大方广佛华严经疏》（正文略称《华严经疏》）60 卷注解新译《华严经》，后又为弟子僧叡等人撰《大方广佛华严经随疏演义钞》（正文略称《华严经随疏演义钞》）90 卷会释疏文。《疏》《钞》不仅系统阐释了华严义理，还留下不少讨论梵汉对译的珍贵文字。

价中国历史上的两大佛经翻译家："会意译经，秦朝罗什为最；若敌对翻译，大唐三藏称能。"①较早注意到这段文字的是黄侃和钱锺书，后者甚至明确指出："近世判别所谓主'达'之'意译'与主'信'之'直译'，此殆首拈者欤。"②钱锺书认为，这里的"会意译"和"敌对翻译"就是意译和直译的最早说法③。那么，澄观所说的"会意译"和"敌对翻译"究竟是什么意思？它们和意译、直译又有什么关系？本章试图在佛经译论——尤其是涉及佛典翻译方法的经论注疏中查找线索。

第一节　"取意译"：佛经翻译中的"意译"

在实叉难陀(652—710)翻译的《华严经·夜摩宫中偈赞品》中，胜林菩萨赞叹佛德时用了这样一个比喻：

> 譬如孟夏月，空净无云曀，赫日扬光晖，十方靡不充。④

这段偈颂是说佛陀的功德犹如初夏的太阳，在万里无云的天空中放射出普照大地的光芒。其中，"孟夏月"一词是中国古代常用的

---

① 澄观：《大方广佛华严经随疏演义钞》，《大正藏》第 36 册，第 148 页下。

② 黄侃：《寄勤闲室涉书记》，苏州章氏国学讲习会编：《制言》第 5 册，扬州：广陵书社，2009 年，第 3188 页；钱锺书：《管锥编》第 4 册，北京：生活·读书·新知三联书店，2007 年，第 1986 页。

③ 有论者引用了钱锺书的论断(如张德劭：《钱锺书的翻译思想》，《语言与翻译》1995 年第 3 期，第 60—61 页；季进：《钱锺书与现代西学》，上海：上海三联书店，2002 年，第 186 页)，或直接把"会意译"/"敌对翻译"等同于现代意义上的"意译"/"直译"(如黄宝生：《佛经翻译文质论》，《文学遗产》1994 年第 6 期，第 10—11 页；俞晓红：《佛教与唐五代白话小说研究》，北京：人民出版社，2006 年，第 33 页)，但均未作深入分析。

④ 实叉难陀译：《大方广佛华严经》，《大正藏》第 10 册，第 100 页中。

时令语,指的是夏季的第一个月。但《续华严经略疏刊定记》的作者慧苑(673—743?)在评价该词的翻译时却说:"准梵本应云'后热月',不合言'孟夏月'。"①其理由是:

> 西域如来圣教,一岁立为三际,谓"热""雨""寒"。《西域记》云:从正月十六日至五月十五日为"热"时。则"后热月"言兼得此方"孟夏"后半。②

根据《大唐西域记》的记载,古印度佛教把一年分成"热""雨""寒"三个季节,每季四个月③。"热季"的起止时间换算成中国农历,就是正月十六日到五月十五日。所谓"后热月"即"热季"的最后一个月,对应四月十五日至五月十五日。但实叉难陀把它译成了"孟夏月",也就是四月,所以澄观说"后热月""兼得此方'孟夏'后半"。

　　由于中土和西域的气候差异,将"后热月"译成"孟夏月"以期符合中国人对时令的认知——从今天的角度看,这是一种典型的"归化"(domesticating)翻译,属于意译;在澄观的《华严经疏》中,这种翻译手法也有一个专门的称呼:

> 喻言"孟夏月"者,取意译也。④

那么,"取意译"和现代翻译术语"意译"便很可能具有近似的含义。
　　从语法上看,"取意译"的结构存在以下两种可能:

---

① 　澄观:《大方广佛华严经随疏演义钞》,《大正藏》第36册,第316页上。慧苑《刊定记》该品疏文不存,此据澄观《华严经随疏演义钞》转录。
② 　澄观:《大方广佛华严经疏》,《大正藏》第35册,第655页下。
③ 　玄奘撰,章巽校点:《大唐西域记》,上海:上海人民出版社,1977年,第33页。
④ 　澄观:《大方广佛华严经疏》,《大正藏》第35册,第655页下。

（1）取|意译

（2）取意|译

在第一种情况里，"意译"应当是一个独立的词，"取意译"就是指采用"意译"这种方法。但我们注意到，澄观在引用完慧苑《刊定记》对"孟夏月"一译的评论后有如下表述：

> 　若**取意总译**，应云：譬如盛暑月，赫日光炽然，于净虚空中，无边光照曜。①

这里出现了"取意总译"的说法，"意"和"译"之间插入了其他成分——也就是说"取意译"中的"意译"并不构成词。那么，"取意译"的结构就只能是第二种情况，"取意"作为状语修饰动词"译"。《汉语大词典》"取意"条录有两个义项：（1）犹随意；（2）采取其意②。根据上文的分析来看，"取意译"并不是"随意地翻译"，这里的"取意"不应当作"随意"来理解；"采取其意"则比较符合"取意译"的用法，可以解释成"用采取其大意的方式进行翻译"，这里的"其"就是指原文（经文）。

为进一步明确"取意"的含义，我们再来看几个《华严经随疏演义钞》里的例子：

> 　《佛藏经》云："诸法如毫厘不空者，则诸佛不出世。"又下云："诸法毕竟空，无有毫末相。"③
>
> 　今正当顿，而引三经，皆成顿义。……三引《佛藏经》亦证

①　澄观：《大方广佛华严经随疏演义钞》，《大正藏》第 36 册，第 316 页上。

②　罗竹风主编：《汉语大词典》第 2 卷，上海：汉语大词典出版社，1993 年，第 877 页。

③　澄观：《大方广佛华严经疏》，《大正藏》第 35 册，第 519 页上。

顿义,即彼经《第一念佛品》中**取意引**耳。《经》云:"舍利弗!诸法若有决定体性,如析毛发百分中一分者,是则诸佛不出于世,亦终不说诸法性空。舍利弗! 诸法实空无性,一相所谓无相。如来悉知见,如来以是说有念处。舍利弗! 念处名为无处(无)非处、无念无念业、无想无分别、无意无意业、无思无思业、无法无法相,皆无合散。是故贤圣名无分别者,是名念处。"上显无念承便故来。下又云"诸法毕竟空"等者,亦是**取意引**。彼经云"何以名为诸法实相? 所谓诸法毕竟空无所有,以是毕竟空无所有法念佛。复次,如是法中,乃至少念尚不可得,是名念佛",即其义也。[①]

《华严经随疏演义钞》是澄观对其本人撰写的《华严经疏》进行解释的作品。以上《疏》文征引《佛藏经·念佛品》的部分,对比《钞》文即可发现:澄观在引述时没有逐字逐句照搬,而是根据自己的理解概括了经文大意——百余字原文被浓缩成"诸法如毫厘不空者,则诸佛不出世"和"诸法毕竟空,无有毫末相"两句话。澄观在《钞》文中称这种做法为"取意引",也就是引用原文大意(以"取意"的方式进行引用)的意思。

再如《华严经·世主妙严品》"知众生根,如应化伏"[②]一句:

"化"谓教化,即"应摄受者而摄受之";"伏"谓调伏,即"应折伏者而折伏之"。由此具行入正法故。[③]

《疏》"即'应摄受者'"下,即《胜鬘》经文。"由此具行入正

---

① 澄观:《大方广佛华严经随疏演义钞》,《大正藏》第36册,第92页下—93页上。
② 实叉难陀译:《大方广佛华严经》,《大正藏》第10册,第2页上—中。
③ 澄观:《大方广佛华严经疏》,《大正藏》第35册,第536页中。

法故"者,即**取意结**之。彼云:"折伏摄受,令正法久住。"多分
折伏刚强、摄受柔弱。①

《胜鬘经·如来真实义功德章》记载波斯匿王之女胜鬘在佛面前发
愿说:"我得力时,于彼彼处见此众生,应折伏者而折伏之,应摄受
者而摄受之。何以故? 以折伏摄受故,令法久住。"②澄观在解释
"知众生根,如应化伏"中的"化"和"伏"时,直接引用了《胜鬘经》的
文字,即"应摄受者而摄受之""应折伏者而折伏之"③;但总结"折
服"和"摄受"(即"化伏")的目的时,则对经文进行了重新表述:他
把《胜鬘经》原文中"(以)折伏摄受(故),令正法久住"改成了"由此
具行入正法故"——这种做法被澄观称为"取意结",即根据经文大
意进行总结(以"取意"的方式进行总结)。

实际上,"取意"在《华严经随疏演义钞》中多次出现,常和各种
动词连用:除了"取意译"和"取意引""取意结",至少还有"取意
说""取意释""取意对""取意出""取意答""取意云""取意叙""取意
解释""取意展合"④,等等。有时,"取意"和动词之间还会插入其
他修饰成分,除上文提到的"总"("取意总译")之外,最常见的是表
示大约、大概的"略",比如"取意略明""取意略释"以及和"具引"
(即完整引用)相对的"取意略引"⑤等。澄观弟子宗密(780—841)

① 澄观:《大方广佛华严经随疏演义钞》,《大正藏》第 36 册,第 146 页中。
② 求那跋陀罗译:《胜鬘狮子吼一乘大方便方广经》,《大正藏》第 12 册,第 217 页下。
③ "折伏"和"摄受"是佛教因势利导、度化众生的两种方式:遇刚强者,则折破摧伏
之,使其离恶修善;遇柔弱者,则摄取纳受之,使其久住于善。参见《佛光大辞典》
"折服摄受"条(慈怡主编:《佛光大辞典》第 3 卷,高雄:佛光出版社,1988 年,第
2953 页上)。
④ 澄观:《大方广佛华严经随疏演义钞》,《大正藏》第 36 册,第 213 页下、219 页下、
611 页上、335 页上、361 页下、573 页上、588 页中、222 页下、451 页上。
⑤ 澄观:《大方广佛华严经随疏演义钞》,《大正藏》第 36 册,第 268 页中、361 页上、98
页上。

所作《圆觉经略疏钞》内还有"取意用""取意随便用""取意标引""取意撮略引""取意略标指""取意撮略说"①等说法。可以说,"取意×"在上述疏论中构成了一种套语,表示对经文大意的概括归纳;而"取意译"的意思就是"按照(原文)大意来翻译",和现在说的"意译"一致②。

本章开头已举出《华严经》里的一个例子,即用中国本土的时令语"孟夏月"来代替更贴合原文、更富有异域色彩的"后热月"。而《金刚经》中的这句名偈也被认为是采用了"取意译":

> 一切有为法,如梦幻泡影,如露亦如电,应作如是观。③

"梦""幻""泡""影"实际上是四种事物,加上"露"和"电"共计六种,用来比喻因缘和合、刹那生灭的现象世界。该译本出自一代宗师鸠摩罗什(344—413,一说350—409)之手,也是《金刚经》的第一个汉译本,后世传布甚广。但是,倘将罗什译本和北魏菩提流支(生卒不详)的译本作一下比较,会发现有很大的不同。魏本此偈译作:

> 一切有为法,如星、翳、灯、幻,露、泡、梦、电、云,应作如是观。④

---

① 宗密:《圆觉经略疏钞》,《卍续藏经》第15册,第350页上、333页下、278页下、239页下、439页下、271页上。
② 《现代汉语词典》对"意译"的解释是:"根据原文的大意来翻译,不作逐字逐句的翻译。"(中国社会科学院语言研究所词典编辑室:《现代汉语词典》第5版,第1618页)
③ 鸠摩罗什译:《金刚般若波罗蜜经》,《大正藏》第8册,第752页中。
④ 菩提流支译:《金刚般若波罗蜜经》,《大正藏》第8册,第757页上。

最明显的差别在于:流支译本有九种比喻,而罗什译本只有六种,缺少"星""灯""云"三喻(流支译本中的"翳"就是罗什译本中的"影"①)。那么,原文究竟如何? 按照宗密的说法,梵本确系九喻,罗什之所以只译六喻,是因为"梦、幻、泡、影,空理全彰,露、电二喻无常,足显'悟真空则不住诸相,观生灭则警策修行'"②。也就是说,宗密认为鸠摩罗什的六喻已经完整表达了"空"和"无常"的旨趣;而余下的三喻并不契合《金刚经》宣示的"空性"("以星、灯有体,云种含生,恐难契空心"③)。在宗密看来,鸠摩罗什正是出于上述考虑才舍弃原文九喻中的三喻——而这种节略原文的做法正符合意译的特点。对于罗什译文,宗密是持肯定态度的,他称赞说:

> **取意之译**,妙在兹焉!④

和澄观一样,宗密也把意译的手法称为"取意译"。

　　与"取意译"类似的表达方式还有本文开头提到的"会意译"。《华严经随疏演义钞》第十九卷载:

> **会意译**经,秦朝罗什为最。⑤

我们通常说的"会意"是指领会别人的意思,"会"取"领悟,理解"之

---

① 《金刚经纂要刊定记》的作者子璿认为"影"和"翳"也不同,"所以换者,影并于翳,空义显故"(子璿:《金刚经纂要刊定记》,《大正藏》第 33 册,第 227 页下)。
② 宗密述,子璿治定:《金刚般若经疏论纂要》,《大正藏》第 33 册,第 169 页下。
③ 同上。
④ 同上。
⑤ 澄观:《大方广佛华严经随疏演义钞》,《大正藏》第 36 册,第 148 页下。

义①。但"会意"一般用于对事物隐含意义（比如某个表情、动作或某句隐语）的领会，意味着洞察言下之意、弦外之音。《说文·人部》载："会，合也。"②"会"的本义应该是"汇合"。从这个角度看，我们可以把"会意"理解成在具体语境中将意义"汇合"起来作整体性把握，带有"融会贯通"的意思。那么，"会意译"就是在整合、汇通原文大意的基础上进行翻译，和现代意义上的"意译"也基本一致。

关于"会意译"，澄观的具体表述是这样的：

> 夫译梵为唐，诚乃不易。苟文小左右，贵于旨不乖中。③
> 《疏》"苟文小左右"下：示译方轨。先二句总令"取意"，即什公意。叡公《摩诃般若波罗蜜经序》云："执笔之次，三惟亡师'五失三不易'之诲，惕焉若厉，忧惧盈怀。虽复履薄临深，未足喻也。辛冀宗匠通鉴，文虽左右而旨不违中。遂谨受案译，敢当此任。"故**会意译**经，秦朝罗什为最……④

把梵语翻成汉语是很不容易的事，哪怕字面上不那么切合原文，只要不违背主旨就已难能可贵。"文小左右""旨不乖中"八个字表明澄观主张在翻译中把握原文大意而不拘泥于文字，很明显地传达了意译的意思。在《钞》文中，澄观又作了进一步论述：他首先申明《疏》文中的"苟文小左右，贵于旨不乖中"就是在概括"取意

---

① 罗竹风主编：《汉语大词典》第 5 卷，上海：汉语大词典出版社，1990 年，第 782 页。
② 许慎撰，徐铉校定：《说文解字》，第 109 页上。
③ 澄观：《大方广佛华严经疏》，《大正藏》第 35 册，第 537 页上。
④ 澄观：《大方广佛华严经随疏演义钞》，《大正藏》第 36 册，第 148 页下。

（译)"，而且指出这是鸠摩罗什的主张。这两句话实际上出自东晋僧叡（生卒年不详）为什译《摩诃般若波罗蜜经》撰写的序文（即《大品经序》），其原文即如澄观所引："文虽左右而旨不违中。""亡师"指道安（312—385，一说314—385)，"宗匠"则是僧叡对后来的老师鸠摩罗什的尊称。所以，澄观把"文虽左右而旨不违中"视为罗什的翻译"方轨"，并称"会意译经，秦朝罗什为最"。北宋华严宗僧子璿（964—1038）在《金刚经纂要刊定记》中把这句话改成了：

> 先德皆云：……**取意译**经，则什为最。①

可见"会意译"和"取意译"可以互换使用，含义相同。

在描述具体的翻译问题时，论者也会用"会意译"来代替"取意译"。《华严经·十行品》中释迦牟尼在宣说大乘菩萨慈悲度众的品格时用了这样一个比喻："譬如船师，不住此岸，不住彼岸，不住中流，而能运度此岸众生至于彼岸。"②对此，澄观作了如下疏释：

> 新旧经本说喻不同，谓旧经约河水不趣两岸、不断中流为喻，喻菩萨以离有无悲智度众生也；新经约船师不住两岸为喻，喻菩萨以无住悲智度众生也。
> 问：若尔，梵本岂有异耶？
> 答：梵本是一，由译者异。谓此梵文虽云"河水"，意属

---

① 子璿：《金刚经纂要刊定记》，《大正藏》第33册，第227页下。子璿所称"先德"就是"华严四祖"澄观。

② 实叉难陀译：《大方广佛华严经》，《大正藏》第10册，第106页下。

"船师",即是于能依声处作所依声说。是译者若善文义,则**会·意译·**之为"船师";若但知文,则按文译之为"河水"。①

澄观认为,"旧经"(即旧译《华严经》,指东晋佛驮跋陀罗的六十卷译本)的译者只知道梵文的字面意思("但知文"),一板一眼地把菩萨比作源源不断的"河水";而"新经"(即新译《华严经》,指唐武周时实叉难陀的八十卷译本)的译者却领会到了原文的深层含义("善文义"),所以能够融会贯通,把"河水""取意译"为功能相通但更加形象生动的"船师"②。这种"换喻"式的译法当然也属于意译。

此外,"会意译"和"会意翻"也可以通用,比如:梵语"摩尼"意为"思惟宝",是一种能够满足任何心愿的宝贝,于是有的译者就说"会意翻云'如意宝珠'"③;"毗色讫谛"的意思是"所灌",直接翻译出来很不容易理解,如果"会意翻"作"以灌顶法而灌其顶"④就清楚得多;记录梵文发音的《仁王般若陀罗尼》中有一句"娜莫阿哩也",不空称其字面意思为"远离恶不善法","会意翻云'圣者'"⑤,因为只有圣者才能"远离恶不善法"。凡此种种,现在看来都是意译的做法。

---

① 澄观:《大方广佛华严经随疏演义钞》,《大正藏》第 36 册,第 339 页上。
② 这样做还有其语言学依据,即引文所说的"于能依声处作所依声说"。"能依声"和"所依声"是指梵语词尾的不同形态变化(所谓"八转声"),分别表示"能作"和"所作"。在引文中,相对于"能作"的"河水","所作"者即被视为"船师"。
③ 良贲:《仁王护国般若波罗蜜多经疏》,《大正藏》第 33 册,第 515 页上。
④ 同上,第 518 页中。
⑤ 不空:《仁王护国般若波罗蜜多经陀罗尼念诵仪轨》,《大正藏》第 19 册,第 518 页上。

第二节 "敌对翻":佛经翻译中的"直译"

一般而言,"直译"和"意译"是被当作一组对立的概念来看待的:当我们使用"直译"时,往往表示区别于"意译";反之亦然。比如《现代汉语词典》就把"直译"解释成"偏重于照顾原文字句进行翻译(区别于'意译')";"意译"则是"根据原文的大意来翻译,不作逐字逐句的翻译(区别于'直译')"①。通过上文的分析,我们知道"取意译"是佛经译论中用来表示意译的术语;而每每与"取意译"成对出现的还有另一个词语,表示与之相对的翻译方法。澄观在评价"孟夏月"这个译法时说:

> 喻言"孟夏月"者,取意译也;梵本**敌对翻**,云"后热月"。②

又:

> 由方言实无**敌对翻**故,应取意译也。③

引文中的"方言"相对梵语来说就是指汉语。元代僧人普瑞在《华严悬谈会玄记》中沿用了澄观的说法:

> 言"孟夏"者,《礼记》注云:"孟者,长也;仲者,中也;季者,

---

① 中国社会科学院语言研究所词典编辑室:《现代汉语词典》(第 5 版),第 1749 页、1618 页。
② 澄观:《大方广佛华严经疏》,《大正藏》第 35 册,第 655 页下。
③ 澄观:《大方广佛华严经随疏演义钞》,《大正藏》第 36 册,第 316 页上。

少也。"此乃取意译也,梵本**敌对翻**"后热月"。①

"敌对翻"有时也写作"敌对翻译"②。澄观在推举罗什译笔时还提到了玄奘的翻译特点,他用的就是"敌对翻译":

> 会意译经,秦朝罗什为最;若**敌对翻译**,大唐三藏称能。③

这句话在《金刚经纂要刊定记》中被子璿用更精练的语言概括为"敌对唐梵,则奘称能;取意译经,则什为最"④。很明显,和"取意译"相对的是一种被称作"敌对翻"的翻译手法。

慧琳《一切经音义》释"敌对":

> 杜预注《左传》云:敌,对也。又云:敌,当也。《尔雅》:敌,匹也。《说文》云:敌,仇也。⑤

慧琳一连引用了"敌"的四种解释,其中:"对""当"和"匹"的意思比较容易理解,把它们转换成双音节词,就是"对等""相当"和"匹配",词义很相近;而《说文》用"仇"来解释"敌",是否又和我们现在理解的"对抗"一样了呢? 其实不然。段玉裁认为:"'仇'者,兼好恶之词。相等为'敌',因之相角为'敌'。"⑥他还引用了《左传》里

---

① 普瑞:《华严悬谈会玄记》,《卍续藏经》第 12 册,第 237 页上。
② 类似的表述还有"敌对译""对敌翻""敌翻""对翻""的对翻"等,含义则同。
③ 澄观:《大方广佛华严经随疏演义钞》,《大正藏》第 36 册,第 148 页下。
④ 子璿:《金刚经纂要刊定记》,《大正藏》第 33 册,第 227 页下。
⑤ 慧琳:《一切经音义》,徐时仪校注:《一切经音义三种校本合刊》,上海:上海古籍出版社,2008 年,第 623 页下。
⑥ 许慎撰,段玉裁注:《说文解字注》,第 124 页下。

的"嘉偶曰'妃',怨偶曰'仇'"来解释"仇"："'仇'与'述'古通用。
《辵部》'怨匹曰述'即'怨偶曰仇'也。'仇'为怨匹,亦为嘉偶,如
'乱'之为'治','苦'之为'快'也。《周南》'君子好述'与'公侯好
仇'义同。"①一些小学家认为古汉语中有"义兼正反"的现象,也就
是同一个词包含相反的两种意思,这组反义词可以用来互相解释,
称为"反训"②。段玉裁释"仇"就采用了"反训"的方法,用词义相
反的"述"来解释"仇",所以他说"'仇'者,兼好恶之词";而许慎又
用"仇"来训"敌",那么"敌"就和"仇"一样,没有明确的褒贬色彩,
相等即可称"敌","敌手;对手"和"对抗;对立"都是后来派生出的
意思("因之相角为敌")。比如《孙子·谋攻》有"用兵之法,十则围
之,五则攻之,倍则分之,敌则能战之,少则能逃之,不若则能避
之",梅尧臣注称:"势力均,则战。"③这里的"敌"就不是指"对抗",
而是"相等"。正如《左传》杜预注和《尔雅》用"对""当"或"匹"来解
释"敌",邢昺、邵晋涵、王引之等都持类似见解④,可见"敌"最初的
意思就是"对等""相当""匹配"。古汉语中有不少由"敌"组成的双
音节词都不包含"敌手;对手"或"对抗;对立"的意思,反而和"敌"
的本义很接近,比如"敌等"(对等,平等)、"敌衡"(相当,对等)、"敌
礼"(平等相待之礼)、"敌体"(谓彼此地位相等,无上下尊卑之
分)⑤等。

　　从构词的角度看,澄观所说的"敌对"是由"敌"和"对"这两个

---

① 许慎撰,段玉裁注:《说文解字注》,第 382 页下。
② 徐世荣:《反训探源》,徐世荣:《语文浅论集稿》,合肥:安徽教育出版社,1984 年,
　　第 310—333 页。
③ 孙武撰,曹操等注,杨丙安校理:《十一家注孙子校理》,北京:中华书局,1999 年,
　　第 54 页。
④ 参见《故训汇纂》"敌"条(宗福邦、陈世铙、萧海波主编:《故训汇纂》,北京:商务印
　　书馆,2003 年,第 972 页)。
⑤ 罗竹风主编:《汉语大词典》第 5 卷,第 512—514 页。

语素组成的同义并列复合词①。正如"敌"由"相等为敌"引申出"因之相角为敌"的意思,"敌手;对手"和"对抗;对立"也是"敌对"的引申义,而其本义就是"对等;相当",和以上提到的"敌等"和"敌衡"含义相近。宋代遵式在《注肇论疏》中说:

> 凡两物不别曰"相是",敌对曰"相当",亦犹彼此是非。②

虽然这里解释的是"相当"一词,但我们可以反推而知"敌对"的意思。实际上,这句话简明扼要地把"敌对"的两种含义都概括出来了:一为相当,二为相反、对立("彼此是非")。这两个义项在佛典注疏中都有使用。比如《般若心经解》称"色"和"空""敌对角立,是最难和会处"③,这里的"敌对"就是相反、对立的意思;而《楞严经圆通疏》则说:"若四大与五行敌对言之,水、火二大名实俱同,不须和会;若土、金二行,儒则开一为二,佛则合二为一。"④这里的"敌对"就应该理解成相当或对等。再如,慧琳《一切经音义》在解释《大般若波罗蜜多经》中的"次音梵文"时也用到了"敌对":

> 此经有三十二梵字。有与梵音轻重讹舛不同者,盖为此国文字难为敌对。自通达梵汉两国文字,兼善声韵,音方能审之耳。⑤

---

① 因此"敌对"有时也写作"对敌",比如《仁王般若陀罗尼释》和《仁王经科疏》都有"对敌释"(不空:《仁王般若陀罗尼释》,《大正藏》第 19 册,第 525 页下;真贵:《仁王经科疏》,《卍续藏经》第 94 册,第 1062 页下),义同"敌对译"。
② 遵式:《注肇论疏》,《卍续藏经》第 96 册,第 272 页上。
③ 徐昌治:《般若心经解》,《卍续藏经》第 42 册,第 25 页下。
④ 惟则会解,传灯疏:《楞严经圆通疏》,《卍续藏经》第 19 册,第 526 页上。
⑤ 慧琳:《一切经音义》,徐时仪校注:《一切经音义三种校本合刊》,第 540 页下。

这里说的"梵字"其实不是梵文,而是用来记录梵文发音的汉字,即所谓"借音就字,影对梵声,不求训释"①。但由于汉字的发音毕竟和梵文不同,梵汉"难为敌对"(即无法完全做到对等)也就在所难免。这里的"敌对"显然也是对等、相当的意思。广义地说,这段引文其实已经表达了"敌对翻"的意思:"此国文字难为敌对"说的就是无法实现严格对等的音译。不过,我们要重点讨论的还是义译层面的"敌对翻"。既然"敌对"就是对等的意思,那么"敌对翻"的字面含义就是"对等的翻译"。

以实业救国闻名而兼治佛学的近代居士学人周学熙(1866—1947)在注解《般若波罗密多心经》时引用了"敌对翻译,大唐三藏称能"一句,他把"敌对"解释成"唐梵对字"②。也就是说,"敌对翻译"在周学熙看来就是逐字对译的意思。唐代不空(705—774)的《佛顶尊胜陀罗尼注义》即为"敌对翻"之一例,其云:

> 曩谟婆(上)誐嚩帝(归命世尊)怛嚩(二合)路枳也(三世,亦"三界")钵啰(二合)底尾始瑟吒(二合)野(最殊胜)没驮(引)也(大觉者)婆誐嚩帝(同前)怛你也他(引。所谓,亦"即说")唵(亦云"一切法本不生",亦云"三藏",亦云"如来无见顶相"也)……③

整部陀罗尼(长咒)都是以这种一词一注的方式进行"注义"的。不空在篇末申明道:

---

① 希麟:《续一切经音义》,徐时仪校注:《一切经音义三种校本合刊》,第 2229 页上。
② 周止庵:《波罗密多心经诠注》,台北:财团法人佛陀教育基金会,1996 年,第 89 页上。
③ 不空:《佛顶尊胜陀罗尼注义》,《大正藏》第 19 册,第 388 页中。括号内是不空的注文。这里的"二合"即"二字合为一声",指的是用两个汉字音合成一个梵文字音(参见张鹏飞:《辨章"反切"》,《江汉大学学报》[人文科学版],2008 年第 6 期,第 64 页)。

> 如上所译，唐梵敌对，显句标释。①

这里的"梵"即慧琳说的"梵字"，也就是通过记音方式来转写梵文的汉字②。所谓"唐梵敌对"就是一个汉语词对应一个梵语词，逐词对等地进行"注义"。不空虽然没有直接使用"敌对翻"一词，但他显然是把这种做法视为翻译的，所以才会用"如上所译"这样的表述。那么"敌对翻"是否就是逐词对译的意思？

实际上，被不空称为"敌对"的译法，换到另一个语境里却可能被当作"取意译"（会意译）。比如以上所引陀罗尼中的"婆誐嚩底"一词，不空把它译成"世尊"和"大觉者"并视为"敌对"，同时代的另一位译家良贲（717—777）却说：

> "婆誐嚩底"者，敌对翻云"具福者"，会意译云"世尊"。③

不空自己在为《仁王护国般若波罗蜜多经陀罗尼念诵仪轨》中的"婆誐嚩底"一词作注时，也采用了和良贲一模一样的表述④。为什么会出现这样明显的矛盾呢？我们不妨来看看良贲是如何翻译与"婆誐嚩底"含义相近的"婆伽梵"和"薄阿梵"的：

> "婆伽梵"者，男声呼也；"婆誐嚩底"者，女声呼也。二俱会意译云"世尊"。若依声明敌对译者："婆伽"云"破"，"梵"翻

---

① 不空：《佛顶尊胜陀罗尼注义》，《大正藏》第 19 册，第 388 页中。
② 为了叙述的方便，以下就把这些"梵字"近似地看作原文，直称其为"梵文"。
③ 良贲：《仁王护国般若波罗蜜多经疏》，《大正藏》第 33 册，第 519 页上。
④ 不空译：《仁王护国般若波罗蜜多经陀罗尼念诵仪轨》，《大正藏》第 19 册，第 519 页上。

云"能"，能破四魔，名"婆伽梵"。又云"薄阿梵"，依声明论分
字释云："薄"名为"破"，"阿"名"无生"，"梵"翻为"证"；智能证
阿，名为"阿梵"，由阿梵故，能破烦恼；故佛世尊不生不灭，不
来不去，不一不异，不常不断，不增不减，具如是德，名"薄
阿梵"。①

"婆伽梵"和"薄阿梵"都是梵语词，译者将这两个词逐字拆开，分别
加以解释："婆伽梵"的意思是"能破四魔"，"薄阿梵"的意思是"能
破烦恼"，二者皆为释迦摩尼之神通，所以都可以意译（"会意译"）
成"世尊"；同样地，上文列举的"婆誐嚩底"一词，逐字拆解后的意
思是"具福智者"，也可以意译为"世尊"。这一逐字译解的过程被
称为"依声明敌对译"或"依声明论分字释"。"声明"是古印度"五
明"之一，指文法、声韵之学；"敌对译"和"分字释"同义，都是指按
照原文逐字翻译。正因为良贲把梵文词进行了更细化的拆解——
他是在"字"（语素）的层面上讨论"敌对译"，所以把"婆誐嚩底"翻
成"世尊"在他看来便是意译（"会意译"）了。换言之，是因为参照
标准发生了变化，"敌对翻"才变成了"会意译"。这种看似矛盾的
状况有时甚至出现在同一个语段里，比如良贲在解释《仁王护国般
若波罗蜜多经》的题目时说：

> 唐梵对者：梵云"么努"，此翻为"仁"。梵云"产捺啰"，此
> 翻为"王"。梵云"跛罗"，此翻为"护"。梵云"啰瑟吒啰"，此翻
> 为"国"。梵云"钵啰枳穰"，此云"智慧"；敌对译者，名"极智"

---

① 良贲：《仁王护国般若波罗蜜多经疏》，《大正藏》第33册，第519页上。几乎一样的
注文还出现在不空的《仁王经陀罗尼念诵仪轨》中（不空：《仁王护国般若波罗蜜多
经陀罗尼念诵仪轨》，《大正藏》第19册，第519页上、523页下—524页上）。

也。梵云"波啰弭多",此云"倒彼岸"。①

和不空翻译《佛顶尊胜陀罗尼》一样,良贲采用的也是"唐梵(敌)对"的方法:他把"仁王护国般若波罗蜜多"所对应的原文逐词拆开("么努"+"产捺啰"+"跛罗"+"啰瑟吒啰"+"钵啰枳穰"+"波啰弭多"),分别加以解释。其中的"钵啰枳穰"一词,良贲除了把它翻成"智慧"以外,还特别指出:

敌对译者,名"极智"也。

用"智慧"对译"钵啰枳穰"本来已是"唐梵(敌)对",为什么这里又来一次"敌对译",而且译出的文字还不一样呢? 原因和上一个例子类似:良贲所说的第一层"敌对译"(即引文中的"唐梵对者")指向"仁王护国般若波罗蜜多"对应的梵文短语,拆解的结果是把它分成若干个梵语词,分别加以翻译。对于原先的短语来说,这是一种"敌对译";但对于拆分后的每个词来说,便成了"取意译"。由于梵文原词还可以进一步分解成若干语素,所以又出现了第二层"敌对译"(即引文中的"敌对译者")。它专门针对"钵啰枳穰"一词,将其分为更小的单位(语素)进行解释,然后把得到语素义重新组合。"智慧"和"极智"就是"钵啰枳穰"一词分别经过上述两个层面的"敌对译"之后,各自生成的译文。由此可见,要判断一种翻译手法是不是"敌对翻",必须放在具体语境中考察。

综合以上几例,笔者认为"敌对翻"的确切含义应该是:将原文切分成若干个意义单位并逐一进行翻译,确保译文和原文以该

---

① 良贲:《仁王护国般若波罗蜜多经疏》,《大正藏》第 33 册,第 434 页中。

意义单位为基准保持语义对等：不空译《佛顶尊胜陀罗尼》时，翻译的是整个句子，所以"敌对翻"针对的是词，强调逐词译；而良贲在讨论"婆伽梵"和"薄阿梵"的译法时，翻译对象本身是多音节的梵文词，"敌对翻"针对的就是更小的单位，所以要逐语素译（"分字释"）。

　　概而言之，"敌对翻"在不同的翻译语境中可以指向不同层级的意义单位，但强调译出语文本和译入语文本在同一层级保持语义对等则是其共同特征——这和现代汉语中的"直译"是一致的。而以下这个例子或许可以视作"敌对翻"在语义上与"直译"存在的又一层关联：

> 　　"寺"名，依梵本中呼为"鞞诃罗"，此云"游"，谓众生共游止之所也。《三苍》曰："寺，馆舍也。"馆舍与游，义称相近耳。又，《风俗通》曰："寺，司也。"匡之有法度者也。今诸侯所止，皆曰"寺"也。《释名》曰："寺，嗣也。"治事者相继嗣于内也。今若以义立名，则佛弟子助佛扬化，住持正法，同后三说；若**直据梵本敌对而翻**，则如初释也。①

称"直据梵本，敌对而翻"，说明作者认为"敌对而翻"比"以义立名"（即意译）更加"直接"。现代汉语中的"直译"虽然不是"直接翻译"的意思，但仍然包含了"直接"这层意思，比如《汉语大词典》就把"直译"解释成"翻译外国文字时，尽量按照原文直接译出"②。从这个角度看，慧琳对"敌对翻"的认识距离现代意义上的"直译"又近了一步。

---

① 慧琳：《一切经音义》，徐时仪校注：《三种校本合刊》，第 901 页下—902 页上。
② 罗竹风主编：《汉语大词典》第 1 卷，第 868 页。

小　　结

　　以上通过解读若干佛经译词的阐释疏证,我们了解了"取意译"和"敌对翻"这对翻译术语在佛经译论中的基本含义和操用方法,并初步探讨了它们和现代意义上的直译、意译之间的关系。"取意"是《华严经随疏演义钞》等华严一系的佛典注疏中经常使用的词语,其字面意思就是"采取其意",往往和各种动词搭配,表示对经文大意的概括。通过对"孟夏月"、《金刚经》"六喻"、"船师"等具体译例的考察,笔者认为"取意译"是指根据原文大意进行翻译,相当于现代意义上的意译。类似的表达方式还有"会意译",即在汇通原文大意的基础上进行翻译。和"取意译"("会意译")相对的翻译方法被注者称为"敌对翻(译)"。这里的"敌对"取其本意"对等","敌对翻"的字面意思就是"对等的翻译",相当于直译。不过翻译的"对等"并没有统一标准,被不空视为"敌对翻"的做法在良贲看来便成了"会意译",这是因为他们采用了不同的意义单位作为衡量"对等"的标准。"敌对翻"在不同的翻译语境中可以指向不同层级的意义单位,但强调译出语文本和译入语文本在同一层级保持语义对等则是其共同特征。

　　"敌对翻"和"取意译"的使用频率虽然远不及下一章将要讨论的"正翻"和"义翻",但还是得到了不少注经家的青睐。除华严一系的智俨、法藏、慧苑、澄观、宗密、子璿、普瑞、续法等人多有使用外,类似表述亦见于密宗、律宗、禅宗和天台等各派疏论。根据《大正藏》收录的材料看,最早出现的是"会意翻"。"华严二祖"智俨(602—668)在《华严五十要问答》中归纳的五种佛经翻译里就有"会意翻"(详见第四章第一节)。而最早使用"敌对翻"这个术语则

是"华严三祖"法藏(643—712),他在阐释《十二门论》的作者——古印度论师龙树的名字时说:

> "龙树菩萨造"者,梵语名作"那伽阿顺那"。"那伽",此云"龙";"阿顺那"者,罗什翻为"树",慈恩三藏翻为"猛",并非**敌对正翻**。所以知者,近问大(太)原三藏,云西国俗尽说前代有猛壮之人名"阿顺那",翻为"猛"者,但指彼人,非**正译**其名。又,西国有一色树,亦名"阿顺那"。此菩萨在树下生,因名"阿顺那",是故翻为"树"者,亦指彼树,非**正翻**名。"阿顺那"虽俱无**正翻**,就义指事,树得人失。以于树下而生,龙宫悟道,故云"龙树"。①

"龙树"一词译自梵语"那伽阿顺那"(Nāgārjuna),其中"那伽"(nāga)是"龙"的意思大抵没有异议;但"阿顺那"(arjuna)却有两种解释:鸠摩罗什译作"树",玄奘(即"慈恩三藏")翻为"猛",二者大相径庭。于是法藏请教了"大原三藏"②,得知有两种可能:其一,传说古印度有一个著名的猛士叫"阿顺那",熟谙古印度文化的玄奘就用"猛"来对译龙树梵文名字里的"阿顺那";其二,龙树出生在一种叫作"阿顺那"的树下,于是鸠摩罗什就翻译成了"树"。总而言之,"阿顺那"本来是梵语中的一个专有名词,无法直译为恰当的汉语,所以法藏说"树"和"猛"都不是"敌对翻"。但我们注意到法藏的表述是"敌对正翻",这说明除了"敌对翻"之外还有一种被称为"正翻"的翻译手法——下文反复出现的"正翻""正译"也证实了这一点。那么,"正翻"又是一种怎样的翻译手法呢?

---

① 法藏:《十二门论宗致义记》,《大正藏》第42册,第219页中。
② 即唐高宗时来华的中印度三藏法师地婆诃罗(Divākara, 613—687),因其最初奉敕在京西太原寺译经而被称为"太原三藏"。

第三章 佛经汉译理论中表示"直译"和"意译"的术语（下）："正翻"和"义翻"

第一节 玄奘与"正翻"和"义翻"的提出

"正"即正确、精准、无偏差，"正翻"从字面上理解就是精确的翻译，用翻译学的观点来看，是指译入语（target language）和译出语（source language）在语义上保持对等。"我国历史上第一篇正式的翻译专论"——彦琮的《辩正论》[①]便使用了"正翻"一词，其"八备"说之第七备为：

要识梵言，乃闲正译，不坠彼学。[②]

意思是说：必须精通梵语才能熟练而准确地进行翻译，使佛学义理不至于失传[③]。这里的"正译"并不是专指某一种翻译手法，其

---

① 陈福康：《中国译学理论史稿》，第33—34页。不少学者把《辩正论》误写作《辨证论》（参见曹明伦：《中国当代译论对佛教典籍的失察和误读》，《四川大学学报》[哲学社会科学版]2011年第6期，第54页）。

② 道宣：《续高僧传》，台北：文殊出版社，1988年，第51页。

③ 范文澜的解释是："精通梵文，熟习正确的翻译法，不失梵本所载的义理。"（范文澜：《中国通史简编》修订本第3编第1册，北京：人民出版社，1965年，第77页）

含义比较宽泛。

　　根据现有的材料看,作为翻译术语使用的"正翻"在南朝梁陈时期真谛(499—569)译出的《随相论》中已可见到[1];但明确界定其含义的文字则要到唐五代时期成书的《四分律行事钞简正记》(以下简称《简正记》)中方才出现,其云:

　　　　若东西两土俱有,促[2]呼唤不同,即将此言用翻彼语梵[3]。如梵语"莽荼利迦",此云"白莲华";又如梵语"斫刍",此翻为"眼"等,皆号**正翻**也。[4]

如果某物在印度和中国都有,只是称呼不同,那么直接把梵语名称换成汉语名称即可——这种翻译方法被称为"正翻"。

　　《说文·正部》:"正,是也。"[5]孙诒让认为:"事必是而后定,故引申之,'定'亦曰'正'。"[6]所谓"名不正则言不顺","正翻"一词秉承了中国传统文化里的"正名"思想。《管子》有"守慎正名,伪诈自止"之说[7],《旧唐书·韦凑传》则称"师古之道,必也正名,名之与实,故当相副"[8]。在佛教注经家看来,佛典翻译也要辨正名称,使名实相符。因此,"正翻"也常常被称为"正名",如:《华严经疏》:"涅槃,正名为'灭'。"[9]《无量寿经优婆提舍愿生偈注》(《往生论

----

① 德慧法师造,真谛译:《随相论》,《大正藏》第 32 册,第 167 页中。
② "促"字疑衍。
③ "梵"字疑衍。
④ 景霄:《四分律行事钞简正记》,《卍续藏经》第 68 册,第 153 页上。
⑤ 许慎撰,徐铉校定:《说文解字》,第 39 页上。
⑥ 孙诒让撰,王文锦、陈玉霞点校:《周礼正义》,北京:中华书局,1987 年,第 210 页。
⑦ 黎翔凤撰,梁运华整理:《管子校注》,第 897 页。
⑧ 刘昫等:《旧唐书》,北京:中华书局,1975 年,第 3146 页。
⑨ 澄观:《大方广佛华严经疏》,《大正藏》第 35 册,第 884 页上。

注》)释论名"优婆提舍":"此间无正名相译。"①《四分律开宗记》
载:"'僧伽梨'等梵音,此无正名相及。"②这几处"正名"都是指"正
翻",而"无正名相及(译)"就是说这些佛教专名没有完全对应的汉
语名称。那么,遇到这种情况要怎么解决呢?《简正记》还记载了
一种叫作"义翻"的方法:

> 若有一物,西土即有,此土全无,然有一类之物微似彼物,
> 即将此者用译彼言。如梵云"尼拘律陀树",此树西土其形绝
> 大,能荫五百乘车,其子如油麻四分之一。此间虽无其树,然
> 柳树稍积③似,故以翻之。又如"三衣"翻"卧具"等并是。④

遇到"彼有此无"的情况,论者主张用中土固有的某一类"微似彼
物"之物进行对译:比如印度的"尼拘律陀树"(nyagrodha),可以
用外形类似的"柳树"去译。文中还以"三藏"中的"律藏"为例,进
一步阐释了"正翻"和"义翻"的用法:

> 今此"毗尼"翻彼"律",盖是义翻。以佛在西土出兴,说此
> 毗尼之典,此方本无佛化世,故无正翻。然后彼佛说毗尼,诠
> 五犯聚,禁约五众,不许有违。此方俗诠于五形,亦为制御万
> 民,令无全起过。义类相似,防非又同,故将此土"律"名翻彼
> "毗尼"之号。⑤

---

① 昙鸾:《无量寿经优婆提舍愿生偈注》,《大正藏》第40册,第826页中。
② 怀素:《四分律开宗记》13—20卷,《卍续藏经》第67册,第64页上。
③ "积"字疑衍。
④ 景霄:《四分律行事钞简正记》,《卍续藏经》第68册,第153页上下。
⑤ 同上,第153页下。

佛教兴于西域,中土本无佛陀出世,所以释迦摩尼为僧团制订的行为准则——"毗尼"(vinaya)是无法进行"正翻"的;但"毗尼"的构成形式和功能与中国的法条律令很像("义类相似,防非又同"),于是就用"律"这个词来"义翻"佛教独有的"毗尼"。

可以说,《简正记》的相关记载是《大藏经》收录的对"正翻"和"义翻"这对术语比较详细的阐释,但关于这段文字的"著作权"却有不同说法。《四分律行事钞简正记》是唐五代律师景霄疏解南山宗开祖道宣(596—667)《四分律删繁补阙行事钞》(以下简称《行事钞》)的作品,书题下具有署名,《宋高僧传》亦载其事,本无疑问①。但由于该书"简诸多正义编集成之"②,文中时而穿插诸家见解,不少段落是对前人观点的引用;而古时引证并无严格规范,亦无现代标点,有时很难判断一段文字是否属于引用。《简正记》中论述"正翻"和"义翻"的段落便属此类。这段文字出现在作者模拟的一番问难之中:

　　　　问:"毗尼"翻"律",为正翻、义翻耶?

　　　　答:乃是义翻,非正译。**故诸家相承,引唐三藏译经,有翻者,有不翻者。且不翻有五:一、生善故不翻……二、秘密不翻……三、含多义故不翻……四、顺古不翻……五、无故不翻……除兹已外,并皆翻译。就翻译中,复有二种:一、正**

① 参见赞宁撰,范祥雍点校:《宋高僧传》,第401页。张建木推断《简正记》真正的撰述年代当为唐昭宗乾宁二年(公元895年),其依据有二:(1)《简正记》开篇即称"爰自巨唐贞观之后","巨唐"是"唐人对其本朝的通称";(2)卷一末载:"从贞观八载至今乾宁二年乙卯"(张建木:《玄奘法师的译经事业》,《法音》1983年第4期,第12页)。不过,周叔迦发现"卷三中云'景福初',卷九中云'天复三年',是撰述之勤,绵延十载"(周叔迦:《释家艺文提要》,北京:北京古籍出版社,2004年,第593页)。但这不影响我们对该书作者的判定。

② 景霄:《四分律行事钞简正记》,《卍续藏经》第68册,第108页上。

翻;二、义翻。若东西两土俱有若有一物,西土即有,此土全无……又如"三衣"翻"卧具"等并是(云云)。今此"毗尼"翻彼"律",盖是义翻。①

紧接在"五种不翻"之后的"正翻"和"义翻"部分是否属于引述?玄奘(600—664)的"五种不翻"后来又陆续出现在北宋赞宁(919—1001)的《宋高僧传》、智圆(976—1022)的《涅槃玄义发源机要》和南宋法云(1088—1158)的《翻译名义集》及周敦义序中②,历来备受关注。但玄奘和"正翻""义翻"的关系却未见任何旁证,其"发明权"应归于玄奘还是景霄呢?

二十世纪八十年代,张建木在《玄奘法师的译经事业》一文中考证"五种不翻"的最早出处时完整引用了《简正记》的上述记载③,其中就包含"正翻"和"义翻"的部分;类似地,魏承思的《中国佛经翻译理论概观》在引用《简正记》"五种不翻"的文字时也带出

① 景霄:《四分律行事钞简正记》,《卍续藏经》第68册,第153页上下。
② 关于"五种不翻"的出处,梁启超《佛典之翻译》一文最先揭示南宋周敦义为法云《翻译名义集》所撰序(见梁启超:《佛学研究十八篇》,第277页)。但曹仕邦在1979年发表《中国佛教译经史研究余渖之四》指出:"实则奘公之说,保存于《翻译名义集》卷一(十种通称)的'婆伽婆'条中,周氏不过节引之而已。"(曹仕邦:《中国佛教译经史论集》,台北:东初出版社,1990年,第187页)张建木更是发现《简正记》中已有"五种不翻"的详细记载,而该书可能在唐昭宗乾宁二年(895)就已完成,"比成书于南宋绍兴十三年(1143)的《翻译名义集》要早二百四十八年";到宋真宗大中祥符七年,智圆著成《涅槃玄义发源机要》,书中对"五种不翻"也作了简要论述,其"次第和举例与《翻译名义集》的记载完全相同"(张建木:《玄奘法师的译经事业》,《法音》1983年第4期,第12—13页)。方广锠则指出《宋高僧传》中也记有玄奘"立'五种不翻'"的说法(方广锠:《玄奘"五种不翻"三题》,《法音》2006年第10期,第12页),然未见其详。又,《翻译名义序》署名"宋唯心居士荆溪周敦义述"(法云:《翻译名义集》,《大正藏》第54册,第1055页上),不少论者误作北宋理学家"周敦颐"。
③ 张建木:《玄奘法师的译经事业》,《法音》1983年第4期,第12—13页。

了后面"二种翻"的文字①。尽管张文和魏文对于"正翻"和"义翻"这组术语均未作任何分析,但值得注意的是:他们援引《简正记》的记载原本是为了分析玄奘的"五种不翻"思想,而两人在引用时都没有节去论述"正翻"和"义翻"的将近两百字。1997 年出版的《中国翻译词典》中,马祖毅撰写的"五不翻"条也采取了同样的做法,把涉及"正翻"和"义翻"的文字连同前面的部分一并引作"'五不翻'的原则"②。何锡蓉在《佛学与中国哲学的双向构建》一书中则明确表示:"除了五种情况下的不翻,即音译外,在对应翻译和意译中,玄奘还提出了正翻与义翻。"③注释显示其参照的正是景霄《简正记》的记载。此后,禾敏采纳了何锡蓉的观点④,任东升、裴继涛则引裘文⑤,均称玄奘提出了"正翻"和"义翻"。

　　也有人认为《简正记》中关于"正翻"和"义翻"的论述并非出自玄奘,而是景霄所作。王宏印就认为景霄是为了对玄奘"五种不翻"中的"此无故"进行"补充说明"和"发挥"而提出了这组概念⑥。杨全红更以"玄奘翻译思想辨伪"为题撰文,称"正翻"和"义翻"被"误植"到了玄奘头上,批评何锡蓉"张冠李戴"。他还参照王宏印

①　魏承思:《中国佛经翻译理论概观》,《佛教文化》1991 年第 3 期,第 47 页。梁晓红、徐时仪、陈五云:《佛经音义与汉语词汇研究》(北京:商务印书馆,2005 年,第 191 页)也转引了这段文字。

②　林煌天主编:《中国翻译词典》,第 737 页。

③　何锡蓉:《佛学与中国哲学的双向构建》,上海:上海社会科学出版社,2004 年,第 223—224 页。

④　裘禾敏:《从格义看佛教中国化过程中翻译策略的演进》,《外语教学理论与实践》2009 年第 4 期,第 74 页。

⑤　任东升、裴继涛:《机构性翻译的"场域"视点——佛经译场与圣经译委会比较》,《解放军外国语学院学报》,2012 年第 6 期,第 77 页。

⑥　王宏印:《中国传统译论经典诠释——从道安到傅雷》,第 61 页。亦见于《中国译学大辞典》王宏印所撰"正翻与义翻"条(方梦之主编:《中国译学大辞典》,上海:上海外语教育出版社,2011 年,第 56 页)。原文"此无故"误作"无此故"。

的观点指出"误植"的原因"大概与玄奘提出过'五种不翻'译论有关"①。穆雷肯定杨文"通过细致的史料挖掘,澄清了我们对中国古代翻译理论的一些误解"②。朱佩弦也在其学位论文《玄奘的翻译理论和实践及其对当代汉语外译的价值与影响》中重申了杨全红的"辨伪"③。

笔者认为"正翻"和"义翻"确系玄奘首倡,理由如下:

第一,景霄在书中称"诸家相承,引唐三藏译经,有翻者,有不翻者",紧接着就介绍了"不翻"的五种情况和"翻"的两种情况。我们必须注意这里的叙述顺序:所谓"引唐三藏译经"就是要将玄奘的翻译引为范式,紧随其后列出的"翻者"和"不翻者"都是"引"的对象,亦即玄奘的翻译体例可以按照"翻"和"不翻"分作两类。只不过景霄在具体阐述时先说了"五种不翻",后说了"二种翻",实则都是转述玄奘的观点。

第二,景霄在叙述完"五种不翻"和"二种翻"之后用了"云云"一词,其文作:"……又如'三衣'翻'卧具'等并是(云云)。"④"'三衣'翻'卧具'"是景霄为解释"义翻"举的一个例子,如果这里的"云云"是要表示还有更多同类的例子,那么"'三衣'翻'卧具'"之后没必要加一个"等"字,而且"云云"应放在"并是"之前。这里"云云"只有一种可能,就是指原文还没有结束,但作者引到这里为止(景霄紧接着就转移了话题,开始论证《行事钞》"'毗尼'翻彼'律',盖是

---

① 杨全红:《玄奘翻译思想辨伪》,《解放军外国语学院学报》2010 年第 6 期,第 62 页。
② 见穆雷:《为翻译学事业培养人才——第二届全国翻译学博士论坛综述》,《上海翻译》2006 年第 4 期,第 18 页。杨全红的《玄奘翻译思想辨伪》应是先在此次论坛上发表的会议论文。
③ 朱佩弦:《玄奘的翻译理论和实践及其对当代汉语外译的价值与影响》(硕士学位论文),武汉:华中师范大学,2012 年,第 8 页。
④ 景霄:《四分律行事钞简正记》,《卍续藏经》第 68 册,第 153 页下。

义翻");反过来说,"云云"作为引文结束的标记出现在这里,说明前面的"五种不翻"和"二种翻"都是景霄在转述玄奘的话。

第三,除了《简正记》文本提供的线索之外,玄奘在《大唐西域记》的序言里也说过:"佛兴西方,法流东国,通译音讹,方言语谬,音讹则义失,语谬则理乖。故曰'必也正名乎',贵无乖谬矣。"[①]可见玄奘本人确实注重"正名"问题,由此而主张"正翻"并辅以"义翻"完全合乎逻辑。

第四,对于咒语以外的绝大多数佛典文字来说,需要"翻"(即义译)的部分远比"不翻"(即音译)的部分多,译者在"翻"的过程更容易遇到问题,更需要积极思考对策。换言之,"翻"远比"不翻"来得重要,更值得译者注意。如果说,玄奘作为中国佛经翻译史上的一代宗师,只注意到何种情况下"不翻",而完全没有涉及怎么"翻"的问题,显然不可思议。如果"五种不翻"是玄奘为当时整个译场制订的翻经原则[②],那就更不可能只规定哪些情况下"不翻",却不说明怎么"翻"。笔者认为,玄奘确实订立了"翻"与"不翻"两个方面的原则,但流传至今并为人们所熟知的主要是关于"不翻"的文字——其实即便是"五种不翻"也只有后人转引的二手材料可循[③]。另一方面,景霄的《四分律行事钞简正记》是疏解南山宗开祖道宣(596—667)《四分律删繁补阙行事钞》的作品,之所以特意解释"正翻"和"义翻"的含义是因为道宣多次用到这对术语;而道宣正是玄奘译场的重要成员,对于玄奘立下的翻译规矩必然了解。从道宣撰写的《续高僧传·玄奘传》中也可以看出他对玄奘的生

① 玄奘撰,章巽校点:《大唐西域记》,上海:上海人民出版社,1977年,第3页。
② 闫小芬、邹同庆、范振国编著:《玄奘集编年校注》,郑州:河南大学出版社,2012年,第64页。
③ 参见前注。

平、著述和思想都十分熟悉。

综合以上几方面因素,笔者认为将"正翻"和"义翻"确立为译经原则的正是玄奘。

另外,我们也明显感觉到《简正记》中关于"正翻"和"义翻"的记载是比较简略的,尤其是"义翻"。佛教名相大都有其独特的宗教意涵和生成语境,迻译到汉文化中只能仰赖"义翻";而所谓"有一类之物微似彼物,即将此者用译彼言"在翻译实践中要怎样进行,需要译者提供更具体、更具操作性的方案。

第二节　允堪对"义翻"内涵的阐释

北宋年间,南山宗律学僧允堪(？—1061)在《四分律含注戒本疏发挥记》和《四分律随机羯磨疏正源记》(以下简称《发挥记》《正源记》)再次对"正翻"和"义翻"作了说明。《发挥记》和《正源记》是对道宣的《四分律比丘含注戒本疏》和《四分律删补随机羯磨疏》(以下简称《戒本疏》《羯磨疏》)这两部南山宗律学经典所作的诠释。道宣《戒本疏》记载:

> 初,"波罗夷"者,此无可译,如世五刑,今古乃异。西梵同此,可以相翻。初罪不尔,东土本无,不知以何罪同,止得事义相译。[①]

"波罗夷"(pārājikā)指的是佛教戒律中的一种极重罪,道宣认为没有对应的汉语,所以"此无可译";但他紧接着又说可以"事义相

---

① 　道宣撰,元照述:《四分律含注戒本疏行宗记》,《卍续藏经》第 62 册,第 432 页上。道宣《四分律比丘含注戒本疏》无单行本传世,此据元照《行宗记》所存《疏》文。

译"，好像很矛盾。我们来看允堪《发挥记》里的解释：

> "此"下：凡译有二，一曰"正"，二曰"义"，今谓无**正翻**尔。"今古异"者，此则三苗酷烈、穆后赎刑，彼则阿阇行杀、瓶沙断指，皆所谓制不沿习。彼此均融，二土世刑，可为**正译**。"初罪"者，波罗夷也。由无圣人降趾故，泯其制也，止得**取以事类，约义为译**。①

首先，允堪也明确提出了"正翻（译）"和"义翻（译）"两种译法，并指出道宣所说的"此无可译"指的是"波罗夷"没有"正翻"。为什么没有"正翻"呢？道宣举例说："如世五刑，今古乃异。""五刑"就是中国古代社会的五种刑罚，秦以前是"墨""劓""剕""宫"和"大辟"五种酷刑，相传由远古时代的三苗族发明②（"三苗酷烈"）；到周穆王时开始大量采用以钱物赎罪的制度（"穆后赎刑"），"五刑"的内容也逐渐发生变化，隋唐以后彻底改成了"笞""杖""徒""流""死"。"阿阇行杀"和"瓶沙断指"则是类似的印度典故③，反映的也是当地法制的沿革。借助这些例子，允堪试图用法律制度的时代差异（"制不沿习"）来类比其地域差异，让读者明白"波罗夷"无"正翻"

---

① 允堪：《四分律含注戒本疏发挥记》，《卍续藏经》第 62 册，第 157 页上。
② 《尚书·吕刑》载："苗民弗用灵，制以刑，惟作五虐之刑，曰法。杀戮无辜，爰始淫为劓、刵、椓、黥。"（孔安国传，孔颖达正义，黄怀信整理：《尚书正义》，第 771 页）
③ 瓶沙王是佛陀时代中印度的一位国王。《四分律搜玄录》载："瓶沙远祖治贼，但令栴陀罗拍头捉手便息。……虽捉，犹作祖王使人，以灰围之；及至父王，行驱出法；至沙王登位，乃截指；至阿阇世，乃行煞戮也。"（志鸿：《四分律搜玄录》，《卍续藏经》第 95 册，第 420 页上）阿阇世是瓶沙王的儿子。《大般涅槃经》称："其性弊恶，喜行杀戮。"（昙无谶译：《大般涅槃经》，《大正藏》第 12 册，第 474 页上）但《法华文句记》却说："至阿阇世截指为刑，后自啮指痛，复息此刑。"（湛然：《法华文句记》，《大正藏》第 34 册，第 162 页又）又《法华经文句辅正记》云："阇王得罪人，但截其指；祖王得贼，以灰围之为狱；父王得罪人，但驱出国。"（道暹：《法华经文句辅正记》，《卍续藏经》第 45 册，第 23 页下）

的原因在于中国没有与之对应的法条；更进一步说，是由于中国"无圣人降趾"——"圣人"就是指佛陀，没有佛陀出世，就没有僧团组织及相关规章制度的创立；反之，只有中印两地的法律"彼此均融"，才可能实现"正翻"。这和景霄《简正记》中对"正翻"的描述一致。

既然无法"正翻"，就只能"义翻"，《戒本疏》称"止得事义相译"。何谓"事义相译"？允堪解释说："取以事类，约义为译。"这里的关键在于理解"事类"的含义。"事类"是中国传统文论术语，《文心雕龙》有《事类》一篇，曰："事类者，盖文章之外，据事以类义，援古以证今者也。"①也就是指在文章中引用古事故实以类比事理。那么，"事类"用在翻译中又是什么意思呢？我们再来对照道宣举的例子，

> 故本律云"波罗夷"者：譬如断人头，不可复起。世之极法，勿过此刑。由犯斯罪，于彼圣果，永不可克。又名"无余"者，从众法绝分为名，故文云：恶行死尸，众所不受。又名"不共住"者，亦同上解。《僧祇》解云：此罪名"堕"，非唯失道、不入二种僧中。舍身便堕阿鼻地狱，生报不久，何得不畏？②

这里给出了"波罗夷"的四种"义翻"：（1）引《四分律》"譬如断人头，不可复起"③，翻成"断头"④。道宣在《行事钞》中解释说："若犯

---

① 刘勰著，杨明照校注拾遗：《文心雕龙校注》，北京：中华书局，1959 年，第 248 页。
② 道宣撰，元照述：《四分律含注戒本疏行宗记》，《卍续藏经》第 62 册，第 432 页上下。
③ 佛陀耶舍、竺佛念等译：《四分律》，《大正藏》第 22 册，第 571 页下。
④ 这里没有把"断头"单列为一个译名，但道宣在《行事钞》里明确地说："若犯此法，名为'断头'。"（道宣：《四分律删繁补阙行事钞》，《大正藏》第 40 册，第 46 页下）后世注家亦多以"断头"为"波罗夷"之译名。

此法,不复成比丘故。"①亦即犯"波罗夷"罪者,永远革除僧籍。这是对僧人最严厉的惩罚,好比世俗法律中的斩首极刑。(2)引《四分律》偈"恶行死尸,众所不受"②,翻作"无余"和"不共住"。一旦犯下"波罗夷"罪就会像死尸一样遭人厌弃,不再被僧团所接受,不能和僧众一同从事"羯磨"和"说戒"这两种悔罪法事("二不共住"),所以也不再有任何补救的办法("无余")。(3)引《僧祇律》翻为"堕",意谓犯此罪者来世永堕阿鼻地狱③。

"断头""无余""不共住"和"堕",都是从律藏中找到的对"波罗夷"罪的描述,而概括其大意或径取其文字以作为汉语译词就是所谓的"取以事类,约义为译",即"义翻"。按照《文心雕龙》的解释,"事类"本来是指在创作中引用性质类似的古事故实来类比事理(比如用典)。如果我们将翻译的过程比照创作,"取以事类,约义为译"的意思就很容易明白了。黄侃《文心雕龙札记·事类》中有一段描述可以帮助我们理解:

> 夫以言传意,自古殆已有不能吻合之患,是故譬喻众而假借繁。水深曰"深",室深亦曰"深";布广曰"幅",地广亦曰"幅",此譬喻也。"相"之字,观木也,而凡视皆曰"相";"曟"之字,日中视丝也,而凡明皆曰"曟",此假借也。言期于达,而不期于与本义合,则故训之用,由此滋多。若夫累字成句、累句成文,而意仍有时而躉碍,则兴道之用,由此兴焉。道古语以

---

① 道宣:《四分律删繁补阙行事钞》,《大正藏》第40册,第46页下。
② 原文作:"诸作恶行者,犹如彼死尸,众所不容受,以是当持戒。"(佛陀耶舍、竺佛念等译:《四分律》,《大正藏》第22册,第567页下)
③ 以上参见《行宗记》(道宣撰,元照述:《四分律含注戒本疏行宗记》,《卍续藏经》第62册,第432页)和《发挥记》(允堪:《四分律含注戒本疏发挥记》,《卍续藏经》第62册,第157页)的释文。

剀今,道之属也;取古事以托喻,兴之属也。意皆相类,不必语
出于我;事苟可信,不必义起乎今。引事引言,凡以达吾之思
而已。若夫文之以喻人也,征于旧则易为信,举彼所知则易
为从。[1]

在这里,黄侃追溯了"事类"("兴道"[2])的起源。他把"累字成句、
累句成文"的"事"还原到"字"(词),从词义引申的方式中探求"事
类"形成的逻辑基础。如果我们把创作理解成作家对内心意图的
"翻译",那么翻译家所进行的就是第二重翻译,其过程实有诸多雷
同:就目的论,黄侃说作家专为"达吾之思而已",所谓"文之以喻
人也",只要"意皆相类,不必语出于我";翻译家严复则宣称自己的
译文"无非求达作者深意"[3],"取足喻人而已,谨合原文与否,所不
论也"[4]。就具体操作而言,创作者"以言传意"的时候难免会受到
语言的局限,遭遇语词符号与己意"不能吻合之患";而译者也会面
临"索之中文,渺不可得"[5]的语言障碍,究其原因亦不外乎"中文
之名义限之耳"[6]。既然作家可以运用"事类"来突破词不达意的
语言困境,那么译者也可以用同样的方法达到"喻人"的目的——
这便是允堪说的"取以事类,约义为译"。

根据黄侃的分析,"事类"的内在逻辑源于"譬喻"和"假借"这
两种词义引申方法,他举了以下四个例子:

---

① 黄侃:《文心雕龙札记》,北京:中华书局,1962 年,第 188 页。
② 本义为比喻、启发。《周礼·春官·大司乐》:"以乐语教国子:兴、道、讽、诵、言、
语。"郑玄注"兴者,以善物喻善事。道,读曰导。导者,言古以剀今也。"(郑玄注,
贾公彦疏,彭林整理:《周礼注疏》,上海:上海古籍出版社,2010 年,第 833 页)
③ 王栻主编:《严复集》,北京:中华书局,1986 年,第 1412 页。
④ 同上,第 266 页。
⑤ 同上,第 1322 页。
⑥ 同上,第 1038 页。

譬喻：　　　　　　　　　　**假借：**

　　深：水深→室深　　　　　相：观木→视

　　幅：布广→地广　　　　　杲：日中视丝→明

　　从认知语言学的角度看，"深"从"水深"引申出"室深"（距离长）、
"幅"从"布广"引申出"地广"（面积大），都是基于两个事物的相似
性而产生的联想；"相"由"观木"引申为"视"、"杲"从"日中视丝"引
申为"明"，则是由同事物的相关性产生的联想①。

　　对比"波罗夷"的四种"义翻"，我们发现："断头"（"譬如断人
头"）正好对应黄侃说的"譬喻"；而"无余"（"众法绝分"）、"不共住"
（"不入二种僧中"）和"堕"（"堕阿鼻地狱"）都属于触犯"波罗夷"罪
的后果，用犯罪的后果指代罪名，可以归入"假借"②。"波罗夷"还
有一些其他译法也被称为"义翻"，比如《翻译名义集》就说"波罗
夷""自古从众法绝分，义译名'弃'"③，有的论者则称"义翻'极
恶'"④，所谓"极恶罪大，永为弃物"⑤——二者分别以"波罗夷"罪
的性质和触犯的后果来指称罪名，均属"假借"⑥。"譬喻"式的"义

---

① 比如由部分联想到整体，由事物联想到其特征或材料，由工具联想到其使用者，
等等。

② 《萨婆多论》翻为"堕不如意处"，应归于"譬喻"，其云："如二人共斗，一胜一负。比
丘受戒，欲出生死，与四魔共斗。若犯此戒，则堕负处。"（失译：《萨婆多毗尼毗婆
沙》，《大正藏》第23册，第515页上）

③ 法云：《翻译名义集》，《大正藏》第54册，第1174—1175页。

④ 如从义：《金光明经文句新记》，《卍续藏经》第31册，第531页下；智聪：《圆觉经心
镜》，《卍续藏经》第93册，第968页上；周琪：《圆觉经夹颂集解讲义》，《卍续藏经》
第87册，第778页下；智圆：《涅盘经疏三德指归》，第607页上；性祇：《佛说目连
五百问经略解》，《卍续藏经》第71册，第171页下。

⑤ 袾宏：《梵网菩萨戒经义疏发隐》，《卍续藏经》第59册，第716页上。

⑥ 假如按照《楞严经合论》的说法，"（波罗夷）义无正译，但喻如死尸，众所不受，故曰
'弃'"（德洪造论，正受会合：《楞严经合论》，《卍续藏经》第18册，第133页下），则
是先"譬喻"再"假借"。

翻"则还有"他胜","谓被烦恼贼所摧胜故,又被他净行者所欺胜也"①,意思是说僧人一旦犯下"波罗夷"罪就如同在与烦恼或外道的斗争中被敌人战胜。

  除"波罗夷"外,律藏订立的其他罪名("五篇七聚")也在"义翻"之列。比如严重程度次于"波罗夷"的"僧伽婆尸沙"(saṃghāvaśeṣa)罪被译成"有余",道宣称其"以行法不绝为名"②,意思是还可以通过羯磨来除罪,和无可挽救的"无余"罪(即"波罗夷")相对③;"波罗提提舍尼"(pratideśanīya)罪"义翻'向彼悔',从对治境以立名"④,亦即根据除罪的方法(向他人忏悔)来命名;最轻的"突吉罗"(duṣkṛta)罪"义翻为'应当学'",因为这类罪名的条款相当琐碎,"故随学随守以立名"⑤。以上都是比较典型的"假借"式"义翻",正如唐代大觉所说:"佛化中天,随缘制戒,结'夷''兰''提''吉'之名。此土先无其目,是故不可翻译,但就义意翻之。如言'无余''僧残''舍''堕'等者,但约义立名,非正翻对。"⑥

  正如上文所说,绝大多数佛学专名对于中国人来说都是陌生的,必须借助"义翻","譬喻"或"假借"便在这一过程中发挥了举足轻重的作用。道宣在其律学"三大部"(《行事钞》《羯磨疏》和《戒本疏》)中虽然没有把"义翻"当作专门的翻译术语详加阐释,但他对很多佛教概念的汉语译词作了详细爬梳,成为我们理解"义翻"内涵的基本材料和重要依据。比如被称为"袈裟"(kaṣāya)的佛教法

---

① 弘赞:《四分律名义标释》,《卍续藏经》第 70 册,第 803 页下。
② 道宣:《四分律删繁补阙行事钞》,《大正藏》第 40 册,第 47 页中。
③ 《简正记》称:"有余者,不绝义也。又对初篇是无余故。"(景霄:《四分律行事钞简正记》,《卍续藏经》第 68 册,第 157 页中)
④ 道宣:《四分律删繁补阙行事钞》,《大正藏》第 40 册,第 48 页上。
⑤ 同上。
⑥ 大觉:《四分律钞批》1—25 卷,《卍续藏经》第 67 册,第 565 页上。

衣,最初也是"此土本无,不知何物"①。道宣解释说:"袈裟"本来是指一种颜色,由于法衣必须染成袈裟色,人们"但见其色,即目此色为袈裟衣"②。这叫作"从色得名"③。后来有人觉得袈裟的外形类似于中国人铺在地上的坐毯,于是把它翻译成"敷具","谓同毡席之形"④;还有人觉得袈裟像睡觉盖的被子,又把它翻成"卧具","谓同衾被之类"⑤。这叫"即相翻"("从相以翻")⑥。道宣在评价这些译法时说:"名,出俗道标,此无有比。……寻名之师,依名取义。"⑦这里的"依名取义"便已包括了"假借"("从色得名")和"譬喻"("从相以翻")两种方式。作为佛教法衣的总名,"袈裟"可以分成三种:安陀会(antarvāsa)、郁多罗僧(uttarāsaṇga)和僧伽梨(saṃghāṭī)。道宣指出:

> 此三名诸部无正翻,今以义译。《慧上菩萨经》五条名"中着衣",七条名"上衣",大衣名"众集时衣"。义翻多种:大衣云"杂碎衣",以条数多故;若从用,名"入王宫聚落衣"。七条者,名"中价衣";从用,"入众衣"。五条者,名"下衣";从用,"院内道行杂作衣"。若就条数,便云"十九""十七"乃至"九条""七条""五条"等。《律》中无"五""七""九"名,但云"安陀会"乃至"僧伽梨",人名"七""九"条也。⑧

---

① 道宣撰,元照述:《四分律含注戒本疏行宗记》,《卍续藏经》第 62 册,第 766 页上。
② 道宣:《释门章服仪》,《大正藏》第 45 册,第 835 页上。
③ 道宣:《四分律删繁补阙行事钞》,《大正藏》第 40 册,第 105 页上。
④ 道宣:《释门章服仪》,《大正藏》第 45 册,第 835 页上。
⑤ 同上。
⑥ 道宣撰,元照述:《四分律含注戒本疏行宗记》,《卍续藏经》第 62 册,第 766 页上。
⑦ 道宣:《释门章服仪》,《大正藏》第 45 册,第 835 页中。
⑧ 道宣:《四分律删繁补阙行事钞》,《大正藏》第 40 册,第 105 页上中。

道宣的这段分析,归纳出了对"三衣"名称进行"义翻"的两个标准:"就条数"(按照成衣的横向布条数)和"从用"(按照功能)。实际上还包括《慧上菩萨经》按照穿着时的里外层次作的分类("中着衣""上衣")①以及按照价值分类("中价衣"),再加上"从色"(按照颜色)和"从相"(按照外形),一共就有六种分类依据(见表1)。这些译词大都有可考的出典或现实中的用例,道宣把这些译名汇总到一起,分门别类纳入"义翻"的范畴,显示每一类法衣的衣名都曾经由三种以上形式的"义翻"。这样的做法已是从理论上归纳"义翻"的内涵了。

表 1 佛教"三衣"义翻汇总表

衣名	"就条数"	"从用"	按穿着层次	按价值	"从相"		"从色"
安陀会	五条	院内道行杂作衣	中着衣/下衣			敷具/卧具	袈裟
郁多罗僧	七条	入众衣	上衣	中价衣			
僧伽梨	九条(九条及九条以上之合名)	众集时衣/入王宫聚落衣			大衣/杂碎衣		

作为北宋致力于弘扬南山宗的"十本记主",允堪从这些译例中汲取了重要信息。他借用中国传统文学创作理论中的"事类"观

---

① 《慧上菩萨经》具名《慧上菩萨问大善权经》,西晋竺法护译。道宣指的是以下这段文字:"初夜欲竟,佛告阿难:'取中衣来,吾体少冷。'阿难受教即取奉进。上夜已竟,入于中夜,复命阿难取上衣来:'吾寒欲着。'即复进之。中夜已竟,入于后夜,复命阿难:'取众集衣来,吾欲着之。'即复重进。佛便服着告诸比丘:'吾听出家学者,一时着三法衣,假使寒者亦可复之……'"(竺法护译:《慧上菩萨问大善权经》,《大正藏》第12册,第162页下)

念,对道宣提出的"事义相译"进行了详细的疏解与发挥,进一步明确了"义翻"的内涵和原理。

　　与此同时,宋代还有另一位南山律宗的传人——元照,也从道宣的记载中获得了关于翻译方法的灵感。

第三节　"四句"翻译与"正翻" "义翻"之关系

　　道宣《羯磨疏》载:

> 言"比丘"者,中梵天音,此方无译可以陈相。如水、火等,彼此同体,以名目之,得其实也。"比丘"不尔,元出中方,此土本无,不知何目,且用义例,得诠便止。①

允堪《正源记》解之曰:

> "此方无译":凡译有二种,一者正译,二者义译。今谓无正译耳。以此方既无大圣出世,复不度人出家,无以将此方之事以正译之故,但从义也。"如"下:指二方之有也。"中方"即中印也。②

"比丘"和上文中提到的"毗尼"一样是佛教专名,指年满二十岁、受

---

① 道宣疏,元照记,禅能和会:《四分律删补随机羯磨疏济缘记》,《卍续藏经》第64册,第764页下。道宣《四分律删补随机羯磨疏》无单行本传世,此据元照《济缘记》所存《疏》文。

② 允堪:《四分律随机羯磨疏正源记》,《卍续藏经》第64册,第339页。

具足戒的男性出家人。中国本来没有佛陀度人出家一事，所以无法找到合适的汉语词对译"比丘"（"无正译耳"）；在这种情况下，就只能义翻（"但从义也"）。允堪的这段分析和他在《发挥记》中记述一致，只是把"翻"改成了"译"。道宣的疏文也表达了"正翻"和"义翻"的意思：他说"水""火"这类名物是中国和印度共有的，直接用对应的汉语表达出来，"得其实也"；而"比丘"这个概念出自中印度（"中方"），中国本来没有，所以"且用义例，得诠便止"。所谓"义例"就是为了阐明义理而援引的事例①，和"事类"的含义相仿。这里虽然没有使用"正翻"和"义翻"二词，但已把两者的意思包含在内了。道宣甚至没有止步于此，《羯磨疏》还作了进一步分析：

> 因此四句，以义翻名，以名翻义。余二俱句，可以例知。中梵本音，号曰"煏刍"，此传讹失，转"比丘"也。初翻"怖魔"，次云"乞士"，后云"破烦恼"；或从功能者，"令魔怖"也；明本志者，为"怖于魔"也。②

这段话紧接在"且用义例，得诠便止"之后。"中梵本音"之后的几句容易理解：道宣认为"比丘"一词在梵文中的正确发音应该是"煏刍"，进入中土后讹传为"比丘"，可以义译成"怖魔""乞士""破

---

① 杜预《〈春秋经传集解〉序》称："《左传》发凡以言例，皆经国之常制，周公之垂法，史书之旧章……其微显阐幽、裁成义类者，皆据旧例而发义。"又说："其经（指《春秋》）无义例，因行事而言，则传直言其归趣而已，非例也。"（王云五主编，李宗侗注译：《春秋左传今注今译》下册，台北：商务印书馆，1971年，第1521页）。《魏书·张吾贵传》所载张氏从刘兰受《左传》事也用到了"义例"一词，其云："三旬之中，吾贵兼读杜、服，隐括两家，异同悉举。诸生后集，便为讲之，义例无穷，皆多新异。"（魏收：《魏书》，北京：中华书局，1974年，第1851页）

② 道宣疏，元照记，禅能和会：《四分律删补随机羯磨疏济缘记》，《卍续藏经》第64册，第764页下—765页上。

烦恼"等。那么,引文开头提到的"四句"和"余二俱句"指的是什么?"以义翻名"和"以名翻义"是什么意思?它们和下文中"比丘"一词的翻译又有怎样的关系呢?

所谓"四句"(cātuṣkoṭika),又称"四句法""四句分别",是一种独特的佛学思辨形式,"指两个关系项作逻辑组合时所得的四个句子"①。比如新译《华严经·十无尽藏品》中"世间有边,世间无边,世间亦有边亦无边,世间非有边非无边;世间有常,世间无常,世间亦有常亦无常,世间非有常非无常;如来灭后有,如来灭后无,如来灭后亦有亦无,如来灭后非有非无;我及众生有,我及众生无,我及众生亦有亦无,我及众生非有非无……"②都是典型的"四句"。道宣《羯磨疏》中提出的"四句",即是用他给出的"以义翻名"和"以名翻义"这两个关系项进行逻辑组合,推出"余二俱句",也就是允堪《正源记》中指出的"以名翻名"和"以义翻义"③。不过允堪没有进一步解释这"四句"的含义。我们来看元照《济缘记》的记载:

> 因列四句:以义翻名,即下翻"比丘"是也。又如以"觉"翻"佛",以"业"翻"羯磨"等。此类甚多,临文自举。以名翻义,如"火器"翻"憍陈如","鹙鹭"翻"舍利",并以此土物名,翻彼得名之义。"余二俱"者:以名翻名,如"水""火"等,彼此名同。又如"白杨"翻"尼俱律","线"翻"修多罗","律"翻"毗尼","戒"翻"尸罗"之类。以义翻义,如"彼岸到"翻"波罗蜜",

---

① 蓝吉富主编:《中华佛教百科全书》,台南:中华佛教文献基金会,1994 年,第1622 页。
② 实叉难陀译:《大方广佛华严经》,《大正藏》第 10 册,第 112 页中。
③ 允堪:《四分律随机羯磨疏正源记》,《卍续藏经》第 64 册,第 339 页。

"无上正等正觉"翻"阿耨多罗"等是也。①

在具体分析"四句"之前,我们必须先弄清楚构成四句的"名"和"义"的含义。丁福保《佛学大辞典》的解释是:

> "名"者,体上之名称;"义"者,体上之义理。如言"诸行无
> 常","诸行"为名,"无常"为义。

简单地说,我们可以把"体"理解成某个具体事物或抽象概念本身;"名"是该事物或概念的名称,即某种语言中指称这一事物(概念)所用的词语;而"义"——"体上之义理",是指事物所具备的属性和特征。

根据以上的解释来看"以名翻名",其字面意思就是用事物的(汉语)名称来翻译事物的(梵语)名称。元照在这里说的"彼此名同"不是指名称相同,而是名称所代表的事物相同("体"相同),亦即梵语名称所指的事物可以找到指同一事物的汉语名称。道宣《羯磨疏》中举出的"水"(āp)和"火"(tejas)就属于这一类,所以他说:"彼此同体,以名目之,得其实也。"从定义看,**"以名翻名"就相当于"正翻"**。但我们注意到:元照把"'白杨'翻'尼俱律'"也归入"以名翻名";而《简正记》却称"尼拘律陀树"译成"柳树"属于"义翻",其理由是柳树并非尼拘律陀树,两者只是外形相似。实际上,"尼拘律陀树"就是中国的榕树,但古代训释者大都只能通过文字记载来认识这种植物,因此很多人误以为是杨柳。比如《翻译名义

---

① 道宣疏,元照记,禅能和会:《四分律删补随机羯磨疏济缘记》,《卍续藏经》第 64 册,第 765 页上。

集》就收录了《盂兰盆经疏摭华钞》和《宋高僧传》对"尼拘律陀树"的两种不同认识,前者认为"似此方杨柳",后者却称"即东夏杨柳,名虽不同,树体是一"①。元照很可能是把尼俱律(即"尼拘律陀")和白杨(即柳树)当作同一种植物看待的,所以把它列在"以名翻名"目下。"律"翻"毗尼"、"线"翻"修多罗"以及"戒"翻"尸罗"其实也存在类似的争议,但这并不妨碍我们理解道宣所说的"以名翻名"。

其次是"以义翻名",即用事物的(汉语)特征来翻译它的(梵语)名称。"下翻'比丘'"指的是《羯磨疏》用"怖魔""乞士""破烦恼"来翻译"比丘"。由于梵语"比丘"所指称的那类人在中国根本不存在("体"不同),所以不可能找到相应的汉语名称来"正翻"。但是汉语可以描述"比丘"所指称的那类人的特征,并以此作为其汉语名称——这就是"**以义翻名**",即"**义翻**"。元照列举的"佛"和"羯磨"正好可以对应上文中指出的"假借"和"譬喻"两种情况:"言'佛'者,……此无其人,以义翻之,名为'觉者',具二义故:言'觉察者',对烦恼障,四住如贼,唯圣觉知;言'觉悟者',对所知障,无明如睡,唯圣独悟。"②道宣《戒本疏》的这段记载说明了"觉者"一译的由来,即用"觉察"和"觉悟"这两种能力的合称——"觉"来指代佛陀。同样地,"羯磨"是佛教特有的一种法事,其生善灭恶的功能与引发因果报应的"业"类似,因此就用"业"来翻译"羯磨"。表面上看,"业"也是一个名称,但它和"羯磨"并不是在"体"的层面上直接对应:"业"和"羯磨"本来指称不同的事物,两者之间的关系是由不同事物的相同特征("义")建构起来的,所以属于"以义翻名"而不是"以名翻名",也就是"譬喻"式的"义翻"。由于同一种事物

①　法云:《翻译名义集》,《大正藏》第 54 册,第 1102 页上。
②　道宣撰,元照述:《四分律含注戒本疏行宗记》,《卍续藏经》第 62 册,第 362 页下。

　　具有不同方面的特征,译者可以根据自己的理解和行文的需要,用不同的"义"翻译同一个"名",所以元照说"此类甚多,临文自举"。

　　以此类推,"以名翻义"是指用(汉语)名称来翻译事物的(梵语)特征。"憍陈如"(kauṇdinya)和"舍利"(śāri)的字面意思是"火器"和"鹙鹭"(一种水鸟)。换言之,"憍陈如"和"火器"、"舍利"和"鹙鹭"分别是梵语和汉语指称同一事物的不同词语,因此,用"火器"翻译"憍陈如",用"鹙鹭"翻译"舍利",属于典型的"以名翻名"。但元照为什么把它们归入"以名翻义"呢? 实际上,引文中说的"憍陈如"和"舍利"是佛陀时代两位比丘的名字:前者是释迦摩尼最初度化的五个侍从之一,"憍陈如"是他的姓,"此翻'火器',婆罗门种,其先事火,从此命族"①;后者是舍利弗(佛的十大弟子之一)的母亲,"眼似舍利鸟眼,即名此女为'舍利'"②。也就是说,"其先事火"和"眼似舍利鸟眼"分别是这两个人的特征,而"以名翻义"就是用"火器"和"鹙鹭"(即"舍利鸟")这两个汉语名称来翻译他们的特征。但我们也应当注意到:"先世事火"和"眼似舍利鸟"作为憍陈如和舍利这两个人的命名依据完全是偶然的,指称事物的方式可以多种多样,未必要和事物本身的特征发生关联。简言之,特征不是事物命名的唯一理据。因此,"以名翻义"中的"义"更确切的理解应当是事物命名的依据,即引文所说的"得名之义"。

　　从语言学的角度看,"以义翻名"中的"义"指的是概念义,即事物的基本属性(比如特征、性状、功能等)。通过"假借"或"譬喻"等方式,用汉语来描述某一事物的属性,并以此来翻译该事物的梵语名称——比如用比丘的"怖魔"功能来翻译"比丘",这就是元照说的"以义翻名"。"得名之义"中的"义"则接近于理据义,也就是事

---

① 智顗:《妙法莲华经文句》,《大正藏》第 34 册,第 8 页上。
② 龙树菩萨造,鸠摩罗什译:《大智度论》,《大正藏》第 25 册,第 137 页中。

物命名的理由,在复合词中常常表现为词的字面意思,即语素义。比如舍利弗的母亲之所以取名"舍利",是因为她的眼睛长得像梵语名叫"舍利"的鸟,所以舍利鸟就是舍利弗母亲的"得名之义";而这种鸟在汉语里有对应名称——"鹙鹭",所以就用"鹙鹭"来翻译"舍利"作为人名的理据义。

从理据义的角度,我们便可以理解什么叫"以义翻义"。元照举的例子是"彼岸到"翻"波罗蜜","无上正等正觉"翻"阿耨多罗"。"波罗蜜"和"阿耨多罗"的全称分别是"波罗蜜多"(pāramitā)和"阿耨多罗三藐三菩提"(anuttara-samyak-saṃbodhi),属于佛教专名,没有相应的汉语名称可以翻译。不过,这两个词都是由多个语素构成的复合词,其造词理据和语素义密切相关。于是,译者就把每个语素的含义依次译出,然后组合到一起。以"阿耨多罗三藐三菩提"为例,窥基在《心经幽赞》里解释说:"'阿'云'无','耨多罗'云'上','三'云'正','藐'云'等','三'又云'正','菩提'云'觉'……无法可过,故名'无上';理事遍知,故名'正等';离妄照真,复云'正觉':即是'无上正等正觉'。"[1]这种语素对译的手法就被称为"以义翻义"。

第四节　"正翻""义翻"与"敌对翻"　"取意译"之关系

以上讨论了元照根据道宣《羯磨疏》的记载归纳出来的"四句"翻译,即"以名翻名""以义翻名""以名翻义"和"以义翻义",并指出前二者就是允堪说的"正翻"和"义翻"。按照景霄《简正记》给出的

---

[1]　窥基:《般若波罗蜜多心经幽赞》,《大正藏》第33册,第541页下。

定义以及允堪和元照的解释来看,"正翻"和"义翻"的处理对象都
是事物的名称(即"以名翻名"和"以义翻名"中"名"的部分),也就
是说这两种翻译方法主要用来解决名词的翻译问题;而当我们把
分析对象限定在"词"这一层级时,"敌对翻"和"正翻"、"取意译"和
"义翻"的效果是一样的,"正翻"可以理解成对"名词"的直译,"义
翻"则可以理解成对"名词"的意译。

　　"正翻"要求在译出语文化和译入语文化共享同一种事物的前
提下进行,其翻译过程其实只是"名称"的调换,所指对象没有发生
变化。既然词的指称对象没有变化,那么词义当然也没有变化(变
化的只是词形)。根据我们对"敌对翻"的定义:对某个词进行"敌
对翻",就是要让译出语和译入语在词这一层级上保持语义对等,
即保持"词义"的对等。这时的"敌对翻"和"正翻"是等效的,于是
便出现了"敌对翻"和"正翻"同义联用的情况,比如上一章结尾提
到的"敌对正翻"的说法。有时,"正翻"和"敌对翻"还可以换用,同
一个译词既可以称"敌对",也可以叫"正翻"。比如慧苑在《续华严
经略疏刊定记》里说:

　　　　按五印度中呼线、席经、井索、圣教皆曰"修多罗"。古人
　　不知"修多罗"音含于众目,乃执"线"为正翻,而"经"非敌对。
　　但此国圣典既号为"经",佛演"修多罗",宁应异召?敌对而
　　译,正合称"经"。①

梵语"修多罗"(sūtra)在佛教中指的是经、律、论"三藏"中的"经
藏",也可以用来指代一切佛法。慧苑认为,"线""席经""井索"和

----

① 慧苑:《续华严经略疏刊定记》,《卍续藏经》第5册,第7页上下。

"圣教"(即佛教)这四种事物在古印度都被称为"修多罗"；而中国素来将圣贤的言教称为"经"，因此"经"本是对"修多罗"一词最恰当的直译("敌对而译")。但是，前代译经家不知道"修多罗"一词多义，以为只有"线"的意思，"乃执'线'为正翻"。看得出来，慧苑在这里就是把"正翻"当作和"敌对翻"等效的术语来使用的。后来的华严宗大德澄观和宗密也沿袭了这一用法①。

　　再如，《起信论疏笔削记》第八卷在解释"梨耶识"(ālaya-vijñāna)译为"无没识"时说：

　　　　"无没"者，即正与梵文敌对。②

而《摄大乘论章》第一卷又称：

　　　　言"梨耶识"者，此方正翻，名"无没识"。③

"正翻"直接代替了"敌对翻"，可见二者可以互换使用。

　　"义翻"和"取意译"(意译)的关系也类似。比如上文分析过的"孟夏月"一译，这个词在汉语中本来是指农历四月，和原文要表达的"后热月"(农历四月十五日至五月十五日)并不一致，澄观称之为"取意译"，即意译(详见本书第二章)。我们也可以按照景霄《简正记》里记载的"有一类之物微似彼物"来理解其背后的逻辑，把这种"取意译"看作"譬喻"式的"义翻"。反过来，被称为"义翻(译)"

①　澄观：《大方广佛华严经疏》，《大正藏》第 35 册，第 507 页上；澄观别行疏，宗密随疏钞：《华严经行愿品疏钞》，《卍续藏经》第 7 册，1993 年，第 867 页上。
②　子璿：《起信论疏笔削记》，《大正藏》第 44 册，第 339 页中。
③　佚名：《摄大乘论章》，《大正藏》第 85 册，第 1013 页上。

的手法也会表现出意译的特点。《妙法莲华经玄赞》卷三释"刹"：

> 梵云"刹多罗"，此云"田"，田土也。有云"国"，亦云"土"，
> **义译**之耳。字书本无此字，《说文》作"刹"，楚乙反，刀割物声。
> "**梥**"音"七"，声也。①

《法华经玄赞要集》卷十八：

> 言"义译耳"者，问：何名**义译**？ 答：将梵字翻就唐言，只
> 名"土田"。若言"国""土"，即不是正梵语中翻出，但是以**义**
> **译**之。②

所谓"正梵语中翻出"即直译，"不是正梵语中翻出"便是意译的意
思。作为梵语"刹多罗"（kṣetra）的简称，"刹"直译成汉语应该是
"田"；如果出于语境的需要而把"刹"译成和"田"含义相近的"国"
或"土"，则属于意译——而这种译法在这里被称为"义译"。

《续一切经音义》卷十"摩诃支那"条载：

> 此云"大唐"，或云"大汉"，旧云"大夏"，皆随代**义翻**也，即
> 今中华国是。③

"摩诃支那"根据不同的历史时期对译不同的朝代名，和"孟夏月"

---

① 窥基：《妙法莲华经玄赞》，《大正藏》第 34 册，第 705 页下。"梥"原文作"桼"，误。
《法华经·方便品》载："新发意菩萨，供养无数佛，了达诸义趣，又能善说法，如稻麻
竹苇，充满十方刹。"（鸠摩罗什译：《妙法莲华经》，《大正藏》第 9 册，第 6 页上）
② 栖复：《法华经玄赞要集》，《卍续藏经》第 54 册，第 219 页上。
③ 希麟：《续一切经音义》，徐时仪校注：《一切经音义三种校本合刊》，第 2339 页下。

类似,按照现在的分类方法属于归化式的意译,这里称为"随代义翻"。

宗密在《圆觉经大疏释义钞》中论及"修多罗"一词的翻译时还有这样的记载:

> 问:西域"修多罗"所目四名中,既有"经"字,则"经"正是敌对,何以古来诸德皆云义翻?"线"既敌对,"经"何得非?答:若但取名,即如所难。今以顺于义故,四中"经"字自属席经,不目佛教,何成敌对? 若敌对翻,于佛语者,应云"圣教",以四中有"圣教"之名敌对故。故"契经"言皆是义译。①

论者把"敌对翻"和"义译"当成了一组相对的术语来使用。也有将"正翻"和"会意译"对用的例子,《大日经义释》卷六释"(世尊)出广长舌相":

> 此中言"出"者,梵本正翻当云"发生",旧译云或"奋迅"。出此广长舌相,即是如来奋迅,示现大神通力,故会意言之也。②

"广长舌相"系如来三十二相之一,"出广长舌相"即谓示现广长舌相。按照一行的说法,所谓"出"按梵文"正翻"应为"发生",旧译"奋迅"属于"会意言之"。"正翻"和"会意言(译)"成了一组相对的概念。

以上两例分别建构了"敌对翻"和"义译"、"正翻"和"会意译"

---

① 宗密:《圆觉经大疏释义钞》,《卍续藏经》第 14 册,第 472 页上。
② 一行:《大日经义释》,《卍续藏经》第 36 册,第 707 页下。

的对立,实际上是打通了"敌对翻"/"取意译"和"正翻"/"义翻"的内在关联,这种"错位"对应显示出了两套术语之间的相通性。

此外,"正翻"有时也被称为"的翻",例如:

> 古来云:"阐提"具含众恶,不知**的翻**。唯河西翻为"极欲",言极恶欲之边。此乃于总恶之内,取一事为翻。例如"涅槃",名含众德,亦无**的翻**;而翻为"灭度"者,亦是总中取此一事为翻。①

"取一事为翻"即道宣说的"事义相译",这里指的是抽取原词诸多义项中的一项,用汉语译出,"假借"为译词。"阐提",具名"一阐提"(icchantika/ecchantika),本是用来形容"具含众恶"而永远无法成佛之人,把它翻成"极欲"只表达了"众恶"中的一个部分;同样,用"灭度"来翻译"涅槃",偏重于"灭恶"的一面,而没有包含"生善"的意思。这种用事物的一个部分来翻译整体的做法属于"义翻",与之相对的"的翻"就是"正翻"的别称。

我们知道,"的"作名词时可以指"箭靶的中心"(比如"有的放矢""众矢之的"等),后来衍出"正确;恰当"的意思,比如"的切"(确当;贴切)、"的正"(正确公正)、"的论"(正确的论断)等②。而"正"有"当中;不偏"的意思③,和解释为"靶心"的"的"很吻合。"正翻"的"正"取义于"准确;无偏差"④,和"的"的引申义也颇一致。所以,注经家所称的"正翻"和"的翻"基本上是同义词,除了上面列举

---

① 灌顶:《大般涅槃经疏》,《大正藏》第 38 册,第 171 页下。
② 罗竹风主编:《汉语大词典》第 8 卷,上海:汉语大词典出版社,1991 年,第 251—254 页。
③ 罗竹风主编:《汉语大词典》第 5 卷,第 302 页。
④ 同上,第 303 页。

的"阐提"和"涅槃",《大般涅槃经疏》释"阿萨阇"亦称:"无的翻,义言'无可治'。"①《涅槃玄义发源机要》释"修多罗":"名含五义,此土不的翻也。"②这两处"的翻"都是指"正翻"。

　　另一方面,"的"和"敌对翻"的"敌"也很接近,而且不仅是词义上接近(上一章中说过"敌"有"对等,相当"的意思),两者的发音更是完全一样(都读作[ti35])。在使用过程中,"的"和"敌"也有换用的例子。《法华经指掌疏悬示》载:

> 的对梵本翻经,语多生涩,义多隐晦,虽契佛旨,难逗时机。所以晋本虽成,未能广布。什师去生就利,发隐启明,俾一经义旨流畅,读者无不一唱而三叹焉。③

这段文字的后半部分是在赞赏鸠摩罗什的译法,那么作为对照的"的对梵本翻经"就应该是指"敌对翻",亦即"的对"通"敌对"。于是,在以下这样的表达式中,"敌翻"便可以有两种解释:

> 嚩呻:敌翻"自在无畏"。④

既可以把这里的"敌翻"理解成"的翻"(以"敌""的"为通假),也可以看作"敌对翻"的略称。从这个角度看,"敌对翻"和"正翻"又以"的翻"为中介,呈现出语文学意义上的共通性。

---

① 灌顶:《大般涅槃经疏》,《大正藏》第38册,第114页中。
② 智圆:《涅槃玄义发源机要》,《大正藏》第38册,第22页下。
③ 通理:《法华经指掌疏悬示》,《卍续藏经》第93册,第448页。
④ 善卿:《祖庭事苑》,《卍续藏经》第113册,第131页上。

第五节　注经家对"正翻"和
"义翻"的抉择

一

"正翻"这个术语本身已反映了注经家在翻译方法上的取向。上文说过,"正"就是正确、精准、无偏差,其中包含了中国传统文化里的"正名"思想,因而"正翻"是被当作一种"名实相副"的翻译方法来看待的。除此之外,"正翻"的另一些用法中也可以帮助我们从侧面体会这一命名方式的意义及其背后透露的价值认同。

景霄《简正记》释《行事钞》所云"伪经"[①]:

> 人造不真曰"伪",以非实录故也。若依《搜玄》作四句分别:一、伪经;二、失译;三、疑伪;四、正译。[②]

根据这组"四句分别"的排列顺序,我们已能大概猜到"正译"在这里表达的意思:从"伪经"到"正译",可信度依次增加,所谓"正译"应该是与"伪经"相对的概念,即翻译成汉语的"真经"。《搜玄》指的是唐代南山律宗僧人志鸿的《四分律搜玄录》,《简正记》所依据的是以下这段文字:

> 将辨真伪,大分有四:**一者,伪经论**。《金棺经》《独觉论》等,一向是伪。此后代愚人妄自造作,非佛所说,故称为"伪"。

---

① 见道宣:《四分律删繁补阙行事钞》,《大正藏》第 40 册,第 3 页下。
② 景霄:《四分律行事钞简正记》,《卍续藏经》第 68 册,第 248 页下。

　　二者，失译。准《费长房录》第十三、十四，条疏大小乘经失译。如《提谓宝印毗罗三昧经》《像法决疑经》等，并是大乘失译中列。当时译出此经，属以国土丧乱，无有目录记得三藏名字及以译时年月。虽是正经，入失译之目。**三者，疑伪**。如《诸佛下生经》《净行优婆塞经》等，此经文理参余**正译**之经，以滥其真经，故云"疑伪"。又，名字与入藏目中少同，参涉真经，无有目录、记传所载可冯，故云"疑伪"。又解：如上失译、无传记可冯，亦令人疑伪也。**四者，正译**。即如摩腾所译《四十二章经》《涅槃》等经论是也。[①]

志鸿的判断是否正确不在本文的讨论范围之内，我们关注的是他对"正译"这个词的理解。根据《搜玄录》的这段记载，"伪经"即后人伪造的经文；"失译"专指译者名字和翻译时代无考的真经；"疑伪"则属于真伪参半又无旁证，因而难以明辨的情况——志鸿先说"参余正译之经"，又说"参涉真经"，可见"正译之经"(略作"正译")就是"真经"的意思，《四十二章经》《涅槃经》等在志鸿看来即属此类。这里的"正"可以理解成真正、纯正。所以我们常常可以看到《简正记》将"正翻"和"实录"二词连用，比如"是正翻，但依文诵之，信为实录"，"是且正翻实录"，"正翻实录，的当之文"[②]，等等。"实录"也就是真实的记录，和"正翻"一样强调经文记载的是佛陀"金口亲言"[③]的教义，并非后世伪作。道宣《行事钞》也说："圣教正翻实录，弥须敬行。"[④]此外，《开元释教录》《仁王护国般若经疏》《仁王

①　志鸿：《四分律搜玄录》，《卍续藏经》第 95 册，第 335 页上。
②　景霄：《四分律行事钞简正记》，《卍续藏经》第 68 册，第 179 页下、182 页下、186 页上。
③　同上，第 179 页下。
④　道宣：《四分律删繁补阙行事钞》，《大正藏》第 40 册，第 151 页下。

护国般若波罗蜜经疏神宝记》《闲居编》《四分律含注戒本疏行宗记》《四分戒本如释》《沙门日用》等都曾用“正翻”来表示译出的真经[①]。

《华严经疏钞玄谈》则是在另一个意义上使用“正译”。作者澄观在科分武则天为新译《华严经》撰写的序文时，把其中涉及译经前后过程的一段文字判为“一邀迎”“二正译”“三感征”“四事毕”“五赞益”“六庆遇”，其对应关系如下：

> (1) 朕闻其梵本先在于阗国中，遣使奉迎，近方至此。既睹百千之妙颂，乃披十万之正文。(2) 粤以证圣元年，岁次乙未，月旅沽洗，朔惟戊申，以其十四日辛酉，于大遍空等(寺)，亲受笔削，敬译斯经。(3) 遂得甘露流津，预梦庚申之夕；膏雨洒润，后覃壬戌之辰。式开实〔相〕之门，还符一味之泽。(4) 以圣历二年，岁次已亥，十月壬午朔八日己丑，缮写毕功。(5) 添性海之波澜，廓法界之疆域。大乘顿教，普被于无穷；方广真筌，遐该于有识。(6) 岂谓后五百岁，忽奉金口之言；

---

① 智昇《开元释教录》：“……上之四经，虽云会译，然并出《六度》集中，不合为正译之数，今载别生录中。”又：“今详检群录，(法)护所出经，多少不定。《长房录》中其数弥众，今细寻括，多是别生等经，有非护公所出，不可足为正译之数。”(《大正藏》第55册，第491页中、497页上)智顗《仁王护国般若经疏》：“问：古人云《仁王经》非正传译，是事云何？答：寡识小智，深可怜愍。岂有不见目录，即云非是正翻？……”(《大正藏》第33册，第254页中)善月《仁王护国般若波罗蜜经疏神宝记》：“又问：昔人以此经为非正译，以其不见之目录故也？答：意大率以目录有无，恐偶遗耳。如后出三译，岂得非正邪？况有《长房目录》可考，信不诬矣。”(《大正藏》第33册，第288页上)智圆《闲居编》：“此既正译，流行又久，故且存之。俾好真者知之而勿诵，多爱者读之而顺怀。”(《卍续藏经》第101册，第81页上)元照《四分律含注戒本疏行宗记》：“古藏录中或无翻传朝代、人名，则入‘疑’‘伪’二录。意谓不示翻传，将令后世谓非正译。”(《卍续藏经》第62册，第358页下)弘赞《四分戒本如释》：“况此经原非正翻，无译者名，僧祐法师附东晋时录。文句杂沓，词非佛语，故上古判之为伪，以义违三藏教文，制式迥异诸部。智者宜取通途，勿顺久非为是。”(《卍续藏经》第63册，第228页下)弘赞《沙门日用》：“按此一经，文异诸部，上古亦判之为伪，以其文非正译，词乖佛语，智者当舍一而从诸也。”(《卍续藏经》第106册，第255页下)

　　娑婆境中,俄启珠函之秘。[1]

我们注意到:被称为"正译"的这段文字("粤以证圣元年,岁次乙未,月旅沽洗,朔惟戊申,以其十四日辛酉,于大遍空寺,亲受笔削,敬译斯经")以工整的文辞详细罗列译经的时间、地点和方式,结合上下文营造出庄重、严肃而神圣的气氛,向读者展现正式开译的场面。澄观在这里使用的"正译"应是指"正式翻译"。再如,《贞元新定释教目录》卷六称《十诵律》"有五十八卷是什度语,非什正翻;后之三卷,卑摩罗叉续出,置之于后"[2]。意思是说《十诵律》的前五十八卷不是鸠摩罗什正式翻译的,只是由他负责"度语"(把梵文转写成汉文)。这里的"正翻"也是"正式翻译"的意思。

　　以上两类"正翻"都不是特定的翻译手法,其中的"正"分别带有"真正"和"正式"的意思。从这个角度也可以窥见作为翻译方法的"正翻"在注经家心目中的地位。

　　与"正翻"相对的"义翻"被认为是一种不够精确的翻译方法,"义翻"得来的词语只能部分表达原词含义,不过"得诠便止"[3]。还有人把"义翻"贬为"旁(傍)翻"[4],比如上文提到过的"修多罗"

---

① 澄观:《华严经疏钞玄谈》,《卍续藏经》第 8 册,第 675—676 页。引文序号系笔者所加。

② 圆照:《贞元新定释教目录》,《大正藏》第 55 册,第 812 页中。

③ 道宣疏,元照记,禅能和会:《四分律删补随机羯磨疏济缘记》,《卍续藏经》第 64 册,第 764 页下。

④ 澄观在《华严经随疏演义钞》中还使用过"傍义翻":"言'三德'者,梵云'萨埵''刺暗''答摩'。萨埵,此云有情,亦云勇猛,今取'勇'义;刺暗,此云微,牛毛、尘等皆名'刺暗',亦名'尘坌',今取'尘'义;答摩,此云暗,即暗钝之'暗'。'三德'应名'勇''尘''暗'。若傍义翻,旧云'染''粗''黑',新云'黄''赤''黑';旧名'喜''忧''暗',新云'贪''瞋''痴';旧名'苦''乐''痴',新云'苦''乐''舍'。故体而言,即是'三毒'能生'三受',名'苦''乐''舍'。'黄''赤''黑'者,是其色德:贪多轻光,故色黄;瞋多动躁,故色赤;痴则重复,故其色黑。由此自性,合三德故。"(澄观:《大方广佛华严经随疏演义钞》,《大正藏》第 36 册,第 100 页中)

一词,《阿弥陀经疏钞演义》称其"正翻为'线'者,以席经、井索等皆为旁翻故"①,《大乘义章》则认为译成"本"也是"随义傍翻,非正翻名"②。其言下之意是以"正翻"为翻译的"正道",而"义翻"则是不能与之并肩的"旁门左道"。再结合"正翻"的另一个反义词"伪译",便很能理解"义翻"所受的贬抑了。正因如此,"义翻"一般被注经家视为无法进行"正翻"时的权宜之计。元照在《行宗记》里说得非常明白:"大论翻译,华梵同有,可得正翻;彼有此无,止可义译。"③道宣也常常说"并无正译,但用义翻","诸部无正翻,今以义译"④,表明"义翻"的使用是限定在"无正翻"的前提下;而"止得事义相译"、"且用义例"⑤之类的表述更是流露出无奈——"义翻"的结果只能是让不懂梵语的读者"略知途路"而已。如此看来,"义翻"实在是很勉强的选择。

更进一步看,注经家对待"义翻"的态度和唐代对"格义佛学"的批判很有关系。我们知道,所谓"格义"指的是"用原本中国的观念对比[外来]佛教的观念、让弟子们以熟习的中国[固有的]概念去达到充分理解[外来]印度的学说[的一种方法]"⑥。而景霄《简正记》中所记载的"义翻",其前提("有一类之物微似彼物")和操作方法("即将此者用译彼言")都很符合"格义"的特征。用中国知识

---

① 古德法师演义,慈帆、智愿定本:《阿弥陀经疏钞演义》,《卍续藏经》第 33 册,第 589 页下。

② 慧远:《大乘义章》,《大正藏》第 44 册,第 467 页中。

③ 道宣撰,元照述:《四分律含注戒本疏行宗记》,《卍续藏经》第 62 册,第 345 页下。

④ 道宣:《四分律删繁补阙行事钞》,《大正藏》第 40 册,第 46 页下、105 页上。

⑤ 道宣撰,元照记:《四分律含注戒本疏行宗记》,《卍续藏经》第 62 册,第 432 页上;道宣疏,元照记,禅能和会:《四分律删补随机羯磨疏济缘记》,《卍续藏经》第 64 册,第 764 页下。

⑥ 汤用彤:《论"格义"——最早一种融合印度佛教和中国思想的方法》,汤用彤著:《汤用彤全集》第 5 卷,石家庄:河北人民出版社,2000 年,第 232 页。括注文字系原文。

分子所熟稔的儒道思想来"格"佛学义理,对于佛教在中土的立足与宏传确实发挥过积极作用。但正如玄奘所指出的,"格义佛学"乃是在"佛教初开,深经尚擁(壅)"[①]的特定背景下展开的,所谓"老谈玄理,微附虚怀;尽照落筌,滞而未解"[②],佛学的究竟旨趣在这些中国化的语言符号底下隐而不显。所以,无论援儒入佛还是援道入佛都只是权宜之计,"非谓比拟,便同涯极"[③]。上文说过,"有一类之物微似彼物,即将此者用译彼言"本质上是一种"譬喻",其逻辑依据是事物的相似性。这种做法固然有利于人们根据已经具备的概念来了解陌生事物,但也在无形中回避了"本体"和"喻体"间的差异。因此,读者很容易在"格义"的过程中误以为佛学古已有之,佛教的殊胜之处就被遮蔽了,这当然是致力于弘扬佛教的有识之士不愿意看到的。早在东晋,道安(312/314—382)就已经注意到了"义翻"可能产生的弊端,他在《二教论》中特意模拟了这样一番问难：

　　　问：西域名"佛",此方云"觉";西言"菩提",此云为"道";西云"泥洹",此言"无为";西称"般若",此翻"智慧"。准此斯义,则孔老是佛;无为大道,先已有之。

　　　答曰：鄙俗不可以语大道者,滞于形也;曲士不可以辩宗极者,拘于名也。案孟子以圣人为先觉,圣中之极,宁过佛哉？故译经者以"觉"翻"佛"。"觉"有三种："自觉"、"觉他"及以"满觉"。孟轲一辩,岂具此三菩提者？案《大智度论》云"无上慧",然慧照灵通,义翻为"道","道"名虽同,

---

①　道宣：《广弘明集》,《大正藏》第 52 册,第 386 页下。
②　同上,第 386 页下。
③　同上,第 386 页下。

"道"义尤异。何者？若论儒宗，"道"名通于大小。《论语》曰："虽小道，必有可观，致远恐泥。"若谈释典，"道"名通于邪正。经曰：九十有六，皆名"道"也。听其名，则真伪莫分；验其法，则邪正自辩。菩提大"道"，以智度为体；老氏之"道"，以虚空为状。体用既悬，固难影响。外典"无为"，以息事为义；内经"无为"，无三相之为。名同实异，本不相似。故知借此方之称，翻彼域之宗。寄名谈实，何疑之有？准如兹例，则孔老非佛。[①]

以"觉"翻"佛"，"道"翻"菩提"，"无为"翻"泥洹"，"智慧"翻"般若"，这些都是在中国固有的思想资源中找到内涵相近的词语来"义翻"佛教的概念。道安意识到这种做法很容易给人造成"孔老是佛""无为大道，先已有之"的印象，所以他逐一剖析了原词（"佛""菩提""泥洹""般若"）在佛教中的意思以及译词（"觉""道""无为""智慧"）在汉语语境中本来的含义。他告诉读者，这样的做法不过是"借此方之称，翻彼域之宗"，其"名虽同"，其"义尤异"；应该把这些译词当成寄存概念的符号，切忌落于言筌。道安一方面利用"义翻"确保用汉语表述佛学的可能，另一面又竭力分辨原词和译词的内涵差异以避免佛教同化于强势的本土文化——这种"寄名谈实"的做法正是为了解决格义式"义翻"所造成的"名不副实"的后果。

到了佛教高度繁荣的唐代，"佛经正论繁富"，对佛学的理解再也没有必要依赖传统观念的比附，玄奘公开宣称，"佛教道教，理致大乖"，"人谋各有司南，两不谐会"[②]。在这样的背景下，"格义"式

---

① 道宣：《广弘明集》，《大正藏》第 52 册，第 139 页中。
② 同上，第 386 页下。

的"义翻"很自然地陷入了更加尴尬的境地①。

二

　　不过,在面对具体的翻译个案时,也并不是所有的注经家都会拘泥于"正翻"的正统性而一味否认"义翻"的价值。除了由于"此土本无"而被迫选择"义翻"的情况外,对于某些可以"正翻"的梵文词语,"义翻"也有可能通过某种方式被采纳,甚至被认为优于纯粹的"正翻"。在佛经汉译史上,梵语"修多罗"一词的翻译曾引起不小的争论,而这场争论中各方推崇的译词实则反映了诸家对于"正翻"和"义翻"的取舍抉择。

　　《法门名义集·理教品》载："'修多罗'者,是一切本经、一切论法。从'如是我闻'至'欢喜奉行',无问卷数多少,皆言'修多罗'。"②"修多罗"(sūtra)是佛法的总称③,古来多译作"契经"。法藏在《华严经探玄记》中解释说:

> 　　(修多罗)正翻名"线",何故称"经"? 谓线能贯华,经能持纬,义用相似;但以此方重于"经"名,不贵"线"称,是故翻译逐其所重,废"线"存"经",从譬立名。④

---

①　但对于语篇层面的意译,注经家的态度就迥然不同了。上文引用过"会意译经,秦朝罗什为最;若敌对翻译,大唐三藏称能",这说明在澄观看来"会意译"是可以和"敌对翻译"等量齐观的翻译手法,并非不得已而为之。甚至还有人对前者给予了更高的评价,比如清代的通理在评价《法华经》的竺法护译本和鸠摩罗什本时说:"良以法护尊者的对梵本翻经,语多生涩,义多隐晦,虽契佛旨,难逗时机。所以晋本虽成,未能广布。什亦去生就利,发隐启明,俾一经义旨流畅,读者无不一唱而三叹焉。"(通理:《法华经指掌疏悬示》,《卍续藏经》第93册,第448页)"去生就利,发隐启明,俾一经义旨流畅"已是对"取意译"颇为激赏了。

②　李师政:《法门名义集》,《大正藏》第54册,第200页上。

③　"修多罗"也可以作为九分教或十二分教中的一类,专指"长行"(即以散文形式连缀而成的、不限字数和行数的经文,与韵文"偈颂"相对)。

④　法藏:《华严经探玄记》,《大正藏》第35册,第109页上。

在法藏看来,"修多罗""正翻名'线'"(即梵语"修多罗"和汉语"线"所指相同);但中国人认为"经"比线贵重,而两者的功能又类似("义用相似"),所以"修多罗"就被翻译成了"经"。这是很典型的譬喻式"义翻"("从譬立名")。虽然法藏没有从翻译的角度说明为什么还要加上一个"契"字,但他很明确地表达了对"义翻"的肯定,而且是在已知原词可以"正翻"的前提下;他甚至明确点出了选择"义翻"而放弃"正翻"的理由——"翻译逐其所重",也就是为了表达对佛法的尊重。对法藏而言,翻译必须为宗教服务,上述解释自然可以成立。但法藏的弟子慧苑则不以为然,他在《刊定记》中指出乃师对于"修多罗"的理解并不准确,因为:

> 按五印度中呼线、席经、井索、圣教皆曰"修多罗"。古人不知"修多罗"音含于众目,乃执"线"为正翻,而"经"非敌对。但此国圣典既号为"经",佛演"修多罗",宁应异召?敌对而译,正合称"经"。①

慧苑认为,"修多罗"一词在古印度可以指称线、席经、井索和圣教四种事物②。古人(指法藏)不知道"修多罗""含于众目",误以为只有"线"是"正翻",其实这个词有四种"正翻";而中国人惯用"经"

---

① 慧苑:《续华严经略疏刊定记》,《卍续藏经》第 5 册,第 7 页上下。
② 正如坂本幸男所指出的,此说先见于窥基《大乘法苑义林章》卷二:"西域呼汲索、缝衣线、席经、圣教等皆名'素呾缆'。"[坂本幸男:《〈华严经〉和三藏、二藏、十二部经之关系》,张曼涛主编:《华严典籍研究》(华严学专集研究之四),台北:大乘文化出版社,1978 年,第 71 页]"素呾缆"即"修多罗"。又,"圣教"即圣者所说之教法,这里专指佛陀的言教,包括经、律、论三藏典籍。窥基《异部宗轮论疏述记》载:"'圣'者,正也。与正理合,目之为'圣'。又,契理通神,名之为'圣'。此言所显,即佛世尊所说教能引圣,名'圣教'。"(窥基:《异部宗轮论疏述记》,《卍续藏经》第 83 册,第 424 页上)玄奘所译经典唐时称"新译圣教",唐太宗亦有《大唐三藏圣教序》。参见《佛光大辞典》"圣教"条(慈怡主编:《佛光大辞典》第 6 卷,第 5581 页中)。

来指称记载圣人言教的典籍,所以选择"经"作为佛陀演说之"修多罗"的"正翻"最为恰当。

《刊定记》的这段记载其实是在为"经"这个译词"正名"。慧苑和法藏都赞成用"经"来翻译"修多罗",所不同的是:法藏认为这种译法属于"义翻",慧苑则试图证明其为"正翻"。慧苑为什么要这么做呢? 只能是因为在他看来只有"正翻"才是最规范的翻译方法,是翻译的正道。这层意思在慧苑反驳师说的第二条理由中谈得更加清楚了:

> 翻译之家自有规准:若名梵汉共有,则敌对而翻;如其彼有此无,或即令留梵语,或复借义充名。凡是此方所无,翻为汉称者,皆其类尔。其译"修多罗"为"契经"者,便是半义半名,非纯借也。……盖知经有"贯摄"业用,义当"契合":贯穿即为契理,摄持即是合机。由此,译家依笔削之理,取呼召之便,借义助名,称"契经"尔。此即缀《增一》《杂心》文者作古于前,译《华严》《涅槃》经等者取则于后,递相祖习,不复研核。随远法师,虽亦蹉驳,未竭其源。今依敌对,但可称"经"。①

慧苑首先表明了他所认可的翻译"规准":如果是"梵汉共有"的事物,就"敌对而翻",亦即采用"正翻";如果是"彼有此无"的事物,要么保留梵语音译,要么"借义充名",采用"义翻"。这和后来景霄在《简正记》中的记载以及道宣、允堪、元照等人的态度基本一致。但其实这里还隐藏了更深一层的意思:"正翻"和"义翻"只能在各自适用的场合单独使用,不能合起来用。这一点可以从慧苑对"契

---

① 慧苑:《续华严经略疏刊定记》,《卍续藏经》第 5 册,第 7 页下。

经”一译的批判中看出来：按照慧苑的理解，“经”是“修多罗”的“正翻”，这一点在上文中已经解释过了；“契”则是“修多罗”的“义”（概念义），因为“经”有“贯（穿）”和“摄（持）”的功能，而“贯穿即为契理，摄持即是合机”，这两种功能包含了“契合”的意思，如果直接用“契”来对译“修多罗”就成了“假借”式的“义翻”。但古代译家并没有单独用“契”或“经”来翻译“修多罗”，而是“依笔削之理，取呼召之便，借义助名”，把“修多罗”翻译成了“契经”。“契”和“经”合在一起，既不属于“敌对而翻”也不属于“借义充名”。换言之，“契经”这个译法既不是纯粹的“正翻”，也不是纯粹的“义翻”。这种“半义半名”的译法在慧苑看来不是译经正轨，他称之为“以义为名失”[①]；《增一阿含经》和《杂阿毗昙心论》的译者被认为是这种错误译法的始作俑者[②]，后来的《华严经》《涅槃经》译者则失于不察；隋代的慧远（523—592）虽然意识到了其中的问题[③]，但也没能阻止以讹传讹的势头。来自慧苑的上述批判和追责基于这样一个出发点，即：在可以正翻的情况下，不应采用任何形式、任何程度的义

① 慧苑：《续华严经略疏刊定记》，《卍续藏经》第5册，第7页上下。

② 瞿昙僧伽提婆译《增一阿含经·序品》：“契经一分律二分，阿毗昙经复三分。过去三佛皆三分，契经、律、法为三藏。”又：“契经一藏律二藏，阿毗昙经为三藏。”（《大正藏》第2册，第549页下、550页下）僧伽跋摩等译《杂阿毗昙心论·业品》：“亦有断律仪，《契经品》当广说。”（《大正藏》第28册，第889页中）坂本幸男认为“契经”一译的流行可能和玄奘的采用有关[坂本幸男：《〈华严经〉和三藏、二藏、十二部经之关系》，张曼涛主编：《华严典籍研究》（华严学专集研究之四），第77页]，比如圆测《解深密经疏》卷一就称：“大唐三藏翻为‘契经’，谓契合，契当道理，合有情机。”（《卍续藏经》第34册，第582页下）玄奘的弟子窥基在《大乘法苑义林章》也说：“今大乘解梵言‘素呾缆’，此名‘契经’。”（《大正藏》第45册，第272页下）

③ 慧远《大乘义章》：“人复所以翻名‘契经’，依彼《增一阿含·序》故，便作此释。彼言‘契经’是第一藏、毗尼第二、毗昙第三，明知‘契经’是修多罗。又依《杂心·业品》之文，彼文说言‘断律仪’者如‘《契经品》’，乃其所指是《修多罗品》。人即执此以为翻名。斯乃随义以名其经，非是翻名。以其圣教称当人情、契合法相，从义立目，名之为‘契’。此既方言，何用私情种种图度？”（《大正藏》第44册，第467页中）虽然慧远指出了“契”是“修多罗”的义翻，但他并不认为“经”可以作“修多罗”的正翻，下文说“若正相翻，名之为‘线’”（同上），和法藏的看法一样。

翻。慧苑所提倡的是一种纯粹的正翻,我们或许把他称作严格的
"正翻主义者"。

　　慧苑的看法后来又受到华严教徒的驳斥。推崇法藏学说的澄
观一针见血地指出:

　　　　若一名四实皆为敌对,则古如所破。若兼顺义,"经"自属
　　　于席经,敌对应名"圣教"。①

如果线、席经、井索和圣教四种事物都可以称为"修多罗",那么法
藏"执'线'为正翻而'经'非敌对"固然是错误的,但最终选择哪一
个词作为正翻并不是随意决定的。澄观主张,在"一名含于多实"
的情况下,"应须顺义立名"②,也就是根据具体语境的表义需要来
确定译词。他在《华严经随疏演义钞》中举了"仙陀婆"作为例子,
这个词在梵语里可以指盐、马、水和器四种事物,"若译经中五味之
处,应译为'盐';若译经中王之所乘,'仙陀婆'者应译为'马',不可
言'水'、言'器'"③。同样地,对于可以指称线、席经、井索和圣教
四种事物的"修多罗"而言,"今译佛经,云'修多罗',合名'圣教'
也。言'线'、言'索'非全惬当"④。

　　澄观的论难是有其道理的。如果把"线"当成"修多罗"唯一的
正翻,对于为何用"线"来指称佛教典籍还可以从修辞的角度去解
释⑤;要是"修多罗"本来就可以指圣教,那就应该直接译成"圣

---

①　澄观:《大方广佛华严经疏》,《大正藏》第 35 册,第 507 页上。
②　澄观:《大方广佛华严经随疏演义钞》,《大正藏》第 36 册,第 35 页下。
③　同上。
④　同上。
⑤　比如慧远在《大乘义章》里解释说:"诸法星萝,散周法界,所以次第显理,在世不坠
　　不失,良以圣教贯穿故尔。贯法之能,如线贯华,故名为'线'。"(《大正藏》第 44 册,
　　第 467 页下)

教"。但澄观并不是要否认"修多罗""一名四实",他认为古代译家在知道"修多罗"可以正翻为"圣教"的前提下,仍然把它译成"经"是有其道理的:

> 古德见此儒墨皆称为"经",遂借彼席经以目圣教,则双含二义,俱顺两方;借义助名,更加"契"字,拣异席经,甚为允当。

也就是说,因为中国人有把圣贤典籍称作"经"的传统,所以从前的佛经译者就从"修多罗"对应的四种事物中选出"经"来指称佛教。这样做的好处在于:一方面,"经"是"修多罗"在梵语中本来就有的意思,可以算作正翻;另一方面又能迎合中国人的习惯,这是用"圣教"正翻"修多罗"所不具备的。所以,澄观称之为"双含二义,俱顺两方"。澄观的这套解释方法实际上表现出了同时兼顾正翻和义翻的取向,因为"经"虽然是"修多罗"的四种正翻之一,但在佛经翻译的语境中仍需借助义翻的逻辑(即隐喻)才能准确地表义,即所谓"借彼席经以目圣教"。澄观紧接着对古德"借义助名,更加'契'字"的解释方式则进一步显示了对义翻的宽容态度:他不仅否认在可以正翻的情况下选择义翻是一种错误("以义为名失"),而且宣称这种做法"甚为允当",因为加了"契"字之后既突出了佛法的特征又使之区别于真正意义上的席经。总的来说,澄观对待正翻和义翻采取了一种调和的态度。

在"修多罗"一词的翻译问题所引发的争论中,法藏、慧苑、澄观这三位华严宗师表面看来是在"经"和"契经"之间作不同的选择,其背后实际上是不同翻译取向之间的冲突:法藏虽然认为"线"是"修多罗"唯一的正翻,但出于宗教神圣性的考量,主张"从譬立名"、"废'线'存'经'",明确肯定了义翻的价值;慧苑指出"经"

本来就是合乎法度的正翻，"契经"一译之所以不可取，是因为"契"字破坏了正翻的纯粹性，模糊了正翻和义翻之间本应严格恪守的界限；澄观则不落二边而取中道，把"契经"解释成兼具正翻和义翻两方面特征的译词，既维护了前者的典范地位，又充分考虑到后者在具体语境中的表意功能。

小　　结

中国的佛经翻译事业到北宋以后逐渐式微，除了赞宁提出的"新译六例"之外，涉及翻译方法的理论性文字几乎难觅踪影。虽然到了明清之际，随着耶稣会传教士的到来而掀起过又一波翻译高潮，但"这次翻译高潮无论从延续时间、译者队伍与译著数量上来说，都远不能与前一次佛经翻译相比"；与之相应地是"翻译理论上也没有重大成果"[①]。以往关注较多的徐光启、李之藻、杨廷筠等人，谈论的大都是西学翻译的目的、功能及其迫切性，"罕见有关于翻译本身的方法、理论方面的深入探讨"[②]。译者或感叹"东西文理，又自绝殊"，"肆笔为文，便成艰涩"，不得不"反复展转，求合本书之意"[③]；或声明"不敢妄增闻见，致失本真"[④]；即使透露出一些"直译"的诉求，也并没有像佛经注家那样展开详细论述，更没有

---

① 陈福康：《中国译学理论史稿》，第 57 页。
② 同上，第 75 页。罗新璋、陈应年《翻译论集》（修订本）（北京：商务印书馆，2009 年）所辑录的这一时期论及翻译问题的材料，仅有以下五篇文章中的部分文字：利玛窦《译〈几何原本〉引》、徐光启《〈几何原本〉杂议》、徐光启《历书总目表》、李之藻《〈寰有诠〉序》和李次彪《〈名理探〉又序》。这相对于明末清初的整个翻译实绩来说无疑是极少的。
③ 利玛窦：《译〈几何原本〉引》，徐宗泽编著：《明清间耶稣会士译著提要》，北京：中华书局，1989 年，第 262 页。
④ 李之藻《译〈寰有诠〉序》，徐宗泽编著：《明清间耶稣会士译著提要》，第 200 页。

提出相应的翻译术语。在这一背景下,二十世纪八十年代末发现的《繙清说》①就显得尤为瞩目了。

《繙清说》的作者是清乾隆四年(1739 年)的翻译科进士魏象乾,时任实录馆兼内翻书房纂修,曾参与雍正朝实录的满文翻译工作。这篇《繙清说》就是魏氏长期从事满(清)汉翻译的经验总结,从其字里行间,我们可以窥见佛经翻译思想——特别是"正翻"观念的影响:

> 窃惟翻译之道,至显而寓至微,至约而寓至博,信乎千变万化、神妙莫测也。惟其变化无穷,遂有出入**失正**之弊,学者不可不审焉。夫所谓**正**者:了其意、完其辞、顺其气、传其神;不增不减、不颠不倒、不**取意**。而清文精练,适当其可也。间有增减颠倒与**取意**者,岂无故而然欤! 盖增者,以汉文之本有含蓄也,非增之其意不达;减者,以汉文之本有重复也,非减之其辞不练。若夫颠倒与**取意**也,非颠倒,则扞格不通;非**取意**,则语气不解。此以清文之体,有不得不然者,然后从而变之,岂特此以见长哉! 乃或有清文稍优者,务尚新奇,好行穿凿。以对字为拘,动曰**取意**;以顺行为拙,辄云调转。每用老

---

① 《繙清说》作于清乾隆五年(1740 年),系内府刻本,外间流传极少,现仅存清华馆藏孤本。该书于 1932 年由著名文献学家赵万里在北京东安市场旧书肆购得,后赠予刘半农。王若昭先生在清华大学图书馆发现的原件"每半页七行十七字,四周双边,写刻",正文前有刘半农题跋。"全书共五页,约一千六百字","主要阐述了以下几个问题:一、翻译要求或翻译标准问题;二、对满清开国以来所译的清文书籍进行评价;三、总结掌握翻译之术的经验;四、写作本文的用意。"(王若昭:《〈繙清说〉简介》,《中国翻译》1988 年第 2 期,第 31 页)《繙清说》全文刊于《中国翻译》1988 年第 2 期,后收入罗新璋、陈应年《翻译论集》(修订本)第 162—163 页。据陈福康推测,此文可能是当时"'内翻书房'内部交流的论文,或是培训新的翻译人员所用的讲义"(陈福康:《中国译学理论史稿》,第 75 页)。刘半农称魏氏"持说乃多与今世译人不谋而合,是固译界一重要史料也"(王若昭:《〈繙清说〉简介》,《中国翻译》1988 年第 2 期,第 32 页)。

话为元音,罔顾汉文之当否。更因辞穷而增减,反谓清文之精
工。殊不知愈显其长,而愈形其短;愈求其工,而愈失其正矣。
然学人犹有倾心于此者,盖以彼之清文惑人,而己之入门早误
也。初学者可不知所宗乎![①]

魏氏开宗明义道:翻译一事由于其高度的灵活性,因而容易产生
"失正之弊"。——反过来说,他所提倡的是一种"正"的翻译。那
么,这和传统译经理论中的"正翻(译)"有怎样的关联呢?我们来
看魏氏对"所谓正者"的定义:"了其意、完其辞、顺其气、传其神;不
增不减、不颠不倒、不恃取意。"这是从正、反两个角度强调对原文
的忠实:作者首先提出"意"(意义)、"辞"(文辞)、"气"(气势)和
"神"(神韵)这四个文章学范畴,要求译文和原文在这四个方面保
持对等;然后又罗列了与上述要求相悖(即会导致"失正之弊")的
四种做法:"增""减""颠倒"和"取意"。但作者随即指出只要不"恃
此以见长",这四种做法又并非绝对不可采用,有时为了译文的需
要是可以"从而变之"的,也就是在"不得不然"的情况下可以适当
地对原文进行"增""减""颠倒"或"取意"。"增""减"和"颠倒"从字
面上很容易理解,就是删减原文和颠倒语序。作者指出这么做的
合理性在于"汉文之本有含蓄""有重复",如不进行必要的删减,则
"其意不达""其辞不练";满语和汉语的语法结构也不同,"非颠倒,
则扞格不通"。"增""减"和"颠倒"都是为了适应译入语的语言环
境。那么"取意"又是什么意思?是否和上文中分析过的"取意译"
有关呢?

　　魏氏在批评当时的一些满文水平较好而刻意标新立异的译者

---

①　王若昭:《〈繙清说〉简介》,《中国翻译》1988 年第 2 期,第 31 页。

时说"以对字为拘,动曰取意",下文又说"舍字取意"①。这里的"对字"指的就是"敌对翻",即直译。上文说过周学熙就是用"唐梵对字"来解释"敌对翻译"中的"敌对"的,而这里的"对字"指的是"满(清)汉对字",亦即用满文逐字对译汉文;与之相对的做法被作者称作"取意",而佛经译论中与"敌对翻"相对的正是表示意译的"取意译"。由此可见,魏象乾笔下的"取意"正是沿用了佛经注家的说法。再结合他对"正译"的否定式定义——"不增不减、不颠不倒、不恃取意",可以说魏氏确立的翻译标准也和前代佛教注经家追求的"正翻"一脉相承;同时,作者也同意"取意(译)"作为一种权变的策略,解决逐字对译可能造成的"语气不解"。也就是说,以"正译"的方式为主导,以"取意"等手段为辅助,是为魏氏心目中最理想的翻译方法。从这个角度看,我们确实可以说"作者关于'正'的翻译标准的提出,是从汉末倡导的'因循本旨、不加文饰'的直译方法,到六朝时期崇尚的'文约而诣、旨婉而彰'的意译,发展到唐代的多用直译、善参意译的'新译'笔法的继承和发展"②。

关于翻译方法的讨论大体上随着佛经汉译事业在唐代之后的式微而不再为人所关注,我们也没有看到相关材料可以证明明清之际的西学翻译高潮在方法上吸取了汉唐译经的经验。然而在一水之隔的日本,伴随着包括翻译思想在内的中国传统文化的输入,佛经汉译理论却为十八世纪兴起的兰学译介提供了弥足珍贵的方法论启示。

---

① 王若昭:《〈繙清说〉简介》,《中国翻译》1988 年第 2 期,第 31 页。
② 同上,第 33 页。

第四章　日本兰学翻译理论中的
"直译"和"义译"

日本知识界对翻译的最初理解来自中国古代典籍的记载，著名兰学家大槻玄泽（1757—1827）就曾说过：

> 汉土云"译"之义极旧矣，其名出于《礼记·王制》，其注说曰：译，音"亦"，传夷夏之言而转告之也；又：译，陈也，陈内外之言；又：译，释也，犹言卷，谓以彼言语相誊译而通之也；又：译即易，谓换易言语使相解。（云）即为达异方之志之官，北曰"译"，东曰"寄"，南曰"象"，西曰"狄鞮"，而四边异其名也。但至后，则四方共通称曰"译"也，是本为通士舌人之事也。盖汉唐翻译异方之书，则始于翻西竺佛典。按《名义集》曰：翻译梵天之语，转为汉地之言，音虽似别，义则同。（云）[①]

这段文字实际上整合了《礼记·王制》、《礼记》孔颖达疏、《周礼》贾公彦疏、法云《翻译名义集》和张自烈《正字通》等多种汉籍关于

[①] 杉田玄白译，大槻玄泽重订：《重订解体新书》卷十二，东都书肆刻本，京都：京都大学附属图书馆，1826 年（文政九年），叶三十背至三十一正。以下所引《重订解体新书》均出自同一版本，不再一一注明。

"译"字的记载。这些记载成为日本兰学家理解"翻译"这一行为的基础。

十八世纪的兰学家们还使用过"重译"一词。从荷兰语译本转译的德国解剖学著作《解体新书》的修订本卷首即署有"若狭杉田翼玄白重译"字样①；大槻玄泽在该书《附录》中进一步解释说，《解体新书》"原名'答勃蜡·吃纳多密蛤'"，后由一位荷兰外科医生"更译定之，曰'翁多儸铎昆石业·答歇冷'"，而"今重译之则可云'解体科谱牒'"。他还说乃师杉田玄白在江户出生的那一年恰逢该书荷语译本问世，"其重译成于先生同业之手，是亦可谓奇遇矣"②。以上三处"重译"就是我们现在说的转译，即借助中介译本进行翻译，这显然继承了《宋高僧传》中"重译"的用法（参见本书第一章第二节）。同样地，大槻还说过，明代士人方以智和王宏翰的科学著作"本所取于重译，而非直就彼书译之者，则未免隔一层而观焉"③。这种"重译"模式甚至被认为是明清之际中国士人译介"天文星历之诸术"普遍采用的方法④。具体而言，就是"召洋人于本地，传译笔录，以所纂修"，与日本兰学家"直就彼邦书横文，抗颜强译"的做法大相径庭⑤。在这里，大槻把传教士口授、汉人笔录的翻译模式称为"重译"，也是沿用了转译的意思。

不过，同样出自兰学家笔下的"直译"却不是《宋高僧传》中与"重译"相对的"直接翻译"，而是我们现在所说的"直译"的前身了。

---

① 杉田玄白译，大槻玄泽重订：《重订解体新书》（序；旧序；附言；凡例），叶三背。
② 杉田玄白译，大槻玄泽重订：《重订解体新书》卷十二，叶三十二正至三十三正。
③ 同上，叶八正。
④ 同上，叶三十一正。
⑤ 同上，叶三十一正背。

第一节　中国古代佛经汉译理论
　　　对日本的影响

　　中国佛教早在南朝中后期就已传入日本①。笃信佛教的圣德太子(574—622)曾对汉文佛典进行过深入研究,著有《法华》《胜鬘》《维摩》三经之义疏②,在摄政时期更是致力于传播佛教思想。到奈良时代(710—794),随着中日文化交流日益频繁,包括华严宗和律宗在内的中国佛教主要宗派先后传入日本,形成所谓"奈良六宗"③,大量汉文佛典随之涌入。法藏的《华严经探玄记》、慧苑的《华严经刊定记》以及澄观的《华严经疏》都曾作为日僧讲读《华严经》的重要依据。道宣的《行事钞》《戒本疏》和《羯磨疏》等律学著作也由鉴真等人携赴日本,并逐渐流传开来④。中国人对翻译的理解以及"敌对翻"和"取意译"、"正翻"和"义翻"等中国译经家创制的佛典汉译方法也在这一过程中影响着日本佛学界。

　　曾于仁寿三年(853)入唐求法的日本天台宗创始人圆珍(814—891)著有《观普贤菩萨行法经记》两卷,其中就收录了《礼记·王制》命名四方译官的文字:

---

① 佛教传入日本的方式有所谓"私传"(通过民间传入)和"公传"(通过朝廷传入)两种观点,具体时间有公元 522 年、538 年和 552 年三说(参见屠承先:《中国佛教在日本的流传与影响.》《佛学研究》1996 年总第 5 期,第 108 页)。比如村上专精在《日本佛教史纲》(杨曾文译,北京:商务印书馆,1981 年,第 10—11 页)中认为应以钦明天皇十三年(即公元 552 年)百济进献佛教法器、上表赞颂佛德为标志;末木文美士《日本佛教史》(涂玉盏译,台北:南周出版,2002 年,第 32—33 页)则更倾向于538 年。
② 但也有一些日本学者认为"三经义疏"为伪作(参见杨曾文:《日本佛教史》,北京:人民出版社,2008 年,第 32—33 页)。
③ 即三论宗、成实宗、法相宗、俱舍宗、华严宗和律宗。
④ 杨曾文:《日本佛教史》,第 69—83 页。

　　　　"象"字……郑玄曰："译官也。"玄曰："制四方之民言语不
　　通者，东方曰'寄'，南方曰'象'，西方曰'狄'，北方曰'译'。"①

既言"郑玄"，应是从郑注转引而来。

　　与中国的情况类似，日本古代也没有作为翻译术语使用的"直
译"和"意译"。使用较多的有"直翻"，其字面意思同样是直接翻
译。日本三论宗僧人珍海（1092—1152）所著《名教抄》卷十"十号
义"条载：

　　　　"婆伽婆"者，《释论》有四义，《涅槃经》十义。《涅槃疏》十
　　三云：此号既总世尊，蕴在其中也(简有人<u>直翻</u>"世尊"也)。②

上文分析中国古代佛典里的"直翻"时曾引用过弘赞《四分律名义
标释》卷十九"婆伽婆"条的记载："此是世尊有大功德至圣之名，体
含多义，不可直翻。"③这是说根据梵语发音转写过来的"婆伽婆"
作为世尊的名号，包含种种功德，应该保留音译，不能直接翻译成
汉语。此处的"直翻"指的是和音译相对的义译。《名教抄》的上述
引文表达的也是类似含义，珍海举出《释论》(《大智度论》)"十义"
和《涅槃经》"十义"，也是为了说明"婆伽婆"包含佛之通号的多种
含义，保留音译则可区别于"直翻'世尊'"的做法。这里的"直翻"
同样当作义译来理解。

　　日本汉文佛典中有一类"直翻"是中国古代从未使用过的。这
一意义上的"直翻"和现代意义上的"直译"有很特殊的语义关系。

────────────────

① 　圆珍：《佛说观普贤菩萨行法经记》，《大正藏》第56册，第234页下。
② 　珍海：《三论名教抄》，《大正藏》第70册，第786页中。
③ 　弘赞：《四分律名义标释》，《卍续藏经》第70册，第694页下。

湛叡在《华严演义钞纂释》中模拟了这样一段问难：

> 准处处解释，**直翻**"质多"，正为"集起"（见）。今何云"集起"既非"心"名乎？①

这个问题所针对的是澄观《华严经随疏演义钞》转述慧苑观点时也提到的一个例子：上文讨论"修多罗"的翻译时曾分析过慧苑对"契经"一译的反对意见，他站在维护正翻纯粹性的立场上，指出"经"是"修多罗"的正翻，"契"是"经"的"义用"，不能混淆使用。论证过程中，慧苑举例说："'质多'名'心'，'集起'为义，讵翻'集起'亦作名耶？"②意思是说梵语"质多"正翻为"心"，"集起"是它的功能，不能充作译名。结合这一语境，我们发现上述问难的预设其实是把"集起"当作"质多"的正翻，所以才会质疑"集起"为什么不能充当"'心'名"。我们关注的重点不是"集起"到底能否作为"质多"的正翻，而是这里的"直翻"实际上指的是正翻，而这一意义上的"直翻"是中国传统典籍未曾出现过的。

如果说，对以上这段引文中"直翻"的分析还带有一定程度的主观成分，那么下面这个例子就确凿无疑了：

> （"阿弥陀"）若实而论，**直翻**"无量"，则是正翻。"无量寿、光"，以义加翻。③

这段文字出自《观经疏传通记》，作者是日本净土宗三祖良忠

---

① 湛叡：《华严演义钞纂释》，《大正藏》第 57 册，第 167 页下。
② 慧苑：《续华严经略疏刊定记》，《卍续藏经》第 5 册，第 7 页下。
③ 良忠：《观经疏传通记》，《大正藏》第 57 册，第 529 页。

(1199—1287)。《观经》即《佛说观无量寿经》,为"净土三部经"之一,上文所释系西方净土世界教主阿弥陀佛的名号。按照良忠的解释,"无量"是"阿弥陀"的正翻,译成"无量寿"和"无量光"都属于"以义加翻",近似"契经"一类的译法。那么,"直翻'无量',则是正翻"已明确表示这里的"直翻"是指正翻了①。

虽然日本汉文佛典中出现了表示正翻(直译)的"直翻",但短语的组合有其偶然性,"直翻"所指代的翻译方法也从未固定,常常随着语境的变化而变化。具有标志性意义的记载出现于圆珍的《菩提场经略义释》,他对经题中的"菩提场"作了如下解释:

> "菩提"是梵语,"场"即唐言也。翻梵为唐,应言"觉";翻唐为梵,应言"曼荼罗"。具梵,合云"菩提曼荼罗";备唐,须云"觉场"。然诸经中多言"道场"者,"菩提"亦翻"道"。凡于翻译,有敌对与会意。今言"觉"者,是敌对翻;翻为"道"者,即会意也。……今此经唐梵共题,故言"菩提场"。②

"菩提"指的是使人开悟的佛教智慧,而"道"是中国传统概念,把"菩提"翻译成"道"是一种归化式的翻译。道安《二教论》中就说:"('菩提')义翻为'道','道'名虽同,'道'义尤异。"③这里所说的

---

① 以下两个"直翻"的用例也是在"正翻"的意义上使用的:(1)"'圣'者,梵曰'阿哩也',若质直翻'无恶'。断一切恶因、尽一切恶果、洗荡一切恶习气者,但佛世尊欤!故以义名'大圣'。"(2)"'阿梨耶'直翻当为'无恶',以义翻为'大圣'。'阿'者,'无'也;'梨耶'者,'恶'也。"这两段文字分别来自日本真言宗开祖空海(774—835)的《金刚般若波罗蜜经开题》(《大正藏》第57册,第1页中)和《即身成佛义》(《大正藏》第77册,第387页上),不过第一个句子里的"直"有的版本写作"宜",第二句里的"直翻"在《大正藏》收录的其余几个异本里均未出现,故此处不引为例证。
② 圆珍:《菩提场经略义释》,《大正藏》第61册,第513页上。
③ 道宣:《广弘明集》,《大正藏》第52册,第139页中。

"敌对翻"和"会意（译）"显然来自中国的佛经译论，是澄观等华严一系学僧经常使用的翻译术语（参见本书第二章）。而且圆珍在这里明确地视其为两种相对的翻译方法，也具有示范性作用①。

再如，日本平安时代的悉昙学大师明觉在《悉昙要诀》（以下简称《要诀》）一书中比较唐以前的旧译佛经和玄奘新译时说：

> **直翻**梵语，新译可胜，翻译代重，语质渐融故；文正撰义理，古译可胜，佛法义味，前胜后劣故也。所以澄观师《演义抄》云：若**会意翻译**，罗什为最；若**敌对翻译**，大唐三藏称能。（已上）此言尤吉。但直呼梵文，云古人谬，事不可必然。从摩腾、法兰至真谛等，皆天竺高德也，岂恶呼梵文致玄奘可耶？但前代人如天竺语呼之，故有与文不谐之语。新译之人如文呼之，故与文合也。②

这段文字不仅完整引用了澄观在《华严经随疏演义钞》中对鸠摩罗什和玄奘所采用的翻译方法的评价，还深入分析了这两种方法（"会意翻译"和"敌对翻译"）形成的原因。

《要诀》卷四还提到了"正翻"和"义翻"：

> 问：《金刚界仪轨》云"𑖀𑖣𑖨𑖦", 《教王经》译云"佛光"；《普贤赞》云"𑖢𑖿𑖨𑖝𑖿𑖧𑖿𑖹", 译曰"辟支佛"。此事不明："佛"是梵语，作"𑖤𑖲𑖟"形，此云"觉者"，何以梵语而译梵语耶？
>
> 答：翻译有二，义翻、正翻也。故澄观师《演义抄·第五》

---

① 此外，"唐梵共题"也是佛经汉译理论中的一种重要方法，多作"唐梵双彰"，也就是音译和义译相结合的做法，比如此例中的"菩提场"。
② 明觉：《悉昙要诀》，《大正藏》第 84 册，第 535 页上中。

云：会意译，罗什为最；若敌对翻译，大唐三藏称能。(文)今依正翻。"𑖤𑖐"翻云"仁者"，或云"胜者"；"𑖤𑖩𑖟𑖤"或译云"最胜光"；"𑖟𑖐𑖠𑖤𑖟"或可云"独胜"，《俱舍》云"得胜果时，转名‘独觉’"(文)，即其义也。"佛"之名号，世人皆知；"仁者"之号，世多不识。会意令知，故云"佛"耳，亦无大过。又如"𑖦𑖐𑖤"(你宁逸反勿哩二合底)，《普贤赞》云"涅槃"，实是"灭"也。云"涅槃"者，亦是会意也。又，"𑖦𑖠𑖤𑖟"是"强姓子"也，《义释》云：阿阇梨言"宜会云‘佛子’"，于义为著也。①(文)又，《义释》云《经》"戏论本无故"，文云：若具存梵本，应言"戏论故"。今以会意言之，故曰"本无"。②(云云)又，《大日经》题"成佛"者：具足梵音应云"成三菩提"，是"正觉正知"义；而佛是觉者，故就省文，但云"成佛"。③(云云)又，《吉庆赞》云"忙(引)啰(魔也)博吃刍(党也)"，偈云"魔军"。《义释》云：此中言"魔军"者，梵本正音"博吃刍"，是"羽翼"、"党援"之义。今依古译，会意言耳。④(文)又，释"行者悲念心"文云：此中"行者"字，梵本云"真言者"。以偈中不可六字，故取意削之。⑤下文颇有此例，不复烦说。(文)又，释"鹅雁等庄严"文云："雁"非正翻。梵本云"娑(引)啰娑(上)"，鸟状如鸳鸯而大，声甚清雅。此方所无，故会意言耳。⑥

---

① "宜会云‘佛子’"应作"宜会意云‘佛子’"。见《大日经义释》卷四："初句言‘佛子谛听’者，梵云‘矩罗’，是‘族’义、部义；‘补怛罗’是‘男子’义。若世谛释于四姓中生，皆名大族，故名‘族姓子’也。今得生如来家，于诸族中最为殊胜，故名‘族姓子’。阿阇梨言：宜会意云‘佛子’，于义为当也。"(一行：《大日经义释》，《卍续藏经》第36册，第618页上)
② 《大日经义释》卷四："次句云‘戏论本无故’者，若具存梵本，应言‘戏论无戏论故’。以一切戏论皆悉从众缘生，无有自性。无有自性故，即是本来不生。是以释前句云：即此戏论自无戏论也。今以会意言之，故曰‘本无’。"(同上，第616页下)
③ 同上，第511页上。
④ 同上，第699—670页。
⑤ 同上，第586页上。
⑥ 同上，第586页下。

（文）又，"佛陀跋陀罗"此翻云"佛贤"，"僧伽跋陀罗"齐言"僧
贤"（文），此亦然。又，"**अ（प्र）न（ए）**"此云"无量光"；然译云"无
量寿"者，亦是会意翻耳。"**（ए）न**"国，古云"汉"，新云"唐"，亦是
会意钦。正云"思惟"国，彼国人多思惟故。又，"药叉"翻云
"鬼神"者，鬼神之中一故钦。或别云"药叉鬼神"等。①

上文说过，"正翻"和"义翻"是中国古代佛经译论中常见的术语。
在《要诀》中，明觉将"正翻"和"敌对翻译"、"义翻"和"会意翻译"等
而视之，并且一口气举了十二个例子来说明"会意译"的用法。《要
诀》中的这些记载必然影响了日本佛教界对佛典汉译方法的认识。
这种影响，甚至超出了佛教领域，为七百年后的日本兰学翻译提供
了可资借鉴的理论资源。

第二节　兰学译著《解体新书》与
"直译""义译"的提出

日语中的"直译"诞生于江户时代。兰学输入之初，缺少合适
的汉字词来翻译荷兰语，人们便利用汉字直接记录荷语发音。兰
学医者杉田玄白（1733—1817）在安永二年（1773）写给藩医建部清
庵的一封信里②就把这种方法称为"直译"：

译大抵有三种，对译、义译、直译是也。譬如，骨者，西文

---

① 　明觉：《悉昙要诀》，《大正藏》第 84 册，第 557 页上中。
② 　见《和兰医事问答》。该书根据建部清庵与杉田玄白就溃疡、骨伤、脱臼、放血、包扎
　　等方面的问答汇编而成，还涉及将荷兰语译成日语时的翻译问题。分上、下两卷。
　　现存日本宽政七年（1795）紫石斋刻本（参见裴沛然主编：《中国医籍大辞典》，上
　　海：上海科学技术出版社，2002 年，第 1330—1331 页）。

日 beenderen,可对译曰骨。又 Kraakbeen,若鲸之芜骨,其骨脆软;此语之 Krak,若鼠啮物,卡啦卡啦之音;恰如鲑之冰头骨,汉语有"软骨"二字,故义译曰软骨。又饮食入肠胃,其精气化为液汁,此液汁,汉语中无语可当,故用和兰语之音,直译曰"奇缕"[Gijl]。[1]

之所以称其为"直译",大抵也是因为译者把记音看成比翻译原词的含义更为"直接"的翻译方式。但和古汉语里的"直译"不同的是,杉田把"直译"和"对译""义译"并列起来,创造出专门的翻译术语来指称三种特定的翻译手法,其意义和古汉语中以短语形式偶然组合起来的"直译"全然不同。这也是目前我们能够找到的日本汉文文献中"直译"一词的最早出处。

次年,杉田玄白出版了从荷语底本译出的德国解剖学著作《解体新书》,他在该书《凡例》中对之前的说法作了调整,提出"翻译""义译"和"直译"三种翻译方法:

> 译有三等:一、曰"翻译";二、曰"义译";三、曰"直译"。如和兰呼曰"偭题验"者,即骨也,则译曰"骨",翻译是也。又如呼曰"加蜡假偭"者,谓骨而软者也。"加蜡假"者,谓如鼠啮器音然也,盖取义于脆软;"偭"者,"偭题验"之略语也。则译曰"软骨",义译是也。又如呼曰"机里尔"者,无语可当,无义可解。则译曰"机里尔",直译是也。[2]

---

[1] 徐克伟译,沈国威校:《和兰医事问答(二)》,《或问》2015 年第 27 号,第 147 页。原文中,"直译"为汉字。[建部清庵、杉田玄白:《和兰医事问答》,早川纯三郎编:《文明源流丛书》第 2 册,东京:国书刊行会,1914 年(大正三年),第 400 页上]。

[2] 杉田玄白译:《解体新书》,东武书林刻本,东京:东京大学医学图书馆,1774 年(安永三年),叶五正。

作为例子的"骨"和"软骨"没有变,但"对译"换成了"翻译"。"对译"和"翻译"都是从"译"衍生出来的双音节词,在汉语语境中和"译"的含义也相近,但在这里却不能作如此简单的理解。根据这几个译例来看,杉田所说的"翻译"(对译)和"义译"相当于本书第三章讨论的"正翻"和"义翻"(详见下文);"直译"的例子虽然从"奇缕"换成了"机里尔",但"直译"本身仍指音译,即用汉字转写荷兰语的发音。

后来,杉田委派弟子大槻玄泽对该书进行了全面修订,于1826年正式出版《重订解体新书》(以下简称《重订》),《凡例》中涉及翻译方法的部分又出现了变化:

> 译例有三等:曰"直译",曰"义译",曰"对译"。今举其一二言之:蓁牒冷,即骨也,译曰"骨",直译是也;泄奴,即神液通流之经也,译曰"神经",义译是也;吉离奴,无名可充、义可取,乃音译曰"吉离卢",对译是也。[1]

这段文字虽题为《旧刻〈解体新书〉凡例》(以下简称《旧刻凡例》)且仍署名"杉田翼"(即杉田玄白),但较之初版《〈解体新书〉凡例》(以下简称《凡例》)已有明显不同:原来表示音译的"直译"这里改作"对译","翻译"称"直译","义译"则一仍其旧,即:《凡例》中的"翻译""义译""直译"在《旧刻凡例》中依序作"直译""义译""对译"。

大槻在修订该《解体新书》时专门撰写了六卷《翻译新定名义解》(以下或简称《名义解》),集中阐释每个术语名称的翻译方法和

---

① 　杉田玄白译,大槻玄泽重订:《重订解体新书(序;旧序;附言;凡例)》,叶六正。

具体含义,"使览者知有其名义所有本矣"①。《名义解》开头对上述三种翻译方法作了进一步补充说明:

> 译"协卢僧"曰"脑"、译"法卢多"曰"心"之类,谓之"直译";译"泄奴"曰"神经"、译"吉离卢"曰"滤胞"之类,谓之"义译";直曰"劫业卢"、曰"蛤瓦机"之类,谓之"对译"(又谓之"音译"……)。②

表 2   《和兰医事问答》《解体新书》《重订解体新书》翻译术语命名情况

	和兰医事问答	解体新书	重订解体新书	译 例
翻译术语名称	对译	翻译	直译	骨、脑、心
	义译	义译	义译	软骨、神经、滤胞
	直译	直译	对译	奇缕、机里尔、吉离卢、劫业卢、蛤瓦机

从《和兰医事问答》到《重订解体新书》,翻译术语的反复变化(见表2)③说明当时的兰学家对于翻译术语的命名尚未形成共识,所以大槻自称"私立种种译例以从事"④。吉野政治对江户时代包

---

① 杉田玄白译,大槻玄泽重订:《重订解体新书》卷五,1826 年(文政九年),叶一背。大槻所撰《〈重订解体新书〉附言》称:"凡名物传译,创见编中者,不可不知其名义所由本。因作《新译名义解》,汇为六卷,附诸编后。"[杉田玄白译,大槻玄泽重订:《重订解体新书(序;旧序;附言;凡例)》,叶五正]

② 杉田玄白译,大槻玄泽重订:《重订解体新书》卷五,叶一正背。

③ 最早对这些翻译术语进行归纳和分析的是日本学者松村明的《翻譯·對譯·義譯——解體新書とその譯語(一)》(《国語研究室》1964 年第 2 号,第 76—80 页)。另可参见沈国威的整理(沈国威:《近代中日词汇交流研究:汉字新词的创制、容受与共享》,北京:中华书局,2010 年,第 77 页),但笔者不同意沈著对《重订解体新书》中"直译""义译"的定义(详见下文)。

④ 杉田玄白译,大槻玄泽重订:《重订解体新书》卷五,叶一正。

括杉田玄白和大槻玄泽在内的 14 位兰学家使用过的翻译术语进
行了统计(见表 3),结果显示:"义译"这一称呼相对固定,用"直
译"指称音译的做法一度比较流行;但在《重订》脱稿(1819)以后,
大槻玄泽的弟子桥本宗吉(1763—1836)、山村才助(1770—1807)
和宇田川玄真(1769—1834)等人都继承了乃师对"直译"的使用,
进而加以推广。

表 3 吉野政治对江户时代兰学翻译术语命名情况的统计①

序号	兰学家名(生卒年)	直译	义译	音译
1	本木良永 (1735—1794)	正译	义译	假借
2	前野良泽(兰化) (1723—1803)	正译	义译	直译
3	杉田玄白 (1733—1817)	翻译/对译	义译/义翻	直译
4	森岛中良 (1754—1810)	?	义译	音译
5	宇田川玄随(槐园) (1755—1797)	对译	义译/义翻	直译
6	志筑忠雄(中野柳圃) (1760—1806)	对译	义译	?
7	吉雄俊藏(南皋) (1788—1843)	对译	义译	直译
8	大槻玄泽 (1757—1827)	直译	义译	对译
9	桥本宗吉 (1763—1836)	对译	义译	直译

---

① 吉野政治:《蘭書三訳法の起源とその名称》,《同志社女子大学日本語日本文学》
2014 年第 26 号,第 52 页。

序号	兰学家名(生卒年)	直译	义译	音译
10	山村才助 (1770—1807)	？	义译	音译
11	宇田川玄真 (1769—1834)	直译	义译	对译
12	吉田正恭 (生卒年不详)	直译	义译	对译
13	高野长英 (1804—1850)	对译	意译/义译	？
14	杉田成卿 (1817—1859)	直译	意译	音译(对译？)

　　值得注意的是：《重订》中称为"直译"的翻译手法最初被称为"正译"①，与"义译"互为对称。这一点完全符合佛典翻译的体例。那么，《重订》中的"直译"和"义译"是否有可能受到了中国古代佛经翻译方法的启示呢？实际上，大槻在《名义解》开篇即言：

　　　　三译者，效浮屠氏译经旧例矣。②

　　那么，"浮屠氏译经旧例"具体是指哪些佛经翻译方法？

第三节　"直译"对"正翻"原则的继承

　　大槻在《重订解体新书》的《附录》里回顾中国古代翻译史时还

---

① 吉野政治注意到《广雅》中有"直，正也"的记载(吉野政治：《蘭書三訳法の起源とその名称》，《同志社女子大学日本語日本文学》2014 年第 26 号，第 53 页)。
② 杉田玄白译，大槻玄泽重订：《重订解体新书》卷五，叶一背。

专门提到了《翻译名义集》：

> 盖汉唐翻译异方之书，则始于翻西竺佛典。《名义集》曰：
> 翻译梵天之语，转为汉地之言，音虽似别，义则同云。……是
> 当时名僧学士之所为，要不令失彼真义之精力，何其可企
> 及哉！

吉野政治就认为杉田师徒的"三译"原则脱胎于《翻译名义集》"唐
梵字体篇"中的"翻译四例"①：

> 《宋高僧传》明"翻译四例"：一、翻字不翻音，诸经咒词是
> 也；二、翻音不翻字，如《华严》中"卍"字是也，以此方"万"字翻
> 之，而字体犹是梵书；三、音字俱翻，经文是也；四、音字俱不
> 翻，西来梵夹是也。②

引文中的"翻"和"译"带有变更、转换的意思，与现代意义上的"翻
译"不同③。

　　吉野还发现第三种译例（即"音字具译"）在《翻译名义解》中又
被分为"正翻"和"义翻"（或称"义译"）两种，并进一步指出了杉田
玄白在《和兰医事问答》中提出的"三译"原则与《翻译名义解》"翻
译四例"的对应关系："直译"（即《重订》中的"对译"）相当于第一例
"翻字不翻音"，也就是我们现在说的"音译"；"对译"（即《重订》中

---

① 吉野政治：《蘭書三訳法の起源とその名称》，《同志社女子大学日本語日本文学》
　　2014 年第 26 号，第 42—43 页。
② 法云：《翻译名义集》，《大正藏》第 54 册，第 1147 页上。
③ 古汉语中确有这种用法，参见本书第一章第一节"三、'译'的词义引申"。

的"直译")相当于第三例"音字具译"中的"正翻";"义译"(《重订》中也作"义译")则相当于第三例"音字具译"中的"义翻"(或作"义译")①。

但值得指出的是:"正翻"和"义翻"这两个翻译术语的使用并不始于《翻译名义集》,吉野所列举的《翻译名义集》中的词条大都在成书更早的《慧琳音义》中已有记载,而且同样使用了"正翻"或"义翻"。就杉田师徒对汉文佛典的熟悉程度来看,把"三译"原则的来源精确定位到《翻译名义集》也不一定合适,比如《重订·附录》里便专门提到"夫取音学于悉昙,取历算于西洋,其实用可征矣"②,可见大槻对佛教悉昙学亦有涉猎。上文讨论过日本佛学界对中国古代佛经翻译理论的吸收,其中尤以悉昙学著作的记述最为全面,那么大槻所说的"浮屠氏译经旧例"来自《悉昙要诀》也完全可能。

比较来看,《重订解体新书》中称为"直译"的翻译手法最初恰恰被兰学家称为"正译",并与"义译"互为对称③(见表 2),完全符合佛典翻译的术语命名。虽然大槻并没有对"直译"作过详细、明确的定义,只是举出具体的译词来说明"直译"的用法,但《重订解体新书·附录》中的一句话还是透露出了他对"直译"这种方法的理解:

此所译定内景名物,汉人所未说而不可以汉名直译者,皆

---

① 吉野政治:《蘭書三訳法の起源とその名称》,《同志社女子大学日本語日本文学》2014 年第 26 号,第 45 页。
② 杉田玄白译,大槻玄泽重订:《重订解体新书》卷十二,叶十背。
③ 吉野政治注意到《广雅》中有"直,正也"的记载(吉野政治:《蘭書三訳法の起源とその名称》,《同志社女子大学日本語日本文学》2014 年第 26 号,第 53 页)。

出于新译。①

反过来说,"汉人已说"的便可"以汉名直译"。比如"骨""脑""汗"
等,这些概念为中西医所共有,只是称呼不同,所以直接换用汉语
名称即可。这很容易让人想到佛经汉译理论中的"正翻"。景霄
《四分律行事钞简正记》载:"若东西两土俱有,促呼唤不同,即将此
言用翻彼语梵……皆号'正翻'也。"②元照也说:"华梵同有,可得
正翻。"③

　　大槻在一些标识为"义译"的词条释文里还作过如下表述:

　　　　汉所未曾说者,以故无**正名**可以当者。④
　　　　按此物汉人未说者,故无**正名**可以充者。⑤

有时大槻也使用"正称"或"正义",如《名义解·口篇》"口盖"条载:
"汉无正称。"⑥又,《名义解·眼目篇》"迎珠"条:"共无由取正
义。"⑦而上文中说过,佛经译论中的"正翻"有时也可以说成"正
名"(比如"无正名相译")。其中透露出的"直译"和"正翻"之间的
关系不应被忽视。

　　更明显的证据是,大槻在《重订·附录》中直接使用了"正
译名":

---

①　杉田玄白译,大槻玄泽重订:《重订解体新书》卷十二,叶十九正。
②　景霄:《四分律行事钞简正记》,《卍续藏经》第 68 册,第 153 页上。
③　道宣撰,元照述:《四分律含注戒本疏行宗记》,《卍续藏经》第 62 册,第 345 页下。
④　杉田玄白译,大槻玄泽重订:《重订解体新书》卷五,叶十四背至叶十五正。
⑤　同上,叶十七背至叶十八正。
⑥　杉田玄白译,大槻玄泽重订:《重订解体新书》卷七,叶七正。
⑦　同上,叶三十二背。

> 凡西医所论定之病名、病症皆本于实测,究其内因而所命
> 名也。故以其**正译名**观之,则其诸病多似此方所无之
> 名、症。①

也就是说,西医许多由所谓"实测"而来的"病名""病症"在传统中医语汇里是找不到内涵一致的"正译名"的。结合上文的讨论可以发现,这里的"正译"完全符合中国古代佛经翻译史上"正翻(译)"的含义。

第四节 "直译"对"正翻"原则的发展(一): 适用范围的扩大

由于《解体新书》特殊的专业性质,译者在实际操作中又对"直译"的适用范围作了必要的调整,对于一些中西概念并不严格对应的词也采用了"直译",比如:

> 筋(直译): 模斯鸠留斯 (罗) 斯卓卢 (兰)   按:此物遍缠绕
> 布列于全身皮下骨上,且系着于诸器诸物,……汉人唯认头尾
> 二部,名之曰"筋"。……虽随其部分稍异,其形质、作用固非
> 可以别命名者,故总译之曰"筋"也。②
> 脉(直译): 法靫 (罗) 法登 宛牒卢斯 (并兰)   按:此血液
> 运行通流之道路。……汉所谓"经络""血脉"皆是也。虽则名
> 与物稍同,其体质、起止、循行、主用皆与西说迥异也。③

---

① 杉田玄白译,大槻玄泽重订:《重订解体新书》卷十一,叶二十四正背。
② 杉田玄白译,大槻玄泽重订:《重订解体新书》卷五,叶二十三正背。
③ 同上,叶二十七正背。

"罗"指拉丁语,"兰"指荷兰语,"筋"和"脉"这两个汉字词与荷语词"斯卑卢"(spier)"法登"(vaten)/"乞牒卢斯"(aders)指称的对象并不完全一致:"筋"和"斯卑卢"所指的部位不同,前者系"头尾二部"之专名,后者则泛指"全身皮下骨上";"脉"和"法登"/"乞牒卢斯"的差别就更大了,两者的"体质、起止、循行、主用"都迥然不同。但是,"筋"和"脉"这两个译词都被大槻标为"直译"①。

　　类似做法在《重订》中相当普遍,实则是一种权衡再三的变通手段,其原因正如沈国威所指出的:"供兰学家们选择的词语主要是中国传统的医学术语,但是中西医是两个截然不同的医学体系,基本原理、术语都不尽相同。"②传统的中医语汇不可能与西方解剖学意义上的医学概念若合符节。大槻在《重订·附录》中写道,"东西彼我所建之医道,摸定与实测,霄壤悬异"③,"西方内景图说之与汉土古来医说大为龃龉"④;即使"偶有获和汉诸说稍如与之相符者",也常常"语而不详,及而未至"⑤。在这样的实际条件下,若要强求概念的严格对应,则难免如杉田玄白所感叹的那样:"汉说之所可采者,则不过十之一耳!"⑥大槻也清醒地意识到,倘若"悉废其旧",彻底放弃汉唐医籍一贯操用的术语,势必影响读者对原书内容的理解和接受,甚至可能被泥古的汉方医家目为异端

---

① 《名义解》明确了每个译词所属的翻译类型,即"直译""义译"和"对译",凡与前一词属于同一种翻译类型的则不重复标注。另,音译词中间的间隔号"·"为原文所有,或系译者用以分隔荷语词语素(意义单位)的记号;音译词的字与字之间还会用连接号"-"连接,本文从略,仅在未用连接号处用空格表示。
② 沈国威:《近代中日词汇交流研究:汉字新词的创制、容受与共享》,第78页。
③ 杉田玄白译,大槻玄泽重订:《重订解体新书》卷十一,叶一正背。
④ 杉田玄白译,大槻玄泽重订:《重订解体新书》卷十二,叶十六背至叶十七正。
⑤ 杉田玄白译,大槻玄泽重订:《重订解体新书》卷十一,叶一正。
⑥ 杉田玄白:《解体新书·序图》,杉田玄白译:《解体新书》,东武书林刻本,叶一背。

邪说①。正是出于上述考量，大槻在实践中适当放宽了"直译"的标准，"务以蹈袭旧称，其无可当者姑且假借他义以为之译"②。他称这种做法为"委曲翻彼西说，直为之译"，目的是"令人意易会也"③。他的做法也得到了乃师杉田的首肯，后者在回忆这段翻译经历时就说：

> 初遇兰说，不必辨其细密之处。……早日译成此书乃第
> 一要义，使世人早得其大概，新旧医法相较，速晓医事内核。
> 故皆用汉土旧名译之。④

---

① 杉田玄白译，大槻玄泽重订：《重订解体新书》卷十二，叶十九正背。大槻称："吾侪苟业医，从来奉汉唐方法，均是薰陶其诸说者也。而今更创新译之业，专欲补其阙，则岂悉废其旧为得耶？然若其名物，逐一从彼原称下译，则观者不唯不得遽辨识之，又为可解不可解一种异说，以至俾向往者裹足也。"（同上）这种顾虑并非杞人忧天。初版《解体新书》问世后曾一度激起汉方医者乃至整个日本汉学界的强烈反弹。正如张哲嘉所指出的："《解体新书》一书强烈质疑中医为不可信，连带也摇撼了中国知识的权威性。因此不仅是汉方医者视玄白为仇寇，发出不少反对的声音。汉学家亦颇为嫉视，对其猛烈抨击，质疑汉文不够水平。相对于汉方医者与玄白之间的矛盾，会被视为仅属医界中的门户之争，汉学家对于《解体新书》的批判，却是向全社会控诉玄白缺乏讨论知识的资格，因此其对玄白的伤害，比起汉方医者的攻击有过之而无不及。如果《解体新书》要在日本社会站稳阵脚，来自汉学家的正名挑战，迟早必须有所回应。"（张哲嘉：《〈重订解体新书〉译词的改定与方法》，鈴木貞美、刘建辉编：《東アジアにおける知的交流：キイ・コンセプトの再検討》，第 226 页）这一点在《重订・附录》里得到了充分反映，大槻说："盖吾学创业日浅，世人未及辨其真理，动辄有异而毁訾之者。"（杉田玄白译，大槻玄泽重订：《重订解体新书》卷十一，叶十背）又说："学者痼旧染之际，不能卒改面目，间或异而排斥之、或奇而诽议之者多矣。"（杉田玄白译，大槻玄泽重订：《重订解体新书》卷十二，叶八正背）他毫不客气地指责这些人"旧染眯目"，而且"不学无识"（同上，叶十六正）。但另一方面，大槻也认可这是普通人接受新事物的正常过程，所谓"草造未发之业，纵有真理捷法，而不详其源委，漫生疑议，以为奇异怪僻，是人之通情、世之常态，固不足深怪也"（同上，叶十正背）。

② 同上，叶十九背。

③ 同上，叶十九背至叶二十正。

④ 杉田玄白著，徐克伟译：《兰学事始》，《或问》2013 年第 23 号，第 143 页。原文："此讀み初〔め〕の時にあたり、細密なる所は固より辨ずべき樣もなし……此譯をいそぎて早く其大筋を人の耳にも留〔ま〕り解し易くなして、人々是まで心に得し醫道に比較し、速〔か〕に曉り得せしめんとするを第一とせり。夫故、なるたけ漢人稱する所の舊名を用ひて譯しあげたく思ひしなれども……"（杉田玄白著，野上豊一郎校定：《兰学事始》，第 68 页）

他反复强调"但求通达大意而已","当以宣明大体为要,故首倡大略"①,和大槻表达的意思一样。

"直译"范围的扩大,虽然方便了读者的阅读,但同时也意味着许多中医词汇被附会上了西方解剖学意义上的新意涵,这势必导致读者把中西医概念混同起来,从熟稔的中医角度去理解西医,而这是兰学家们不愿看到的。所以,大槻在《名义解》开篇即向读者宣明:"凡本编所载,其物其名,皆由解体实测而所创定也。故我邦及汉土古今未说及者居多;虽则有说及者,形状主用大差者,亦不鲜矣。于是不能以其物为其物、以其名为其名。"②根据《名义解》提供的译词来看,"不能以其物为其物、以其名为其名"的情况是相当普遍的,因此大槻在借用"汉土旧名"的同时也时刻不忘揭示其与原词的差异,提醒读者不要误解了西医的概念。例如:

心(直译): 革卢 (罗) 协多·合卢多 (兰) 按:即心也。汉所谓心,"其形如未敷莲华,重十二两,有七孔三毛,盛精汁三合。其官能则君主之官,神明出焉"。又:"主藏神,乃为一身君主,统摄七情,总包万类,酬酢万机。"又,"心,纤也,所识纤微,无物不贯","心,又任也,任万物,无纤巨"等诸说,与西说大异矣。盖汉则为藏神之府,兰则以为配血之原。然心与 合卢多 ,其位置、形象全相同,则不得不直译曰"心"也。学者宜改面目而就实焉。③

大槻根据原书对"协多·合卢多"(het hart)这一器官的位置和外

---

① 杉田玄白著,徐克伟译:《兰学事始》,《或问》2013 年第 23 号,第 143 页。
② 杉田玄白译,大槻玄泽重订:《重订解体新书》卷五,叶一正。
③ 杉田玄白译,大槻玄泽重订:《重订解体新书》卷八,叶十六正背。

观的描述,判断该词指的就是心脏;但中医所谓的"心"与"合卢多"的功能全然不同——"盖汉则为藏神之府,兰则以为配血之原",因此大槻在"直译"之余,特别提醒读者"宜改面目而就实焉",其谆谆之情跃然纸上。

同样地,《名义解》在介绍"脾"和"肾"的这两个中西医学共有的脏器时也有类似表达:

脾(直译): 力甓 斯百乙冷(并罗) 密鹿多(兰) 按:汉所说"脾"脏是也,如其本质官能则迥异也。《经》曰:"脾胃者,仓廪之官,五味出焉。与胃并称,以为水谷消磨之官。"又:"脾重三斤三两,扁广三寸,长五寸,有散脂膏半斤。主裹血,温五脏。主藏魂。又主藏意。意者,心之所之也。"《释名》:"脾,裨也。在胃下,裨助胃气,主化水谷也。所受谷味,分散以温各脏。"又曰:"食入胃,则脾为布化。气味荣养,五脏百体,裹水谷气,为胃行其津液。"又:"脾着胃,土之精也。"又:"脾开窍于口"云云。是皆臆想妄诞,固无足取者。今不问其本质官能,姑假其字译云尔。请学者勿以"脾助胃气"之"脾"视焉。[1]

肾: 列涅斯(罗) 尼卢(兰) 按:即汉所谓肾也,其官能则与本说大有径庭。夫 尼卢 者,主滤分小便;汉说则谓肾藏精。[2]

《重订·附录上·肾名义解》则特意补充说:

盖其物与名同,而其主能则迥异。……此篇者,宜改面

---

[1] 杉田玄白译,大槻玄泽重订:《重订解体新书》卷十,叶一正背。
[2] 同上,叶六正。原文"尼卢"后脱"兰"字,补。

目，勿以所谓"藏精之肾"视焉。①

"五脏"中除"心""脾""肾"之外，"肝"和"肺"也被认为是物名相同而功能迥异，不能从中医的角度去理解②。

选择"直译"以"汉土旧名"本是为了读者理解的方便，但这种做法同时成了一把双刃剑，读者很可能因此产生误解。于是，大槻一方面要为范围扩大后的"直译"提供合理性的证明（"其位置、形象全相同，则不得不直译"），同时又得反反复复对中西医的差异加以申说。在《重订》最后的《附录》里，大槻更是花了不少篇幅来集中分析"本西说而合旧记"③的医学名词。这些概念表面上的"如合符节"④其实经不起推敲，所以大槻的措辞也格外谨慎：

　　汉所谓"精"，和兰称 靫独 。按：靫独 者，种子也。盖取义
　于播种结实，……汉亦有"调经种子"，又"温脐种子方"，或"种
　子太补丸"，或"种子济阴丹"。又有"怀孕数落而不结实"等之

---

① 杉田玄白译，大槻玄泽重订：《重订解体新书》卷十一，叶三十五正。
② 《名义解·肺篇》："肺（直译）：拵鹿木（罗）笼杌（兰）　按：即肺也，但与汉所说稍差矣。然，'肺为气'。又：'系喉管而为气之宗'。又：'吸之则满，呼之则虚。'又，《释名》'肺，勃也，言其气勃郁也'等之说，及其位置亦相同，则 笼杌 之为肺可知也。（按：汉所谓肺，'似人肩而为脏之盖，重三斤三两。空空相通，六叶两耳。脉脉朝会，四垂如盖。附着脊之第三椎中八叶，下无窍，叶中有二十四空，行列分布诸脏清浊之气'。又：'主藏魄。'又：'相传之官，治节出焉。'注：'为气之本也。'又：'开窍于鼻。'皆无稽臆说也。）……"（杉田玄白译，大槻玄泽重订：《重订解体新书》卷八，叶十二正。）《名义解·肝及胆篇》："肝：协八卢 噎鸠卢（并兰）列苛卢（兰）　按：……《经》曰：'肝者，将军之官，谋虑出焉。左三叶，右四叶。凡叶，主藏魂。'《释名》：'肝，干也。凡物以大为干，故名曰肝。'（原文作：'凡物以大为肝，故名曰干。'误。——笔者注）又：'肝开窍于目。'又：'肝主筋'等。诸说无一与西说合者。然谓'胆如悬瓠，附肝之短叶间'，则 列苛卢 为肝脏可知也……"（杉田玄白译，大槻玄泽重订：《重订解体新书》卷十，叶二背至叶三正）
③ 杉田玄白译，大槻玄泽重订：《重订解体新书》卷十一，叶十三背。
④ 同上，叶十三背。

语。盖"种子""结实"与和兰命名之义稍相似焉。(《子精名义解》)①

汉古以头脑为藏神之府、魂魄之穴者,……今就实物校之,脑自为四室之类,则似颇相符矣。(《寤寐论》)②

古所谓诸髓者,属于脑。故,上自脑,下至尾骶,皆精髓升降之道路也。与此暗合。(《脊髓译义》)③

大槻的写作目的是要"读之者若其所会熟而或有所疑,注意于其所附考证,进就本文覃思考索,则其精粗真伪自判,然可以为渐脱因循之旧染,顿悟真理之捷径"④。所以在大部分情况下他会进一步指出这些"稍相似""颇相符"或"暗合"背后的实质性差异,比如:中西医体系里的"汗孔与蒸气之主用而颇似",但细究起来,中医"所谓腠理者,非特指皮膜汗孔,兼指内外诸器泄气之门",而"蒸气亦泛称阳气液言之"⑤。因此大槻建议"犹若有未审其分别者,人宜择取以与本说并考,则于治术之际,未无少补"⑥。再如:西医里的"神经液""与汉所谓'所营养生身之气血'之'气',或'元气''真气''阳气',或'营卫者,精气也'之'气'相似也",然而大槻又认为中医"视其可见而究其不可见之理",西医"则不视其可见者而推其不可见之理","其似者,特偶中暗合,不可同日而论也"⑦。类似的例子还有"胆"⑧

---

① 杉田玄白译,大槻玄泽重订:《重订解体新书》卷十一,叶四背至叶五正。
② 同上,叶十六背。
③ 同上,叶二十一正。
④ 杉田玄白译,大槻玄泽重订:《重订解体新书》卷十一,叶一背。
⑤ 同上,叶一背。
⑥ 同上,叶三背。
⑦ 同上,叶五背。
⑧ 《名义解·附录·胆液末条》:"汉古所谓胆,形如悬瓠,附肝之短叶间,盛精汁之类。考其形状、所在本位则同,而如其'胆,敢也,有果敢决断也'等之主功,则与西说大异也。"(同上,叶五背至叶六正)

"骨"①和"眼""耳""鼻""舌"②等,这些词在《重订》中都采用了"直译",但这些中西医概念的吻合在大槻看来只是"偶中暗合",根本"不可同日而论"。

大槻不厌其烦地写下这些文字,实在经历了一番颇为复杂的思想斗争:他起初担心读者只把注意力放在"偶中暗合"上,不去细细分别个中差异,"或由之以令却失辨明本义之要"③,反倒把中西医学混为一谈,所以原本打算略过不提,以免弄巧成拙;可"既而复顾旧说偶合实测者,从来古人深致思以至于此,不可不叹称也"④。这便真实展现了一个深受中医思想熏陶的兰学医者在接受西学时对待传统文化的理性态度和真挚情感。以上文分析过的"五脏"概念为例:大槻在指出中医"牵强附会"之处的同时,也很坦率地承认"既有五脏六腑之目,与今所实观者颇相合,则古必有其法矣"⑤,甚至特地从古代汉文典籍里找到了零星证据⑥;另一方面,大槻也

---

① 《名义解·附录·骨数补译末条》:"汉人之说骨,皆自皮肉上按抚摸索,漫命其名,故无一骨得其真者。"(同上,叶八背至叶九正)
② 《名义解·附录·五知三识》:"五知,与汉所谓'耳目口鼻形'之'五官'为五脏之外阅、《庄子》'耳目鼻口心知'、佛说'眼耳鼻舌身意'谓之'六根'颇相似,而异其所出。且'三识'亦为心之所主,则与之大差矣。"(同上,叶十背至叶十一正)
③ 同上,叶一背。
④ 同上,叶一背。
⑤ 杉田玄白译,大槻玄泽重订:《重订解体新书》卷十二,叶三背至叶四正。
⑥ 大槻在《汉书·王莽传》里发现,王莽被活捉后,太守翟义的部下"使太医、尚方与巧屠共刳剥之,量度五脏,以竹筵导其脉,知所终始,云可以治病"(同上,叶四正背)。又从《文献通考》里找到明代崇祯年间泗州(今江苏盱眙。原文作"泗川",误)每当有"刑贼于市",郡守就会"遣医并画工往亲决膜,摘膏肓,曲折图之,尽得纤悉"(同上,叶四正背)。不过,在大槻看来,"此等虽其用心可称,以其他无所适从。故为诣其所至,徒以校诸古经,取其快耳。惜矣!"(同上,叶四背)他甚至还分析了中医体系"观之疏漏,说之牵强"的原因在于"尚文华之弊",而"后世医家亦第蹈袭彼五行分配之凿说,因循以为定则,莫一人出其范围者"(同上,叶四正)。他在另一处则说:"今以实测所建之医流顾之,则其往昔所创立医道之本源已不免疏漏。盖承其疏漏之遗,而设方法、施治术,其所谓取其功验者,殆如未始解了也。因退察之,古来如其内景医理,则偏守古法……"(同上,叶十二正背)

注意到中国早已有人译介过西方医学知识,比如明代方以智(密之)的《物理小识》和王宏翰(惠源)的《医学原始》便是"二百年前先我所发,而其得实者不为不多矣"[①]。不过,尽管二书"本所取于实诣译说而实录也,然未闻世人读之能有注意而感发其诸说者也",大槻认为原因就在于"无可征千古之医说者也"[②],亦即没有充分联系中医思想对比验证,然后去伪存真、破旧立新[③]。于是大槻斟酌再三,最终决定将"我邦及汉土从前诸说间有与西说暗合者"专门辑录为一

---

① 杉田玄白译,大槻玄泽重订:《重订解体新书》卷十二,叶八正。
② 杉田玄白译,大槻玄泽重订:《重订解体新书》卷十一,叶二正。
③ 大槻在《重订·附录·主用》中也表达了类似的意思:"此古今所未曾发世也,虽有读之者,痼于旧染,不能卒晓,为可憾。"(同上,叶二十六背)当然,这里也有方、王二人本身的问题。对此,大槻在《附录》里作了十分中肯的评价:首先,大槻指出这些人只是借助传教士的论述"略闻西方精究之说"(同上,叶三十二背),其著作大都"取于重译,而非直就彼书译之者"(杉田玄白译,大槻玄泽重订:《重订解体新书》卷十二,叶八正)。这在当时(明清之际)的中国甚至是很普遍的现象,大槻在回顾中国古代的翻译历史时就说:"挽近天文星历之诸术,取西洋所说之诸编而成者殊夥。闻是召洋人于本地,传译笔录,以所纂修(云)"(同上,叶三十一正)。这样辗转译写出来的西学"未免隔一层而观焉"(同上,叶八正),"讹疏漏谬误之讥"(杉田玄白译,大槻玄泽重订:《重订解体新书》卷十一,叶三十二背)也是很自然的事。大槻在《重订·附录·三种眼液》中说:"王氏辈传译西说,述目之视官论,有粗及其实诣者,然多误其传。虽则不足取以为征,闻其端绪则先于我。"(同上,叶二十一背)又:"其说未为全尽,然原出于西说,学者参勘之可也。"(同上,叶二十二背)又:"此亦传西说而所记也,然语而不详,可惜也。"(同上,叶二十八背)又:"汉所谓心,系有二:一则上与肺相通而入两大叶之间者,似指肺动血脉、肺静血脉;至谓'一则由肺叶下'云云,则牵强甚矣。……古今诸说,半上落下,此皆不就实之弊也。唯挽近王氏之书,则记传闻之译说,有'脉经之血由心炼'之论可取者,惜哉未尽其详也。"(同上,叶三十背)其殷殷惋惜之情可见一斑。更重要的是,作为长期浸淫于旧学的传统知识分子,方、王二人本身也不可能完全摆脱中医思想的影响,他们在医学方面的译述"多加旧说与臆见"(同上,叶三十二背)也是很可以理解的。这一点大槻同样认识得非常清楚,他在评价王宏翰的《医学原始》时说:"汉有医道以降三千年,医人之多、医书之夥,无一不涉阴阳五行者;而其说颇系实测者,仅此书与明方氏所著耳。犹且因循旧习,未能全脱樊篱而发挥实理。……要之,阴阳五行,汉土古今一大结构。耳目所惯,人人安生中。虽有豪杰,恬不之省者,古来国俗风习令然也。"(同上,叶三十二背至叶三十三正)《重订·附录》的写作主要就是出于以上考量,大槻要以"王氏辈"为前车之鉴,"外其堂构,求其端绪,而探其本,溯其源"(同上,叶三十三正),对中西医学"貌合神离"的部分作一番正本清源式的梳理。

卷,期待有识之士"若能取舍之,则与发挥真理未必无小补也"①。

　　总而言之,大槻玄泽一边指责保守的汉方医者"蹈袭旧说,守株胶柱,恬然不之省,舍其本、趋其末"②;实践中,却又不得不"蹈袭旧称","有回护古经者焉,有牵强旧说者焉,要取令人意易会也"③。在中西文化剧烈冲突的兰学时代,译者煞费苦心地作出上述选择也是完全可以理解的④。

第五节　"直译"对"正翻"原则的发展(二): 语素对译的引入

　　应当强调的是,《名义解》中还有一种译法也被视为"直译":

　　　水脉(直译): 法靫・列乙模羰低蛤 (罗) 袜跕卢・法登 袜跕卢・勃乙斯(并兰)　按: 袜跕卢者,水也,法登者,脉也,与宧牒卢同义;勃乙斯者,筒管也,即脉管之谓也。因译曰"水脉"。⑤

　　　虫样垂(直译): 宧迸日古斯 拂卢密福卢密斯(罗) 𪘁卢模沴乙泄・宧蓥方杌泄鹿(兰)　按: 𪘁卢模沴乙泄者,虫样也;宧蓥方杌泄鹿者,悬垂也。⑥

---

① 杉田玄白译,大槻玄泽重订:《重订解体新书》(序;旧序;附言;凡例),叶六正背。
② 杉田玄白译,大槻玄泽重订:《重订解体新书》卷十二,叶二十九背。
③ 同上,叶十九背。
④ 实际上,佛经翻译中某些被认为是"正翻"的译词也存在类似情况,比如把"修多罗"翻成"经"、把"毗尼"翻成"律"、把"尸罗"翻成"戒",不少佛经注疏家认为其中的概念对应并不一致,不应视为"正翻"。
⑤ 杉田玄白译,大槻玄泽重订:《重订解体新书》卷五,叶三十一背。
⑥ 杉田玄白译,大槻玄泽重订:《重订解体新书》卷九,叶四十背至叶四十一正。

"水脉"（water-vaten/water-buis）等于"water"（"袜跕卢 者，水
也"）加"vaten"（"法登 者，脉也"）/"buis"（"勃乙斯 者，筒管也，即脉
管之谓也"）；"虫样垂"（worm wyzn aanhangzel）等于"worm wyzn"
（"嚛卢模汤乙泄 者，虫样也"）加"aanhangzel"（"叾盇方杋泄鹿 者，
悬垂也"）。这两个"直译"词都采用了类似语素对译（也称"仿译"）的
方法①。具体而言，就是先将原语拆分成若干个意义单位，再用适当的
汉语逐次译出，最后组合到一起构成一个新的汉字词，相当于元照《四
分律删补随机羯磨疏济缘记》所说的"以义翻义"（参见本书第三章第
三节）。大槻每每将其表述为"如译字""其义如译字""原称如译字"②。

　　采用上述方法来翻译的大都是中国本来没有的概念，汉语中
自然也没有相应的称呼。这一点好像并不符合"汉人已说"这个
"直译"的标准，因此这些译词虽然被标记为"直译"，但以往的论者
多视其为笔误，以为《重订》中采用语素对译法的词应归入"义译"。
比如沈国威就认为《重订》中的"义译"可以分为"摹借法"和"汲义
法"两类③，前者就是指语素对译。沈著所列举的"摹借法"译词包
括"十二指肠""盲肠""摄护液""口盖骨"和"小脑"，但这五个词中
除了"口盖骨"被明确标为"义译"外，其余四个词并没有作标注；按
照《名义解》的译词标记原则——"每条下记'某译'，下条亦同则不
复录，直至换他译而记之"④，排在"十二指肠"和"盲肠"之前的最
近一个标注了译法的词是"食道"，排在"摄护液"和"小脑"之前的

---

① 当然，大槻玄泽所处的时代还没有"语素"（morpheme）概念，这里说的"语素对译"
　并不是严格意义上的一个汉语语素对译一个外语语素，大槻对外语词的切分以及
　对译时选用的汉语有时是大于语素的单位。为了行文方便，我们用"语素对译"来
　泛指此类做法。
② 杉田玄白译，大槻玄泽重订：《重订解体新书》卷七，叶三十五正；卷八，叶十三背、
　叶十九正背。
③ 沈国威：《近代中日词汇交流研究：汉字新词的创制、容受与共享》，第86页。
④ 杉田玄白译，大槻玄泽重订：《重订解体新书》卷五，叶四正。

则分别是"泪"和"脑",而"食道""泪"和"脑"的标注都是"直译"①。那么,"十二指肠""盲肠""摄护液"和"小脑"也都应归为"直译";沈著以其为"义译",故指《重订》之标注"多有舛误"②。类似地,张哲嘉也认为"大槻在《名义解》中所标注的直译、义译,有时并不可靠",可能是"其本人无意识状态下的笔误"③。他归纳了"组合""取义""假借"和"造字"四种"义译"的具体做法④。其中,"组合"法就是"将原语拆解成一个以上的元素、然后再组合而成词汇"⑤,与沈著中的"摹借法"类似,都是指广义的语素对译。张哲嘉提出,应把"误写"的"直译"理解成"直接翻译"⑥。但是,这样的"误写"不仅一而再、再而三地出现,而且也无法解释"水脉""虫样垂"等词的下标中注明(而非行文中使用)的"直译"(详见下文)。

　　实际上,《名义解》中采用语素对译法的译词几乎都列在"直译"名下,绝不可能都是笔误⑦。而且,有时参以词条下的释文便可断定作者确实是把这些词当作"直译"来看待的。比如《名义解·动血脉篇》⑧标为"直译"的"动血脉"⑨,大槻在《名义解·身体

①　杉田玄白译,大槻玄泽重订:《重订解体新书》卷九,叶三十二背;卷五,叶十二背;卷七,叶八背。
②　沈国威:《近代中日词汇交流研究:汉字新词的创制、容受与共享》,第78页。
③　张哲嘉:《〈重订解体新书〉对三译原则的运用》,黄自进主编:《东亚世界中的日本与台湾》,第53页。
④　同上,第54—57页。
⑤　同上,第54页。
⑥　同上,第53页。
⑦　据笔者统计,全书中用"义译"一词来指称语素对译的例子仅一处:"胆:哥悉蛤·歇力斯 泄乙斯荅 苛列亚(并罗)歹鹿·勃㔉斯(兰)　按:是二合言也。盖歹鹿者,苦黄汁(即胆汁也);勃㔉斯者,囊也。义译之则'黄液囊'也,即汉所谓胆也。"(杉田玄白译,大槻玄泽重订:《重订解体新书》卷十,叶四正。)但这种偶见的"义译"用例完全可以理解成与音译相对的"义译",而非特指《重订》译例中确立的"三译"原则之一。
⑧　《重订》中正文的篇目与《名义解》的篇目一一对应。
⑨　杉田玄白译,大槻玄泽重订:《重订解体新书》卷五,叶二十七背。

元质篇》中解释说：

> 动血脉：遏卢 的 力穵（罗） 斯拉孤·穵牒卢（兰）　 按：
> 斯拉孤者，搏动也；穵牒卢者，脉也。故直译曰"动血脉"。①

"斯拉孤·穵牒卢"（slag-ader）被拆成"slag"（"斯拉孤者，搏动也"）和"ader"（"穵牒卢者，脉也"），大槻很明确地把这样的译法称作"直译"，足见《动血脉篇》的标识并无讹误。

再如，"食道"（slok-darm）一词的释文说：

> 斯洛骨者，咽也；达卢模者，肠也……直译之则"咽肠"也。②

《名义解·诸骨区别篇》还录有"上下海绵样岐骨"，荷语作"spongieagtige beenderen"，大槻称：

> 今因其义直译云尔。③

这里的"义"只能是语素义④。所谓"因其义直译"就是按照原词的语素义进行"直译"，亦即语素对译。

更确凿的证据是，大槻在一条"直译"词的释文内这样说道：

---

① 杉田玄白译，大槻玄泽重订：《重订解体新书》卷八，叶二十一背。
② 杉田玄白译，大槻玄泽重订：《重订解体新书》卷九，叶三十二背至叶三十三正。
③ 杉田玄白译，大槻玄泽重订：《重订解体新书》卷六，叶二十三正。
④ 和上文对"语素对译"的定义类似，这里的"语素义"也不是严格意义上的"最小的音义结合体"（语素）所包含的意义，有时是比语素更大的意义单位。

　　石样骨端：斯登乞古低杌·阿乙多斯爹吉泄鹿（兰）

　　按：此二语合言而为今所译之义。此骨，颛颥骨内之一端，而
位于耳中鼓膜内底。其质坚刚如石，他骨无与之类者。①

根据大槻对"斯登乞古低杌·阿乙多斯爹吉泄鹿"（steen-agtig
uitsteekzel）的位置（"颛颥骨内之一端"）和质地（"坚刚如石"）的
描述来判断，他所说的"此二语合言而为今所译之义"指的就是
把"斯登乞古低杌"（steen-agtig）和"阿乙多斯爹吉泄鹿"
（uitsteekzel）这两个荷语复合词的语素所对应的汉语（"石样"和
"骨端"）组合起来，造出"石样骨端"这样一个词。换言之，大槻在
这里定义的"直译"就是"二语合言而为今所译之义"。

　　相应地，假如原词只有一个语素（"一语"），大槻也会尽可能用汉语
中的单语素词去"直译"。比如《名义解·身体元质篇》中标识为"直译"
的"湩"，大槻在释文内专门用小号字向读者详细解释了该词的由来：

　　　　原称"灭鹿古"者，特名此物之一语而无他义，非可以"乳
　　汁"二合言而译。按字书："《左传》楚人谓乳为'湩'"。又：
　　"湩，泥吼切。湩，渾也，母血所化，以饮婴孩者。"又："渾，音
　　'栋'。《说文》：乳汁也。《集韵》或作'氃'。"是皆"乳汁"以一
　　语所称之字，故译云"湩"。②

这段引文中的"语"很接近我们现在说的语素，所谓"一语所称之
字"就是汉语中以"字"的形态出现的单语素词。大槻指出，由于
"灭鹿古"（melk）在荷语中是单语素词（"特名此物之一语"），所以

---

①　杉田玄白译，大槻玄泽重订：《重订解体新书》卷六，叶二十二正。

②　同上，叶九正。

不宜用两个汉语语素组成的复合词"乳汁"来译("非可以'乳汁'二合言而译")。他翻检各类汉文典籍,找到了"湩""潼"和"𤅢"三个单语素词,最后决定用"湩"来替换"乳汁"。一种朴素的语素观念以及以语素为单位进行翻译的"直译"思想在这里表现得很明显。

通过以上观察,笔者认为《重订》的"直译"和语素对译有很密切的关系,**大槻是有意识地在进行语素对译的实践**。把"直译"简单地理解为"使用已有的汉字词直接去译外语的词"[1]并不恰当,这一定义无法完整概括我们在该书中观察到的语言事实。**大槻用来"直译"荷语词的汉字词,实则既包含现成的汉字词,也包括"二语合言"(以及数语合言)而成的新词**。那么,我们是否可以在逻辑上将这两种情况统一起来呢?

实际上,对于那些在既有的汉字语汇中可以找到对应译词的荷语词,大槻有时仍会尝试语素对译,并把对译的结果写入释文。这为我们比较两种不同类型的"直译"提供了重要材料。按照是否进行过语素对译来划分,《重订》中用现成汉字词直接对译荷语词的情况大体上分为以下三类:

(一)译者未对原词进行语素对译[2],直接用现成的汉字词充当译词。

这类汉字词中最常见的是单音节词,比如"骨""心""脑"等,这和古汉语中单音节词居多有关;也有一些双音节词,比如"海绵"[3]"躯干""拇指""脂肪""津唾""膏脂""胼胝""胎子"等;还有个别超过两个音节的词,比如"悬壅垂"(俗称"小舌")。虽然从语言学的

---

① 沈国威:《近代中日词汇交流研究:汉字新词的创制、容受与共享》,第77页。
② 可能因为原词无法进行分解,或译者不了解原词的构成形式。
③ 大槻称"此物汉名未详,我邦呼为'海绵'"(杉田玄白译,大槻玄泽重订:《重订解体新书》卷五,叶四正),也就是说大槻认为这个词属于日语(而非汉语)中既有的汉字词。

角度看,这些多(双)音节词绝大多数属于合成词,但它们"直译"的对象都是未被译者分解的外语词,也就是说:它们所对译的荷语原词本身是被大槻当作独立的意义单位(单纯词)来看待的。这类"直译"其实可以视作一种**基本形态的语素对译**,由此得来的译词是合成"上腹部""动血脉""上下海绵样岐骨"等汉语中原本没有的新造合成词的基本单位,两者的区别仅在于"直译"的对象是一个意义单位还是多个意义单位,原理则一。

　　值得一提的是,大槻选用的这些译词中有一类比较特别:这些汉字词的本义与生理学无关,但它们对应的荷语词在原语境里已经引申为解剖学术语,比如"弓""艇""翼""翅""车轴""穹窿""网缠""线系""蒂茎""回郭""纤条""白条"等[①]。但这样的"直译"难免产生歧义,因为原词的引申义(即生理学意义上的用法)不可能仅通过一次翻译就成功移植到汉语中来。所以,大槻有时也会为译词补足语素以便于读者的理解,但仍视之为"直译":

　　长蹄关(直译):法郎业斯(罗)　此原蟏蛸长蹄(一名"长蚑")之名也。此蛛脚细长而为三折也。指骨之为机关,亦每指三折,故以其状名之。[②]

　　耳鼓:多鲁模灭鹿(兰)　按:即鼓也。是一膜冒耳腔,且具如鼓挺、鼓索者,故有此名。[③]

以上二词中的"关"和"耳"都是译者额外添加的语素,原词

---

① 这种做法相当于"四句翻译"中的"以名翻义":"如'火器'翻'憍陈如'、'鹙鹭'翻'舍利',并以此土物名,翻彼得名之义。"参见本书第四章第三节。
② 杉田玄白译,大槻玄泽重订:《重订解体新书》卷六,叶三十正。
③ 杉田玄白译,大槻玄泽重订:《重订解体新书》卷七,叶三十三背。

"法郎业斯"(phalanges)和"多鲁模灭鹿"(trommel)的本义就是"长踦"(一种蜘蛛)和"鼓",释文还详细解释了原词的引申依据。这种做法便很有效地将引申义"直译"到了汉语中来。还有一些语素的添加则是考虑到译词的精确性和完整性,比如:"**肋骨**(直译):离榜(兰)   即肋也。因附'骨'字译云尔。"[1] "**输精管**(直译):乞弗夫冷呷牒登(兰)   按:输送管之义。此以为输精之管,今附'精'字译云。"[2]

　　有时译者添加的语素本身属于"义译"词,但由于译词的主体部分是现成的汉字词,所以也被大槻称作"直译",比如《名义解·口篇》"匾桃核滤泡"条:

　　　　匾桃核滤泡(直译):乞忙牒冷(兰)   按:即匾桃也。此口盖后部两侧所在攒簇滤泡也。以形似其核,直取之名云。[3]

"滤泡"(klier)本身是一个"义译"词(详见下文),就是我们今天所说的"腺体"。但"乞忙牒冷"(amandelen)并不包含"滤泡"这个语素,原词的本义就是"扁桃(核)"。"匾桃核滤泡"中的"滤泡",跟"长踦关"中的"关"、"耳鼓"中的"耳"一样,都是译者为了带入原词的引申义(即其解剖学意义)而添加的语素。在这种情况下,不论增添的语素属于"直译"还是"义译",译词均被归入"直译"。

　　(二)译者对原词进行了语素对译,且合成的译词与通行的汉字词恰好一致。

　　　　如:

───────────────

① 杉田玄白译,大槻玄泽重订:《重订解体新书》卷六,叶二十八正。
② 杉田玄白译,大槻玄泽重订:《重订解体新书》卷十,叶十三正。
③ 杉田玄白译,大槻玄泽重订:《重订解体新书》卷七,叶七正。

汗（直译）：修独卢（罗）斯物乙多（兰）　按：即汗也。①

汗孔（直译）：卜力（罗）斯物乙多歹登（兰）　　按：歹登

者，孔也，故译曰"汗孔"。汉人亦谓"汗孔"是也。②

肠：应的斯·低那（罗）达卢模（兰）　即肠也。③

直肠：应的斯低奴斯·列古丢模（罗）列吉的达卢模（兰）　按：

列吉的者，直也。此以其直下肛门也。此物特与汉名符合。④

耳（直译）：宅乌斯列（罗）阿阿卢（兰）　按：即耳也。⑤

耳垂：阿阿卢拉畀（兰）　按：与汉所谓"耳垂"之义全同也。⑥

人类认识事物的规律是共通的，此类荷语词的语素构成恰好和汉语一致（"特与汉名符合"），这当然是译者很乐于见到的。

还有一些荷语词经过语素对译之后虽然与通行的汉字词并不完全相同，却也十分接近，译者只要稍加解释便能自圆其说。"大肠"和"小肠"就是很典型的例子：

汉分肠为大小，和兰则为厚薄（和兰亦一有大、小之称）。盖薄则小，厚则大，大小、厚薄虽似异，其义互不相妨。⑦

虽然荷语"dikke darm"和"dunne darm"的本义是"厚肠"和"薄肠"，但"薄则小，厚则大"，"其义互不相妨"，所以"大肠"和"小肠"

---

① 杉田玄白译，大槻玄泽重订：《重订解体新书》卷六，叶五背。
② 同上，叶六正。
③ 杉田玄白译，大槻玄泽重订：《重订解体新书》卷九，叶三十六正。
④ 同上，叶四十二正。
⑤ 杉田玄白译，大槻玄泽重订：《重订解体新书》卷七，叶三十一背。
⑥ 同上，叶三十二背至叶三十三正。
⑦ 杉田玄白译，大槻玄泽重订：《重订解体新书》卷九，叶二十六正。

仍被归入"直译"一类。同样的还有"脑盖"(hersenschaal)：

脑盖：协卢僧·悉迦鹿(兰)　按：协卢僧者，脑也。悉迦鹿
者，杯也，钵也，盉也。汉以"盖"名焉，义亦颇似，故从通称。①

"其义互不相妨"和"义亦颇似"中的"义"指的都是语素义。特意作
这样的解释，说明大槻很看重译词和原词在语素层面的意义对等，
这本身便透露出他对"直译"的理解。

更进一步的观察还可以发现，在处理"一词多译"（一个荷语词
对应多个含义相同或相近的汉语词）的情况时，大槻的选择也表现
出同样的倾向。比如：

耳垢：泄留孟艺·囿力乌模(罗) 阿卢·斯灭卢(兰)
按：阿卢者，耳也。斯灭卢者，粘脂也。汉所谓"耳垢"是也
（"耵聍""耳糠""耳屎""耳塞"皆同）。今译曰"耳垢"。②
子宫：囿的留斯(罗)列乙弗 模牒卢(兰)　按：列乙弗
者，身也，即儿体之义；又，娠之义也。模牒卢者，母也。母
者，汉所谓"胞室"之"室"之意。汉又有"子宫""子脏""子肠"
"胞门"等之名，意亦相同。③
流产：密斯达拉古多(兰)　按：密斯者，失误也，缺损
也；达拉古多者，怀孕之义。……汉谓之"堕胎""小产""半
产"或"流产"，今取"流产"字。④

---

① 杉田玄白译，大槻玄泽重订：《重订解体新书》卷六，叶二十一正背。
② 同上，叶十三正背。
③ 杉田玄白译，大槻玄泽重订：《重订解体新书》卷十，叶十九背至叶二十正。
④ 同上，叶二十九正背。

对于汉语中存在不同词语称呼同一概念的情况,大槻挑选出来的译词——"耳垢""子宫"和"流产",都可以较好地匹配原词语素。

有时候,大槻还会根据原词的语素义对相应的汉字词进行语素调整,采用这种做法的译词还是被归在"直译"名下:

> 横鬲： 侪窀法蜡杌苜 (罗) 密登力弗 密登力弗多 (并兰)
> 即"中隔"之义也。以横隔中下二腔,故有此名。汉曰"鬲";
> 又,"横膈膜"者是也。然其实则非膜质也,故省"膜"字。①

如果"使用已有的汉字词直接去译外语的词"②,"密登力弗"(middenrif)/"密登力弗多"(middenrift)应该对应"鬲"或"横膈膜";但大槻没有直接用这两个词,他把"横膈膜"中的"膜"字节去,用"横鬲"("鬲"通"隔")来"直译""密登力弗(多)"。这里的原因除释文明确提到的"其实则非膜质也,故省'膜'字"以外,很重要的一点是原词本来就没有"膜"这个语素("'中隔'之义也"),"横鬲"与原词的语素刚好对应。

还有一些词,尽管大槻没有作出说明,但其实也是中国古代医书里出现过的,比如"上腹部""骨髓""蒸气""表皮""眼珠""卵巢"等③。

---

① 杉田玄白译,大槻玄泽重订:《重订解体新书》卷八,叶九背。
② 沈国威:《近代中日词汇交流研究:汉字新词的创制、容受与共享》,第 77 页。
③ 这类词中也有一些在荷兰语里可以指称人的生理部件,但汉语里没有对应的引申义。比如"亮隔",原词记作"协卢牒卢丢僧·悉劫乙铎泄鹿","即明亮间隔之义"(杉田玄白译,大槻玄泽重订:《重订解体新书》卷七,叶十背)。它指的是"附着胼胝以为脑室之间隔者","盖因其质甚软弱,而自透明光澈,故有此名"(同上,叶十背至叶十一正)。类似的还有"蜗牛壳",该条释文称:"斯罗更福乙速(兰)按:蜗牛也。以其旋回之状相似命名。"(同上,叶三十五正背)释文内"蜗牛"一词后似脱"之壳"二字,否则无所谓"旋回之状";且"斯罗更福乙速"("slakkenhuis"="slacken"+"huis")即"蜗牛壳"之义,词条名"蜗牛壳"之"壳"并非译者所加。

　　总的来看,以上两种情况和语素对译法并不矛盾,完全可以当作语素对译式的"直译"来看待。比较特殊的是第三种。

　　(三) 译者对原词进行了语素对译,但合成的译词与既有的汉字词有较大区别。

　　这时大槻就必须作出选择:到底是用语素对译词,还是用既有的汉字词来充当最终的译词? 事实上,这两种情况在《名义解》中都存在。

　　我们先看前一种:**某些概念在汉语里明明有现成的名称,译者却弃之不用,反而用语素对译法来"直译"。** 比如"无名骨":

　　　　无名骨(直译):是汉所谓"骼"。又,"腰膁"。又,临两股者曰"监骨"者,盖是也。和兰名 翁业纳摸牒·莃 ,即"无名骨"之义也。[①]

大槻在"软骨"一词的释文里说" 莃 者, 莃碟冷 之下略,即骨也",而" 翁业纳摸牒 "(oongenaamde)就是"无名"的意思,两者合在一起组成"无名骨"。但" 翁业纳摸牒·莃 "(oongenaamde been)在汉语里是有现成的对应名称的,而且不止一个,大槻自己就列了"骼""腰膁"和"监骨"三种,但他都没有采纳,最后用了语素对译法创制的"直译"词——"无名骨"。

　　类似地,《名义解·诸骨区别篇》所附《骨骸全图符号释说》"坐骨两孔"条称"坐骨"一译为"直译名","即骶骨也"[②]。"骶"这个字,从构形上就能判断是汉语中与骨骼有关的专名。《素问·疟论》载:"其出于风府,日下一节,二十五日下至骶骨,二十六日入于

---

①　杉田玄白译,大槻玄泽重订:《重订解体新书》卷六,叶二十八背。
②　同上,叶三十七背。

脊内。"①所谓"骶骨",就是人的尾脊骨。和"无名骨"的例子一样,译者同样没有用现成的汉字词,而是用语素对译法"直译"出新的合成词充当译词。

如果说"骼""骶"这些字比较冷僻,所以大槻才选择语素对译②,那么"食指""无名指"这类明显的常用词也没有入选为正式译词就更能说明问题了。《名义解·外形部分篇》载:

> 示指：物乙斯·轩业卢(兰)即示指之义。汉所谓"食指"也。　按：我邦呼曰"指他指",暗与原名相符。③
>
> 环指：邻杌·轩业卢(兰)　按：汉所谓"无名指",而我邦曰"尝药指",若"点红指"者是也。④

荷语词"物乙斯·轩业卢"(wysvinger)和"邻杌·轩业卢"(ring-vinger)分别对应汉语里的"食指"和"无名指",大槻在释文中明白无误地列了出来,说明他很清楚这一点;但他最终采用的却是语素对译得来的新词——"示指"和"环指":其中,"轩业卢"(vinger)意为"手指","物乙斯"(wijs)和"邻杌"(ring)分别是"指向"和"环"的意思。大槻虽然没有详细说明,但"示指"和"环指"二词的造词理据非常明显,而这两个词也都被列在"直译"一类。相仿的还有"素膜"(白膜)、"齘齿"(板齿、当门齿)、"心囊"(包络)等。

---

① 傅景华、陈心智点校:《黄帝内经素问》,北京:中医古籍出版社,1997年,第56页。
② 其实,用生僻字进行"直译"的情况在《名义解》中并不鲜见,比如《外形部分篇》中的"胁"("季胁下空软处也")和"臁"("腰左右虚肉处")、《胸篇》中的"腑"(乳头)(杉田玄白译,大槻玄泽重订:《重订解体新书》卷五,叶十背、叶十一正;卷八,叶八正)以及上文提到的"渹"。
③ 同上,叶十二正。
④ 同上。

大槻倾向于语素"直译"的最明显证据是他对"肉痒尖"一词的解说：

> 肉痒尖（直译）：吉的孌卢（兰）   按：痒笑、肉痒之义也。……即汉所谓"阴挺"是也。今直译原语，尾"尖"字云尔。[①]

大槻不仅放弃了通行的汉字词"阴挺"，而且很明确地表示"肉痒尖"一词是"直译原语"，即"直译""吉的孌卢"（kittelaar）的"痒笑、肉痒之义"。

以上几例全都说明语素对译在大槻看来不仅是名正言顺的"直译"，甚至会被当作优先采用的译法。

当然，弃用语素对译词的例子也并非没有，这就是我们接下去要分析的第二种情况：**大槻对荷语原词作了语素对译，创制出新的合成词，但最终还是选用了通行的汉语词**。这类汉语词往往是大众比较熟悉的，甚至在日常生活中也可能用到，例如：

[①] 杉田玄白译，大槻玄泽重订：《重订解体新书》卷十，叶十七背。有的论者未将引文末句断开，误作"今直译原语尾尖字云尔"，并据此指责大槻"只想到他'直接'将'尖'的字义翻出来而成此词，故称之为'直译'，遂在不知不觉中，与自己创造出来的'直译'定义相互抵牾"（张哲嘉：《〈重订解体新书〉对三译原则的运用》，黄自进主编：《东亚世界中的日本与台湾》，第 53 页）。然而大槻明明在释文中说"吉的孌卢"系"痒笑、肉痒之义"，并没有"尖"这层意思，如何可能"直接将'尖'的字义翻出来"？"尾'尖'字云尔"中的"尾"当作动词，意思是在"肉痒"末尾加上"尖"这个字。同样的用法亦见于《名义解·眼目篇》"虹彩"条，大槻称"呼硬爸杌"（regenboog）"即虹蜺也。因尾'彩'字译焉"（杉田玄白译，大槻玄泽重订：《重订解体新书》卷七，叶二十八正）。为保证译词的精确和完整，大槻有时会采取添加语素的办法，比如上文提到过的"肋骨"（"因附'骨'字译云尔"）和"输精管"（"今附'精'字译云"）。"肉痒尖"的"尖"亦属此类，乃因"肉痒"本是一种状态，尾附"尖"字，成其为物名。

食道(直译)：乌索法牛斯(罗) 斯洛骨·达卢模(兰)　按：斯洛骨者，咽也；达卢模者，肠也。盖"咽"者，饮食咽纳之义；其谓之"肠"者，食道与肠，其状相似也。故，**直译**之则"咽肠"也。……而直以"食道"译之，亦取旧称易记也。①

膀胱：歇悉革·乌力纳力癸(罗) 袜的卢·勃鸾斯(兰)按：袜的卢者，水，即尿水也；勃鸾斯者，囊也。即二合言而"尿囊"之义，汉所谓"膀胱"是也。汉亦有"脬囊"之名，能妥当原称。②

荷兰语" 斯洛骨达卢模 "（slok-darm）和" 袜的卢·勃鸾斯 "（water-blaas)按照语素对译的方法分别应该"直译"（"二合言"）成"咽肠"和"尿囊"；但汉语中的"食道"和"膀胱"已是很流行的叫法了，"取旧称易记"也是可以理解的。值得注意的是：译者一方面把"食道"一词标为"直译"，声称"直以'食道'译之"，另一方面又在释文中说"直译之则'咽肠'也""'脬囊'之名，能妥当原称"。

有时，原词包含了很丰富的文化意涵，不具备相关知识的读者只看字面意思是无法理解的。"癸达模神之遗果"就是典型的例子：

结喉：卜缪模癸达密(罗) 癸达模斯 癸百鹿(兰)　按：癸达模者，西洋太古开辟神之名也。彼邦荒濛之世，有阴阳两神，阴曰"厄袜"，阳曰"亚当"，共汉人所音译也。盖"亚当"者，即癸达模也；斯者，助语；癸百鹿者，果也，犹曰"癸达模神之遗果"。传云：上古癸达模神适食一果，误哽于喉内，不

---

① 杉田玄白译，大槻玄泽重订：《重订解体新书》卷九，叶三十二背至叶三十三正。
② 杉田玄白译，大槻玄泽重订：《重订解体新书》卷十，叶十正背。

出不下,留在吭咙外,遂作堆起,其状宛若果子,自此以来,其子其孙,生生不息,皆为相肖,各存一堆起于颌下云。盖古来寓言,遂为通称而已,即汉所谓"结喉",亦因喉外为结起之状而名耳。①

"结喉"的荷兰文为"Adams-appel",字面意思是"亚当的苹果"("乞达模神之遗果")。根据《旧约·创世记》的记载,上帝在伊甸园里创造了男人亚当(Adam)和女人夏娃(Eve),夏娃偷吃了智慧之树(苹果树)的果实并唆使亚当同食。亚当来不及细嚼就被上帝发现,果核从此卡在喉咙里,他的子孙也无一幸免,这就成了男人的喉结。在英语里人们用"Adam's apple"(亚当的苹果)表示喉结,荷兰语则索性合成一个词——"Adams-appel"。在杉田和大槻所处的时代,了解上述典故的日本读者显然很少见。如果采用语素对译式的"直译",从未接触过西方文化的人不可能把"乞达模神之遗果"和"喉结"联系起来,自然也就无法理解个中含义;而对于来历如此复杂的合成词,译者又很难像处理"长骬关"和"耳鼓"那样通过添加语素的方法为汉语"译入"引申义。面对这种情况,大槻只能采用通行的"结喉"来译。

上文中说过,有一些词在荷语中可以指称人的生理部件,但对应的汉语本来没有相关引申义,比如"车轴"("第二项椎")、"穹窿"("白髓之一部")、"蒂茎"("延髓侧上之二尖起")、"回郭"("耳底旋回骨关")、"纤条"("门脉……之如纤根细须者")、"白条"("腹……中行之一大筋也")②等。这些词大都是专业性很强的术语,汉语

① 杉田玄白译,大槻玄泽重订:《重订解体新书》卷五,叶九背。
② 杉田玄白译,大槻玄泽重订:《重订解体新书》卷六,叶二十五正、叶十背、叶十四背、叶三十四背至叶三十五正;卷九,叶十八背、叶三十一背。

中也没有对应的通称，大槻一般采用语素对译法。但假如遇到广
为人知的概念，情况也可能不一样：

　　　胆液：弼力斯（罗）歹卢（兰）　按：歹卢者，苦汁也，即胆
　腑所盛者。汉所谓"胆汁"、"胆液"是也。①

　　　胎子（直译）：噎模勃列乙阿　夫丢斯（并罗）弗留古多
　（兰）　按：弗留古多者，胎子也。此语原果实之称也。……
　汉所谓"胚胎"即是也，故从通称。②

"歹卢"（gal）和"弗留古多"（vrugt）的字面意思（即语素义）分别
是"苦汁"和"果实"，在荷语里专指胆汁。但汉语里的"苦汁"和"果
实"都是泛称，照译过来很难使人明白确切的含义；而中医术语里
本有"胆液"（"胆汁"）和"胎子"（"胚胎"），人们比较熟悉，因此不如
袭用通称为妥。

《名义解》中还有一些放弃语素对译的例子，大抵也都有不得
已的理由，比如：

　　　腕后：诃卢方铎（兰）　按：诃卢者，前也；方铎者，手
　也。即"手前"之义。汉所谓"腕后"是也。③

　　　腕前：纳卢方铎（兰）　按：纳卢者，后也。即"手后"之
　义。汉所谓"腕前"也。"前"云、"后"云，与汉相反；而今从汉
　者，以古来所通称，难卒改易也。④

---

① 杉田玄白译，大槻玄泽重订：《重订解体新书》卷六，叶十七正。
② 杉田玄白译，大槻玄泽重订：《重订解体新书》卷十，叶十九正。
③ 杉田玄白译，大槻玄泽重订：《重订解体新书》卷六，叶十一背。
④ 同上。

"词卢方铎"(voorhand)和"纳卢方铎"(naarhand)语素对译的结果分别是"手前"和"手后",与汉语"古来所通称"("腕后"和"腕前")恰好相反,若不加以纠正,势必造成误会。

通过以上这些分析我们可以看到:大槻对"二语合言"(即语素对译法)作为"直译"的认可度,实则高于"使用已有的汉字词直接去译外语的词"①。假如我们把那些不宜拆分语素进行对译的荷语词看成独立的整体,那么上述两种情况实际上可以统一起来:**大槻所说的"直译",就是用现成的汉字词去替换原词中的意义单位。当原词只包含一个意义单位时,直接用选定的单个汉语词替换;如果原词的意义单位多于一个,则在替换之后还要将汉字词连缀起来。这两种方法其实都可以视作语素对译。**虽然用语言学的观点来分析,后一种做法确实是创造了新的词语;但站在大槻的角度看,两者实际上都是名称的替换(用汉语名称替换荷语名称),并没有本质差别②。

上文在分析"匾桃核滤泡"一词时说过,大槻偶尔会为译词增加原词所没有的语素,但只要译词的主体部分是"直译"(语素对译)得来的,即使增加的语素属于"义译",译词仍被视作"直译"。那么,假如"义译"的语素不是额外增加的,而是原词本身包含的语素义,这时大槻又会怎样判定译词的性质呢? 我们来看一个同样包含了"滤泡"的译词:

松毡滤泡:瓦郎受拉·必涅兊力斯(罗)百应兊百鹿·吉离卢
(兰) 按:百应兊百鹿者,松毡也。……是一种滤泡,而位于

---

① 沈国威:《近代中日词汇交流研究:汉字新词的创制、容受与共享》,第 77 页。
② 沈国威称前一种情况只是"译词选择的问题",而把后一类归入义译(同上,第 78 页)。笔者认为两者都是译词选择的问题。

脑之中心网缠中,其形全似小松毬子,故名云。①

把"吉离卢"(klier)翻成"滤泡"是《重订》中具有代表性的"义译"词之一(详见下文),大槻在《名义解》开篇的译例部分就作了分析。而在"松毬滤泡"(今译"松果体")这个译词中,"松毬"(松树的果穗)和"滤泡"分别对应原词"百应乞百鹿·吉离卢"(pyn-appel-klier)中的"百应乞百鹿"(pyn-appel)和"吉离卢"(klier):前者是"直译"词,而后者是"义译"词。面对这种互相"矛盾"的情况,大槻是如何处理的呢? 笔者发现,按照《名义解》"每条下记'某译',下条亦同则不复录,直至换他译而记之"②的标识原则,"松毬滤泡"应和该篇(《脑及神经篇》)第一个译词"脑"属于同一种翻译类型,即"直译"。大槻并没有说明理由,但我们大体上还是可以把握到其中的逻辑:虽然"滤泡"本身采用的是"义译"法,但该词一旦被创造出来便已成为汉字词汇的一员,再行组词时即视其为既有的汉字词③。《名义解》中的还有"泪液滤泡""黏胶滤泡""黄滤泡""胸滤泡"以及"肋间对神经""甲状软骨""僧帽样障膜"等皆属此类。

第六节 指向概念义的"义译"

以往的论者之所以误把语素对译归入"义译",主要是根据杉

---

① 杉田玄白译,大槻玄泽重订:《重订解体新书》卷七,叶十一正。
② 杉田玄白译,大槻玄泽重订:《重订解体新书》卷五,叶四正。
③ 另一种可能的逻辑是:"松毬滤泡"总体上仍然采用了语素对译("二语合言")的方式,即:"松毬滤泡"="百应乞百鹿"(松毬)+"吉离卢"(滤泡)。但这不符合大槻的思考方向,因为《名义解》中存在形式类似却被明确归入"义译"的情况(详见下文)。

田玄白在初版《〈解体新书〉凡例》中举的"软骨"这个例子：

> 呼曰"加蜡假倕"者，谓骨而软者也。"加蜡假"者，谓如鼠
> 啮器音然也，盖取义于脆软；"倕"者，"倕题验"之略语也。则
> 译曰"软骨"，义译是也。①

"加蜡假"（kraak）"取义于脆软"，"倕"（been）则是"倕题验"
（beenderen）的缩略语，意思是"骨"。把"加蜡假倕"（kraakbeen）
翻成"软骨"似乎是采用了语素对译法。但我们应当注意到，"加蜡
假"其实没有"脆软"的意思，它原本是一个象声词，"谓如鼠啮器
音"。杉田在写给建部清庵的信里就说过"カラーカ"（kraak）是模
拟"老鼠啮东西时发出的那种'喀啦喀啦''咯吱咯吱'的声音"②，
引申出"脆软"完全是译者的发挥。所以《凡例》说"取义于脆软"，
而不说"加蜡假"义为"脆软"；大槻《名义解》的表述更加明白："啮
细脆骨者之声，转为脆软之义"③。由于"加蜡假"并没有"脆软"的
意思，所以把"软骨"一译理解成语素对译有失妥当④。《凡例》所
说的"义译"实际上是指"鼠啮器音"转为"脆软"之义的过程，作者
是在这个意义上把"软骨"称作"义译"词的。

再比如"障膜"和"成齿"（今译"智齿"）：

---

① 杉田玄白：《解体新书·序图》，杉田玄白译：《解体新书》，东武书林刻本，叶五正。
② 建部清庵、杉田玄白：《和兰医事问答》，早川纯三郎编：《文明源流丛书》第 2 册，第
  400 页上。
③ 杉田玄白译，大槻玄泽重订：《重订解体新书》卷五，叶二十背。
④ 沈国威虽然注意到"'加蜡假'并不具备软的意思"，"将'加蜡假'理解为脆软是借助
  于对软骨的生理功能上的把握"，却仍把"软骨"视作语素对译词，并解释说"有些词
  在语素对译的过程中并非拘泥于外语的语素义，而是更多地考虑到了解剖学上的
  事实"，进而把大槻划归"直译"的语素对译词纳入"义译"的范畴（沈国威：《近代中
  日词汇交流研究：汉字新词的创制、容受与共享》，第 89 页）所谓"解剖学上的事
  实"就是译者对原词所指概念的认识，笔者认为这正是辨识"义译"的关键所在。

障膜(义译)：⎡法鹿匪拉⎤(罗)⎡蛤拉不弗力乙斯⎤ ⎡法鹿弗力乙斯⎤
(并兰)　按：诸说⎡蛤拉不⎤者，谓如悬垂韝口开阖为机者，或如
笙簧者；⎡弗力乙斯⎤者，膜也。凡诸器出入诸液之处，多有此物
以障遮其逆退，次序其顺进。其一开一阖之机，犹韝口悬舌，
笙中有簧，以障遮风气，全其机用。故取义译之，名曰
"障膜"。①

成齿(义译)：⎡物乙斯歇乙铎当度⎤(兰)　按：⎡物乙斯歇乙
铎⎤者，通知事理之义也(⎡当度⎤，齿也)。参考诸说，此牙至三十
以后而生，盖才已发智方定，而此牙生焉。故有此称。②

这两个词表面上看也像是用语素对译法构造的，但仔细观察便能
发现"障膜"的"障"和"成齿"的"成"都不是荷语原词的语素义：
"⎡蛤拉不⎤"(klap)的本义是"如悬垂韝口开阖为机者，或如笙簧
者"，类似于阀门。"⎡蛤拉不弗力乙斯⎤"(klapvlies)控制身体各器
官的体液进出，"障遮其逆退，次序其顺进"，"障"是作者对其功能
的概括。类似地，"⎡物乙斯歇乙铎⎤"(wysheid)义为"通知事理"，意
思是这种牙齿往往要到人体心智成熟以后才会长出来，所以作者
称之为"成齿"。"成齿"和"障膜"的翻译其实都经过了一个"转义"
的过程，所以被视作"义译"。

容易引起误会的还有《名义解·外形部分篇》开头的"三腔"：

三腔(义译)⎡牒力乙·福鹿力机协乙铎⎤(兰)按：⎡牒力乙⎤
者，三也；⎡福鹿力机协乙铎⎤者，空壳也。③

---

① 杉田玄白译，大槻玄泽重订：《重订解体新书》卷五，叶三十一正背。
② 杉田玄白译，大槻玄泽重订：《重订解体新书》卷六，叶二十四正。
③ 杉田玄白译，大槻玄泽重订：《重订解体新书》卷五，叶七背至叶八正。

读到这里我们很容易以为"三腔"一词采用了语素对译法,从而误解了"义译"的意思。其实,大槻还有进一步的说明:

> 盖头之于脑髓,胸之于心肺,腹之于诸脏,犹一个壳子包藏诸器,故有此名也。字书:腔,枯江切,围也,内空也。与 福鹿力机协乙铎 之义相似,因译用"腔"字。

之所以用"腔"字对译" 福鹿力机协乙铎 "(holligheid),是因为后者的形状像"一个壳子包藏诸器",而"腔"恰恰可以表示"内空"。所谓"与 福鹿力机协乙铎 之义相似",这里"义"只能是概念义。也就是说,"腔"这个字的选择与 福鹿力机协乙铎 的结构特征有关,包含了译者个人的理解。大槻将其标识为"义译"的着眼点即在于此。这类词表面上看都很像是采用了语素对译,但只要仔细参阅释文就能明白大槻将其归入"义译"是别有用意的。

或许正是为了避免误解,《重订》开头的《旧刻〈解体新书〉凡例》在解释"义译"的时候便没有使用初版《〈解体新书〉凡例》中的"软骨",而换成了更加典型的"神经":

> 泄奴,即神液通流之经也,译曰"神经",义译是也。①

"神液通流之经"很精辟地概括了当时的兰学医者对"泄奴"(zenuw)一物的认识,简而言之便是"神经"。《名义解》中大槻进一步解释说:"彼所谓'神',若灵、若精、若元气等,皆谓此物之用也。唯不知其形质如何耳,因今译曰'神经'。"②"神经"一译与荷

---

① 杉田玄白译,大槻玄泽重订:《重订解体新书》(序;旧序;附言;凡例),叶六正。
② 杉田玄白译,大槻玄泽重订:《重订解体新书》卷五,叶十七背至叶十八正。

语原词的语素义没有关系,至少大槻没有从这个角度着眼,他的依据是自己对"泄奴"这个新概念所具备的生理特征的认识。

《名义解》开头的说明文字里还补充了"译'吉离卢'曰'滤胞'"①作为"义译"的又一个典型例子,大槻在《名义解·身体元质篇》"滤泡"条的释文中解说:

> 因以官能作用宛如用筛罗滤过水浆者,义译曰"滤胞"耳。②

很显然,这是一种基于对原词所指事物的理解,并充分发挥译者联想能力的翻译手法。"神经"和"滤泡"与其说是对"zenuw"和"klier"的翻译,毋宁视之为用汉字对原词所指事物的重新命名,其"造词"理据源自译者对医学新概念的把握。从语言学的角度看,**"义译"的"义"主要是指概念义,包括事物的属性、特征、作用和功能等。**

那么,大槻选择"义译"的条件是什么? 他又是如何取舍"直译"和"义译"的呢? 上文说过,一般而言"直译"是优先考虑的做法,"义译"只有在"直译"无法实现的情况下才会采用(如同"正翻"和"义翻")。这意味着现成的汉语词汇中没有与荷语原词指称同一概念的词语(包括词的组合),大槻在"神经"一词的释文里就说过:

> 按:此物汉人未说者,故无正名可以充者。③

---

① 同上,叶一背。"滤胞"即杉田在初版《〈解体新书〉凡例》中所说的"机里尔"(klier)。大槻较之乃师对此物的认识已有了长足的进步,故弃音译而用义译。
② 同上,叶二十四正背。
③ 同上,叶十七背至叶十八正。

由于“此物汉人未说”（汉语中不存在与原词指称同一概念的词），没有“正名”可以“直译”，所以采用了“义译”。

不过上文中已经指出，“直译”在实际操作中并不总是要求中西概念的严格对等。换言之，对于一些本该采用“义译”手法的词，大槻也采用了“直译”。这就意味着“直译”和“义译”之间存在一个过渡区间，在这个区间内，选择“直译”还是“义译”可由译者裁夺，这就需要拿捏合适的尺度。为了迁就读者的知识结构，大槻适当放宽了“直译”的范围，尽可能利用既有的汉语词汇进行翻译；但如果这种迁就可能对《解体新书》作为医学著作的精确性造成较大影响时，大槻还是会选择“义译”。比如“口盖骨”这个词：

> **口盖骨**（义译）：业歇灭鹿踮・奉牒冷（兰）按：业歇灭鹿踮者，其义犹曰为“天盖”（奉牒冷者，骨也）。顾是此骨被肉为口内之天盖也，故私造语而译云尔。汉所谓“腭”似指之，然未知其肉里有此骨，则不可取也。

虽然汉语中的“腭”和荷语原词指称的人体部位大致相同，但中国人对“腭”的理解仅局限于肉（“腭”从“肉”），而“未知其肉里有此骨”，侧重点不同，故“不可取”。然后大槻根据“业歇灭鹿踮・奉牒冷”(gehemelt-beenderen)的位置和特征，造出“口盖骨”这个“义译”词，既避免了生搬硬套可能造成的误解，也相对精准地表达了原词的确切含义。

有时，大槻虽然勉强采用了“旧称”，但仍会给出他自认为妥帖的“义译”。《名义解・胸篇》“会厌”条载：

> **会厌**：斯多罗突拉賁　列鹿　拉不　东业低噎斯（四名并

兰）　按：斯多罗突者，喉也；蛤拉必乙者，谓凡如瓣或铎舌者也；列鹿，又拉不者，小片也，裁片也；东业低斯者，小舌也。皆因形得名。其用亦颇似笙芋中之簧，故义译之曰"喉簧"亦可也。所谓"会厌"，司开而言、司闭食者是也。汉五软骨中唯有此物名，故从旧称。①

在这里，大槻逐一列举了"会厌"所对应的四个荷语词的构词理据（"皆因形得名"），并另辟蹊径地从其功能入手（"其用亦颇似笙芋中之簧"），创造出"义译"词——"喉簧"。虽然大槻最终没有用"喉簧"取代由来已久的汉字词"会厌"，但译者的造词冲动由此可见一斑。

　　唯一相反的例子是"显微镜"一词，大槻称其为"义译"②，但在释文中又给出了更切合原词语素的"廓象镜"：

　　　显微镜（注证）：密哥鲁斯革弼宅（罗）弗卢愕罗多 歹拉斯

（兰）　按：弗卢愕罗多者，使大之义；歹拉斯者，镜也。汉既谓之"显微镜"，盖义译也。余窃译曰"廓象镜"。《尔雅》疏"廓"者：《方言》云：张小使大谓之'廓'。"《诗经毛传》："廓，张大也。《正义》云：物之小者，张之使大。"）即张大物象之眼镜也。虽不雅驯，恐是切原名。然今袭用汉名者，使人易晓耳。③

比照"虽不雅驯"而"切原名"的"廓象镜"就可以明白，"显微"二字

---

① 杉田玄白译，大槻玄泽重订：《重订解体新书》卷八，叶十四正背。
② 杉田玄白译，大槻玄泽重订：《重订解体新书》卷五，叶四背至叶五正。
③ "弗卢愕罗多 歹拉斯"（vergrootglas）实际上是我们今天说的放大镜，即单式显微镜。

在大槻看来与原词"弗卢愕罗多 歹拉斯"（vergrootglas）中表示"使大之义"的语素"弗卢愕罗多"（vergroot）并不相符，是当时的译者经过意义的推理（即"转义"）得来的，因此属于"义译"①。从语气上看，大槻显然倾向于采用切合语素的"直译"词——"廓象镜"；但考虑到"显微镜"是约定俗成的说法，所以最终"袭用汉名"，"使人易晓耳"。在已经进行过语素对译的前提下，仍然使用"义译"，这在《名义解》中属于很特殊的情况，不具有代表性。更何况这里的"义译"也不是由大槻完成的，而是在翻译《解体新书》之前就已在汉语中通行并得到广泛接受了。

上文分析佛经汉译理论中的"义翻"时曾指出，"义翻"可以分成"譬喻"和"假借"两种类型，《重订》中的"义译"按照其造词理据也可以作这样的分类：

"假借"式的"义译"是用事物的某个特征、属性或功能来指代整体。上文举出的"滤泡"和"障膜"属于典型的"借"功能，也是大槻进行"义译"时比较常用的方法；"软骨""神经"和"成齿"则更接近于"借"属性或"借"特征。

"譬喻"式的"义译"指的是用译入语中指称类比概念的词语来翻译译出语指称的概念。比如"乳糜"，荷语原词为"业衣鹿"（gyl），《和兰医事问答》和初版《解体新书》中采用的都是音译（"奇

---

① 张哲嘉认为大槻不确定"显微镜"一词属于"直译"还是"意译"，所以用"注证"加以标识（张哲嘉：《〈重订解体新书〉对三译原则的运用》，黄自进主编：《东亚世界中的日本与台湾》，第 52 页）。其实释文中很明确地说"显微镜""盖义译也"。又，《〈重订解体新书〉附言》称："原书有鸠卢模斯自注增说，旧编不遑译传。今择其最要者，以译载正文下，其曰'注证曰'者是也。而欲悉载诸正文下，则颇觉烦杂却难，因载其不可阙如者。其余可以引证者，皆收诸《名义解》中，亦曰'注证曰'者是也。"（杉田玄白译，大槻玄泽重订：《重订解体新书》卷首，叶五背至叶六正）而"显微镜"一词的释文中即有"注证曰：此器有大小精粗数种"（杉田玄白译，大槻玄泽重订：《重订解体新书》卷五，叶五正）云云。据此可知，下标"注证"实乃表示该词出现在《解体新书》的作者注释中。

缕");到大槻重订《解体新书》时,发现"明人译曰'乳糜'者即是也"①,于是就像采用"显微镜"那样沿袭旧称。那为什么把它归入"义译"呢? 大槻解释说:

> 熊氏《泰西水法》曰:"胃化饮食,乃成白色如乳粥之凝。"又云"饮食胃化,蒸变传送,化血归脉者,成乳糜之类",即是也。②

"乳糜"本来是指"用乳汁或酥油调制的粥"③。我们注意到,大槻所引《泰西水法》是说食物消化后形成的流质"如乳粥之凝""成乳糜之类",很明显是比喻的说法;但在《名义解》中,大槻直接把喻体"乳糜"当作"gyl"的译词来用了,这和中国古代佛经译者用"敷具"("谓同毡席之形")和"卧具"("谓同衾被之类")来翻译佛教法衣"袈裟"是同样的原理。采用"譬喻"式"义译"的典型译词还有"毚"和"卤":

> 毚: 虚勃拉(罗) 歇泄冷(兰) 按:是所以修织聚成人身内外诸器形质者,而其状细长纤毫如丝如縰者是也。汉所未曾说者,以故无正名可以当者⋯⋯因姑假借"毚"字以译之。字书:"毚,思廉切,音'纤',毛也。"乃取义于纤细毛茸而已。④
>
> 卤(义译): 泄留模(罗) 物乙(兰) 按: 物乙者,血中所混有咸液之一通语也。汉人所未说者,故权译曰"卤",取字书所

---

① 杉田玄白译,大槻玄泽重订:《重订解体新书》卷六,叶八正。
② 同上。
③ 罗竹风主编:《汉语大词典》第1卷,第783页。
④ 杉田玄白译,大槻玄泽重订:《重订解体新书》卷五,叶十四背至叶十五正。

谓"卤，昌尺切，咸水也"。①

"歇泄泠"（veselen）今译"纤维"。虽然这里说"假借""‘氀’字以译之"，但"歇泄泠"和"氀"之间其实是本体和喻体的关系："歇泄泠""其状细长纤毫如丝如紙"，而"氀"即"毛也"，"纤细毛茸"是两者的共同特点，所以用"氀"来译"歇泄泠"（"取义于纤细毛茸"）。用食盐的别称"卤"，来翻译血液里的碱性物质（"咸液"）也是依据类似的逻辑。

　　有个别"义译"词虽然也是基于事物的相似性，但这种相似性其实不构成比喻。例如：

　　　　肐（义译）：应的卢革斯低力宄（罗）按：肋骨间多肉之处也。字书："肐，于力切，胸肉也。"姑假借之。②

严格来说，同类事物之间的相似关系不是修辞性的。我们不能说译者是用表示"胸肉"的"肐"来比喻"肋骨间多肉之处"，因为两者是属于同一性质的事物。这和景霄《四分律行事钞简正记》所定义的"义翻"恰好一致，即："若有一物，西土即有，此土全无，然有一类之物微似彼物，即将此者用译彼言。"原文举了"尼拘律陀树"的例子，称"此间虽无其树，然柳树稍积似，故以翻之"。柳树和尼拘律陀树亦属同类，而允堪正是在此基础上发展出了"取以事类，约义为译"的"义翻"。从这个意义上说，大槻的判断是有其道理的。

　　还有一种很特别的情况应当予以说明：按照本文对《名义解》

---

① 杉田玄白译，大槻玄泽重订：《重订解体新书》卷五，叶三正背。
② 同上，叶十正。

中"直译"的界定（即语素对译），有个别译词严格来讲应该视为"直译"，却被大槻标注为"义译"，例如：

> 衣膜（义译）：丢溺蛤（罗）罗更　白劫列乙铎泄鹿（并兰）
> 　　按：和兰二名共衣被之义。即诸脉之为囊若管者，皆是此膜衣被围绕，以为其形者也。①
>
> 摄护（义译）不路斯打答（罗）轉卢·斯当牒卢斯（兰）　　按：是遮防、围护之义也，故译云尔。……一则包摄围护精汁，以使精中所含纯粹精微之神气不飞散迸脱，而能射入子宫也。是其所以得防护保摄之名也。②

"衣被之义"和"遮防、围护之义"的"义"显然都是指语素义，也就是原词"罗更"（rokken）/"白劫列乙铎泄鹿"（bekleedsel）和"轉卢·斯当牒卢斯"（voor-standers）的字面意思。再比照译词"衣膜"和"摄护"，可以断定大槻采用的正是语素对译法③。那为什么这两个词都被标识为"义译"呢？

上文说过，《名义解》中的"义译"与其说是翻译，不如说是用汉字对原词所指称的事物的重新命名。换言之，"义译"其实是一种造词方式，其造词理据就是译者对新概念的理解和把握；而"义译"的两种类型——"譬喻"和"假借"，本身也是由词义的引申方式类比得来的（参见本书第三章第二节）。从这个角度看："罗更"/"白劫列乙铎泄鹿"因其外形像衣服一样覆盖环绕诸脉，所以用喻

---

① 杉田玄白译，大槻玄泽重订：《重订解体新书》卷五，叶十八背。
② 杉田玄白译，大槻玄泽重订：《重订解体新书》卷十，叶十五正背。
③ "衣膜"的"膜"可以视作额外添加的语素，如同上文讨论过的"长踦关"的"关"和"耳鼓"的"耳"。

体"衣"来指称;"鞴卢・斯当牒卢斯"则由于分泌的液体能"包摄围护精汁",故而"借"其功能命名——前者为"譬喻",后者为"假借"。大槻给这两个词贴上"义译"的标签,很可能就是从造词的角度来考虑的。这种情况在《名义解》中还有一些,其中尤以"荐骨"一词最为典型:

> 荐骨(义译):按:汉所谓腰之一部,而称腰髁之一骨也,和兰谓之 协乙力机 莑 。 协乙力机 有数义,此则"荐羞"之义,即"供神"之谓也("莑"者,骨也)。考先哲 八卢歇应 说:此骨持载脊椎及位其上诸骨,而藏其内所在柔软尤物及诸肠,以能维护之乎外也。其内充诸尤物,皆为生化神器,则此骨既有荐其神之意,故命此名云。又, 协鹿恒 (名哲名)曰:真椎之下,有假椎者,名之"供神"。盖此骨下列置隐处内外生殖诸具,此骨拥护之,则如供其保蓄之神灵者也,命名之义盖因之云。因参考两说,其谓"神"者,谓生生化化之神灵也;其谓"柔软尤物",又"隐处内外生殖诸具"者,在男则精脉两道、睾丸、精囊、阳物等也,在女则子宫、喇叭、卵巢、腔及产门等也,皆是生生化化之灵器,可不谓之神舍哉! 此骨自外为拥护之用,则如供其神也。按字书:"荐,进也,献也。"(无牲而祭曰"荐"。又,"筐人荐羞"云云)。盖"荐羞"则贡献物于鬼神之谓,姑假"荐"字也。[1]

" 协乙力机 莑 "(heilig-been)位于脊椎末端,是腰椎的一部分,对盆腔内的生殖系统起到保护作用。古人有生殖崇拜的观念,把两性生殖器看作"神器""灵器"或"神舍"," 协乙力机 莑 ""自外为拥

---

[1]   杉田玄白译,大槻玄泽重订:《重订解体新书》卷六,叶二十五背至叶二十六背。

护之用，则如供其神也”；而字书把“荐”解释为“进也，献也”，也就是祭神的意思，所以大槻就用把“协乙力杌 荸”翻译成了“荐骨”。当然，原词中的“协乙力杌”(heilig)本身就有“供神”的意思，上述解释既是大槻翻译的依据，也是原词命名的依据。但我们应当注意到：大槻用了将近四百字来解释“荐骨”的特征和功能，这足以说明他的翻译主要是基于对概念的充分了解，而不是指称概念的语言形式(后者只是启发大槻考察新事物的一个角度或契机)，“义译”正是在这一意义上得以成立的[①]。

小　　结

《解体新书》的翻译在日本学术史上具有划时代的意义。大槻玄泽在《〈重订解体新书〉附录》中说：“本朝西洋医书翻译之业，以本编为权舆也。”[②]又说：“吾党方今以汉语翻译异方殊域之书册，当以斯编为草创也。”[③]《重订》最后还引用了“惠山岩松子”为杉田六十大寿撰写的祝文，其中也说“兰书之镂行于我邦者，是其嚆矢也”[④]。的确，《解体新书》是日本近代第一部真正的荷兰书译著，标志着兰学勃兴之始，因此它的刊行和传布也带动了其中的译名

① 《名义解·诸骨区别篇》还收录了几个类似性质的词条，比如：“载域(义译)：物列鹿铎 达蜡业卢(兰)按：物列鹿铎者，宇内也，区域也；达蜡业卢者，持载也。盖头颅者为纳脑之一区域，而此椎能持载之，故有此名。一名‘载颅初椎’。”(杉田玄白译，大槻玄泽重订：《重订解体新书》卷六，叶二十四背)又：“锁骨(义译)：斯列乌跕鹿·荸牒泠(兰)按：斯列乌跕鹿者，锁匙也，盖以其形似故名焉。”(同上，叶二十八背)又：“尺骨(义译)：噎鹿列·荸(兰)按：噎鹿列者，尺度名也。阅八卢歇应书：昔时逻苜都府以此分部定为一尺，因有此名云。”(同上，叶二十九正背)大槻在这些词条的释文中都着重强调了译词与概念的特征或功能之间的关系。

② 杉田玄白译，大槻玄泽重订：《重订解体新书》卷十二，叶十九正。

③ 同上，叶三十正背。

④ 同上，叶三十七正。

创制规范的普及。在大槻玄泽及其门人的大力推广之下,这些译法及其命名方式逐渐被越来越多的兰学家所接受[①],并逐渐固定下来。

上文在讨论佛经翻译术语中的"敌对翻"时曾指出:当翻译对象是单个的词时,"敌对翻"针对的最小的意义单位——语素,强调逐语素译。我们把大槻依据"正翻"改造而成的"直译"概括为"用现成的汉字词替换原词中的语素",其实也就是语素层面的"敌对翻"。而"敌对翻"在处理整个句子的时候,针对的是词,强调逐词译。在日语近代词汇的主要部分通过译词创制的方式在十九世纪末大体完成之后,"直译"和"义译"正是依循类似的逻辑转型为普适性的翻译术语。从另一个角度看,"直译"和"义译"在译词创制的灵活度上表现出的差异也是二者向现代译学术语演变的推动因素:"直译"遵从对传统汉语词汇和中国典籍的忠实,强调译词(或构成译词的"字")的权威性;"义译"则为语词的调遣与组合提供了比较充分的自由,允许译者发挥自身的创造性。"忠实"和"自由"最终将"直译"和"义译"引向了西方意义上的"literal translation"和"free translation"。

---

① 举一个具体的译词来说:《解体新书》书名中的"解体"(今译"解剖")一词,便是杉田当年"意匠独断,新为之译名",结果"从此以往,天下同盟,相与通称"(杉田玄白译,大槻玄泽重订:《重订解体新书》卷十二,叶一背),足见其影响之巨。

第五章　作为现代译学术语的
"直译"和"意译"

第一节　"直译""意译"二词在
汉语中的出现

二十世纪以来,人们关于"直译"和"意译"的争论其实很大程度上源于对这两个词的理解存在分歧。究竟怎样的翻译算"直译",怎样的翻译算"意译",可谓众说纷纭。但可以肯定的是,我们大体上是把这两个词当成一组相对的概念在使用:当我们谈论"直译"时,往往表示区别于"意译";当我们使用"意译"时,则表示区别于"直译"。两者在语义上互相区别①。因此,建构"直译"和"意译"的对立是两者概念定型的重要标志。

1907 年,清末修法大臣沈家本在一封奏折里谈到法律翻译问题时这样说道:

　　从前日本译述西洋各国法律多尚**意译**,后因讹误,改归**直**

---

① 　例如,《现代汉语词典》认为"直译""指偏重于照顾原文字句进行翻译(区别于'意译')",而"意译"则是"根据原文的大意来翻译,不作逐字逐句的翻译(区别于'直译')"(中国社会科学院语言研究所词典编辑室编:《现代汉语词典》第 5 版,第 1749、1618 页)。《中国翻译词典》也将"意译"定义为"与直译相对应的翻译术语"(林煌天:《中国翻译词典》,第 851 页)。

译，中国名词未定，迻译更不易言。①

这段文字的意义不容小觑。首先，"直译"和"意译"同时出现，而且被当作两个含义相对的词来使用；其次，"直译"和"意译"出现在官方文书中，说明这两个词已经成为比较正式的书面汉语。

"直译"单独使用的例子则更早。1901 年《万国公报》刊登了廖云翔的《论日本文》，其后有《本馆附跋》：

> 大凡欲译一书，必将原书融会贯通，并书之旁面、底面，以及来源归宿，又书外之事与书中有关涉者，须一一洞悉无遗，而后能毫无遗憾。曩予为李文忠译路透电音，初系**直译**其语，而电文甚简。文忠读之，茫然不解。后每译一电，必先历叙缘由，方觉一目了然。译书者亦犹是也。②

作者认为"直译"忽视了背景知识的介绍，使不熟悉原文语境的读者"读之茫然不解"。类似的看法在十九世纪初并不罕见，现代意义上的"直译"刚刚出现时，常常被当作一种不恰当的翻译方法遭到否定。除了被认为会造成语境的缺失，"直译"往往还意味着语句不通顺、文字不洗练，有悖汉语读者的阅读习惯。1902 年 10 月，张之洞在提议翻译西书作为新式课堂的教材时也明确反对"直译"，因为这样的译本"多诘曲支冗之词"。他主张对译文进行润

---

① 沈家本：《修订法律大臣沈家本奏修订法律情形并请归并法部大理院会同办理折》，故宫博物院明清档案部编：《清末筹备立宪档案史料》上册，北京：中华书局，1979 年，第 838 页。
② 李天纲编校：《万国公报文选》，北京：生活·读书·新知三联书店，1998 年，第 668—669 页。

色,"使明白条畅,合于中国古今文法语气"①。由此可见,"直译"在时人眼里大约就是文不从字不顺的代名词。

1907 年,有官员建议清廷翻译一些西方宗教书籍颁行各省,让民众了解西教,从而避免教案的发生②。在翻译方法上,"直译"同样在批判之列,其理由有二:第一,"一直译之,便不成文,言之不文,士大夫均不欲观"。这和梁启超、张之洞的看法一样,仍是在指摘"直译"造成的语法失当。第二,"东西风俗各殊,学问好尚辄为内地人民所不经见,于是因种种之猜疑而目为邪教者有之"③。作者认为,"直译"无法有效实现东西方文化的转换,导致人们对西教产生种种误解,甚至视其为邪教,最终酿成教案。这已是从语言层面深入到文化层面,指出"直译"在"文化翻译"方面的缺陷。类似地,《月月小说》1907 年第七号上有人指出"直译"在传达幽默时的无能为力:

> 良以他国极可笑之事,苟**直译**而置诸吾国人之前,窃恐未必尽解,遑论其笑矣。④

不过,也有可能发生相反的情况:在译出语文化中稀松平常的文字,经过不恰当的"直译"反而引人发笑。1913 年 5 月《庸言》杂志发表的《中国人之弱点》一文中,英国留学归来的叶景莘便指出,

---

① 张之洞:《筹定学堂规模次第兴办折》,张之洞著:《张文襄公全集》第 1 册,北京:中国书店,1990 年,第 984 页下。
② 程淯:《分省补用道程淯条陈开民智兴实业裕财政等项呈》,故宫博物院明清档案部编:《清末筹备立宪档案史料》上册,北京:中华书局,1979 年,第 289 页。
③ 同上。
④ 采庵:《〈解颐语〉叙言》,陈平原、夏晓虹编:《二十世纪中国小说理论资料》第 1 卷,北京:北京大学出版社,1997 年,第 276 页。

"犬马之劳""泥首叩谢""亵渎清听"等汉语书面语中的谦辞"设直译为西文,见者必皆大笑"①。作者立意固在批判中国人的"虚浮",却点出了"直译"可能暴露的中西文化的巨大隔阂。同样地,曾长期担任晚清史官的恽毓鼎在日记里记录了他和德国地质学家梭尔格谈论《庄子》的过程,他也强调"其中寓言十九,恐非直译所能尽其旨也"②。

对"直译"的排斥在文学界尤为突出,几乎成为共识:

> 若按字直译,殊觉烦冗,故往往随意删减,使就简短,以便记忆。③

> 今之所谓译书者,大抵皆率尔操觚,惯事**直译**而已;其不然者,则剿袭剽窃,敷衍满纸,译自和文者,则惟新名词是尚,译自西文者,则不免诘屈聱牙之病,而令人难解则一也。④

> 夫译书极难,而译小说书尤难。苟非将原书之前后情形,与夫著者之本末生平,包罗胸中,而但卤莽从事,率尔操觚,即不免有直译之弊。非但令人读之味同嚼蜡,抑且有无从索解者矣。⑤

"殊觉烦冗""率尔操觚""诘屈聱牙""味同嚼蜡""无从索解"云云,几乎就是晚清文学翻译家和批评家眼中"直译"的代名词⑥。

---

① 梁启超主编:《庸言(三)》(影印合订本),北京:中华书局,2010年,第1990页。
② 恽毓鼎著,史晓风整理:《恽毓鼎澄斋日记》第2册,杭州:浙江古籍出版社,2004年,第675页。
③ 自由花:《〈自由结婚〉弁言》,陈平原、夏晓虹编:《二十世纪中国小说理论资料》第1卷,第109页。
④ 周桂笙:《〈译书交通公会试办简章〉序》,《月月小说》1906年第1号,第263—264页。
⑤ 佚名:《绍介新书〈福尔摩斯再生后之探索第十一、十二、十三〉》,陈平原、夏晓虹编:《二十世纪中国小说理论资料》第1卷,第272页。
⑥ 参见陈平原《二十世纪中国小说史》第一卷(北京:北京大学出版社,1989年,第40—50页)第二章第二节。

　　民元以后,"意译"一词的使用也逐渐增多。1913 年 2 月 16
日,张东荪在《庸言》发表《国会性质之疑问》一文,他引用了一段孟
德斯鸠《法意》的译文并特别注明:

　　　　《法意》第十一卷第六章之一节,系意译。①

1915 年 2 月 20 日,《大中华》连载《英国政制论》也使用了"意译":

　　　　英国官名,大都沿自古昔,译之殊形困难。今仅勉就其名
　　称而意译之耳。②

以上两例中的"意译"虽单独使用,但在句中都是被着重强调的部
分,旨在突出其与"直译"相对的意涵。

　　不过,"直译"和"意译"二词在汉语中的首度出现很可能比上
文提到几个例子还要早。1885 年,晚清驻外公使许景澄在写给总
理衙门总办的一封信里使用了"意译":

　　　　洋药税厘并征一事,七月二十九日劼侯处转递钧电,钞送
　　折稿条约等件。又电告,咨法德只可作知会词,不可作商量
　　词。拟稿寄示。……现即遵钧处指示,并参用劼侯稿,**意译**成
　　洋文送达。③

---

① 　梁启超主编:《庸言(二)》(影印合订本),北京:中华书局,2010 年,第 1012 页。
② 　梁启超主编:《大中华杂志》第 1 卷第 1—2 期(影印合订本),台北:文海出版社,
　　1978 年,第 393 页。
③ 　许景澄:《许文肃公遗稿》(铅印本),上海:复旦大学图书馆,1918 年(民国七年),
　　第 533 页。

此函如何"意译"成洋文,作者没有交代,而且这段文字中也没有出现"直译"和"意译"的对举,因此我们无法判断"意译"在这里的具体含义。

比较确凿的例子见于十九世纪八十年代初日本佛教学者南条文雄写给中国近代佛学家杨文会居士的一封信:

> 贵嘱《阿弥陀经》梵、汉、罗马文字合璧,昨来才得闲暇,草草卒业。兹将稿本寄上,梵字上所附汉字**直译**,与彼隋达摩笈多译《金刚能断般若波罗蜜经》一般,惟译一二梵语而已;如其**义译**,译家两巨擘鸠摩罗什、玄奘,已擅其美,今复何言⋯⋯蕅益大师智旭《阅藏知津》中,评达摩笈多所译《金刚经》,以为文拙甚。然此非其文实拙,惟由其原文文法之异。旭师不知其为**直译**,是以有此评也。[①]

南条文雄是日本净土真宗大谷派佛教学者,早年接受过系统的儒学训练,熟谙汉文。1876 年,南条被派往欧洲学习梵文和印度哲学,期间结识了正在伦敦访问的杨文会居士并引为至交。杨文会回国后仍与南条保持书信往来,近三十年内通信七十余封。以上所引的这封信作于 1881 年(明治 14 年)[②],当时两人均在欧洲。信里说的《金刚能断般若波罗蜜经》是南印度僧人达摩笈多于隋文帝

---

① 杨文会撰,周继旨校点:《杨仁山全集》,合肥:黄山书社,2000 年,第 479—480 页。
② 原件未署日期。南条文雄与杨文会于 1881 年 6 月 30 日(六月初五)在英国伦敦初会,但南条只在伦敦逗留两日即返回牛津(陈朝曙:《杨仁山传》,北京:当代中国出版社,2011 年,第 90 页)。后南条致信杨文会称:"弟归牛津,已过一旬,未作一书,对君前夜之高问,太旷友谊,伏乞宽贷"(杨文会撰,周继旨校点:《杨仁山全集》,第 474 页),可见两人分别大约一周后,杨文会又赴牛津拜访南条。此后,两人终身未曾相见。此函作于牛津一别之后,其谓"分手以后,倏忽五旬",则此函当作于 1881 年 8 月末。

开皇十二年(592)在长安译出的《金刚经》的第四个汉语译本①。
该译本的特点是将梵文《金刚经》的每个字依次译成汉语,并按照
原来的梵文字序排列,"好像一个用'中文'书写的'梵文本'"②。
清代名僧通理称其"译对梵文,语多倒词,意虽不乖佛旨,习乃有背
时机,句且难明,义应莫晓"③。南条称这种翻译为"直译",并以笈
多译本中的"大比丘众共半三十比丘百"为例,说明其如何"与梵文
语合"④。与南条文雄有过交往的清代学者文廷式在《纯常子枝
语》中叙及此论时,也使用了"直译"一词,其云:

> 南条文雄曰:"佛经卷初举同闻众之数,曰'大比丘众千二
> 百五十人',此数在梵本直译当曰'半三十百'。"⑤

可见这段引文中的"直译"就是现代意义上的直译;而"如其义译,
译家两巨擘鸠摩罗什、玄奘,已擅其美"根据句义判断其中的"义
译"就是指意译。直译和意译作为一组相对的翻译手法在这里已
经同时出现了。

　　1925,周作人在为自己的翻译小说集《陀螺》作序时说,他的翻
译"向来用直译法,所以译文实在很不漂亮",然而"近来似乎不免
有人误会了直译的意思,以为只要一字一字地将原文换成汉语,就
是直译"⑥。紧接着他就举了南条文雄说的例子:

---

① 参见谢锐:《〈金刚经〉六种汉语译本的相互关系》,《图书馆理论与实践》2011 年第
　　12 期,第 62 页。
② 史原朋:《〈金刚经〉及其不同译本研究》,《中国宗教》2009 年第 2 期,第 30 页。
③ 通理:《金刚新眼疏经偈合释》,《卍续藏经》第 39 册,第 489 页上。
④ 杨文会撰,周继旨校点:《杨仁山全集》,第 480 页。
⑤ 文廷式:《纯常子枝语》,扬州:江苏广陵古籍刻印社,1990 年,第 476 页上。
⑥ 钟叔河编订:《周作人散文全集》第 4 卷,桂林:广西师范大学出版社,2009 年,第
　　211—212 页。

古时翻译佛经的时候,也曾有过这样的事,在《金刚经》中"与大比丘众千二百五十人俱"这一句话,达摩笈多译作"大比丘众共半十三比丘百",正是相同的例:在梵文里可以如此说法,但译成汉文却不得不稍加变化,因为这是在汉文表现力的范围之外了。①

周作人一定看到了南条文雄将笈多的翻译称作"直译",故而有此批评。可以推测,周作人对"直译"的理解和使用很可能是受到了南条的影响。

那么,南条文雄所用的"直译"和"义译"又来自何处呢?

第二节　从日语输入的"直译"和"意译"

我们注意到,现代日语的"直译"和"意译"分别写作"直訳"(ちょくやく)和"意訳"(いやく),《日汉大辞典》对这两个词的解释是:

直译。按照原文的字法和语法,逐字逐句忠实地翻译。②
意译。不拘泥于字句的对译,把意思译出。③

辞典中还指出它们的英语对应词分别为"literal translation"和"free translation",并标明两者互为"对义"④,可见其含义和现代

---

① 钟叔河编订:《周作人散文全集》第 4 卷,第 212 页。1951 年 6 月 15 日,周作人在《翻译通报》上发表的《翻译四题》(署名"遐寿")再次提到了这个例子(钟叔河编订:《周作人散文全集》第 11 卷,第 28 页)。
② 日本讲谈社编,上海译文出版社编译:《日汉大辞典》,上海:上海译文出版社,2002 年,第 1398 页。
③ 同上,第 156 页。
④ 同上,第 1398、156 页。

汉语里的"直译""意译"相同。

本书第四章讨论了"直译"和"意译"二术语在日本兰学翻译中创制的经过。从幕末到明治初,日本曾经出现过许多如《英文典直译》之类以"××直译"为名的译著[①]。作为翻译方法的"直译"还产生了一种特殊的译文文体,被称为"欧文直译体"(区别于"汉文直译体"[②])。整个明治时期出版的字典中,至少有 20 种收录了"直译"一词,其中包括《言海》(1891)、《日本大辞书》(1893)、《日本大辞典》(1896)、《日本新辞林》(1897)等大型日本国语辞典,以下试举几处英语释例:

《附音挿図英和字彙》(明治 6 年):literalism・literalness.

《和英語林集成》(三版)(明治 19 年):Literal translation.

《漢英対照いろは辞典》(明治 21 年):A literal translation;to translate literary; to translate word for word.

《和英大辞典》(明治 29 年):Translating word by word;literal translation;—suru, To translate literally.

《模範英和辞典》(明治 44 年):Crib・Literal translation・Metaphrase.[③]

---

① 飛田良文:《近代語研究の資料》,《文学・語学》1973 年第 66 号,第 53 页。
② 也称"汉文训读体"。这种文体早在江户以前就已出现,虽然本质上也属于翻译,但当时的日本人并没有意识到这一点。这是因为日本在接受汉文化之初并没有固有的文字做媒介,以汉字作为表音符号("万叶假名")或用假名记录的文章不能算正式的文章,故"人不知其为译"(沈国威:《近代中日词汇交流研究:汉字新词的创制、容受与共享》,第 70—71 页)。另可参见胡山林《训读:日本汉学翻译古典汉籍独特的方法》(《日本研究》2002 年第 2 期,第 42—52 页)。
③ 惣郷正明、飛田良文编:《明治のことば辞典》,东京:东京堂出版,1986 年,第372 页。

可见"直译"一词在明治时期已经实现了与英语中"literal
translation"的语义对接,和我们现在说的"直译"完全一样。此外,
《言海》《日本大辞书》《日本新辞林》等词典皆以"义译"为"直译"的
反义词①。那么,1881年南条文雄在致信杨文会时把"直译"和"义
译"直接用到汉文书信里也就毫不奇怪了。

我们还注意到《中等百科辞典》《辞林》《新式辞典》为"直译"标
注的反义词是"意译",《ことばの泉》和《大辞典》则把"义译"和"意
译"都列为"直译"的反义词②。据吉野政治考证,"意译"一词在弘
化年间(1844—1848)成书的《三兵答古知几》中就出现,与其相对
的翻译手法在该书中被称为"对译"③。那么,"意译"应该就是"义
译"的同义词④。坪内逍遥在明治19年(1886)出版的《当世书生气
質》也用到了"意译"一词⑤。和"直译"的情况类似,"意译"在明治

① 惣郷正明、飛田良文编:《明治のことば辞典》,东京:东京堂出版,1986年,第
372页。
② 同上。
③ 吉野政治:《蘭書三訳法の起源とその名称》,《同志社女子大学日本語日本文学》
2014年第26号,第51—52页。
④ 岡村錦城在《和漢諸文体文章速成術》(1896)中将翻译方法总结为"直译""义译"和
"意译"三种,其含义分别是:(1)直译:"按照他国文辞的字面含义,用我国语言如
实地表达出来,亦即丝毫不掺杂译者自己的意思"("他國の文を其字面通りに我國
の語に直写するものにて則ち毫も訳者自己の意匠を交へず");(2)义译:"不拘
泥于原文字词,选取其义理,用我国文辞重新表述"("原文原語の字句に拘泥せず
其義理を酌取て我國の文に書換ることなり");(3)意译:"不拘字面,选取原文大
意而又不失其本意的一种译法。因此,只有充分理解原文的人……才能按照自己
的想法,随心所欲地构思新奇的文句来表达原意"("其字面上に拘泥せず原文總体
の意味を酌取て其本趣意を失はざるやうに訳する法なり。故に己れの意に任せ
勝手に新奇の章句を構出して原意を写すは可なるも……充分に原文を会得する
者にあらざれば能はず")(飛田良文:《近代語研究の資料》,土屋信一编:《現代
語:日本語研究論集15》,第59页)。作者大体上是把"意译"理解成自由度比"义
译"更高的一种翻译方法,本质上没有太大差别。此外,"意译"一词在日语中的最
早出现可能是在明治初期(参见惣郷正明、飛田良文编:《明治のことば辞典》,第
19页)。
⑤ "読者の為に煩はしからむと思ひて、故意となだらかに意訳なしたり。"(同上,第
20页)

时期的各类词典中也相应地实现了和"free translation"的语义对接：

　　《和英語林集成》(三版)(明治 19 年)：A free translation；a translation which gives the meaning only，— not literal.

　　《漢英対照いろは辞典》(明治 21 年)：A free translation.

　　《和英大辞典》(明治 29 年)：Translating the meaning of a phrase，passage or book；free translation or rendering（as opposed to literal translation）.

　　《新訳和英辞典》(明治 42 年)：A free translation. — suru，To translate freely. ... Translate it freely instead of word by word. ... As it is a free translation，the meaning is very clear.

　　《模範英和辞典》（明治 44 年）：Free translation • Paraphrase. ①

大约到明治末期，"义译"普遍写作了"意译"，和"直译"一起作为两种对立的翻译方法沿用至今。

　　上文说过，周作人在 1925 年写作《〈陀螺〉序》时称他的翻译"向来用直译法"。如果要追踪周作人使用"直译"一词的最早证据，应当是他在 1920 年为自己的第一本翻译小说集《点滴》所作的序。他说这本集子里的小说有"两件特别的地方"，其中之一就是"直译的文体"②。在提出"直译"之前，周作人最初使用的可能是

---

① "読者の為に煩はしからむと思ひて、故意となだらかに意訳なしたり。"（惣郷正明、飛田良文编：《明治のことば辞典》，第 19 页）
② 钟叔河编订：《周作人散文全集》第 2 卷，第 234 页。

"对译"①,在1918年11月8日答某君(张寿朋)的信里则又提出
"最好是逐字译"②。而日本兰学译者杉田玄白在《和兰医事问答》
中就曾把"对译"立为一种译词创制的方法,它所对应的正是后来
的直译。另一位日本兰学家高野长英在《三兵答古知几》中所立
"译例八则"也把"对译"定为与"意译"相对的翻译方法,同样也是
直译的意思③。日语里的"直译"还有一个同义词,称作"逐语
译"④,和周作人使用的"逐字译"也十分接近。深谙日本文化的周
作人对兰学历史不可能不熟悉,他曾以杉田玄白的回忆录《兰学事
始》为题,专门撰文讲述杉田翻译《解体新书》的艰辛过程,又说"明
治初年此书虽曾刻木,已不易得,近来收入'岩波文库'中始复行于
世,价才金二十钱也"⑤。这样看来,周作人对"直译"的命名恐怕
就不是一种偶然了。

我们知道,现代汉语中有大量词语(主要是双音节复合词)是
在十九世纪末二十世纪初从日语中输入的⑥。"五四"时期开始流
行的"直译"和"意译"很可能属于这种情况。1985年甲午战败激
发了国人学习东洋近邻的热情,十九世纪末二十世纪初遂掀起一
波赴日留学的高潮。自1901年后留日学生年年增加,1905年底
达到八千至一万之众⑦。这为中日语言接触提供了重要契机。日
本的很多汉字新词正是通过留学生的阅读和使用逐渐成为汉语词

---

① 陈福康:《论鲁迅的"直译"与"硬译"》,《鲁迅研究月刊》1991年第3期,第10页。
② 钟叔河编订:《周作人散文全集》第2卷,第235页。
③ 见本书第四章第二节表3。
④ 日本讲谈社编,上海译文出版社编译:《日汉大辞典》,第1398页。
⑤ 钟叔河编订:《周作人散文全集》第6卷,第203页。
⑥ 关于现代汉语中的日语借词研究,学界已有不少成果。中文论著方面,可以对照沈
  国威分别在1988年和2012年发表的《现代汉语中的日语借词之研究:序说》和《回
  顾与前瞻:日语借词的研究》。
⑦ 实藤惠秀著,谭汝谦、林启彦译:《中国人留学日本史》(修订译本),北京:北京大学
  出版社,2012年,第28页。

汇的成员①。留日学生项文瑞在《游日本学校笔记》（1903）里便记
载了这样一个例子：

> 予又问森利平前日送来日本歌其意云何。曰："歌词为：
> オナシモジォナジォシヘノキミトゥショハヒモォナジエトノ
> クシサォ。共三十一字。"森利平曰："求之**意译**，即：古来我两
> 国文字相同，师教亦同，加以我与君同龄，岂非不可思议之奇
> 遇哉？ 呵呵！ 其**直译**，即：同文字，同师教，君与我龄又同，事
> 之奇遇哉！"②

以上对话是以笔谈形式进行的③，森利平的回答系作者事后整理所
得，而"直译"和"意译"这两个词应是从森氏的文字中直接挪用的。
更重要的是，这段文字提供了一个具体的翻译实例，两种译文分别
被冠以"意译"和"直译"之名。通过比较这两段译文，我们会发现"意
译"的文本较之"直译"的文本，补足了一些句子成分和调节语气的
虚词，使文字显得更加浅白生动。即使是不通日文的读者也能大概
体会出两者的区别，从而理解"直译"和"意译"这两个词的用法。

　　由于中日共用汉字系统，日语汉字词通过借形的方式得以迅
速进入汉语，而率先使用"直译"和"意译"这两个词的理所当然是

---

① 参见高名凯、刘正埮：《现代汉语外来词研究》，北京：文字改革出版社，1958 年，第
　80 页；北京师范学院中文系汉语教研组编著：《五四以来汉语书面语言的变迁和发
　展》，北京：商务印书馆，1959 年，第 77 页；王力：《汉语史稿》，北京：中华书局，
　2004 年，第 602 页；沈国威：《近代中日词汇交流研究：汉字新词的创制、容受与共
　享》，第 189 页；顾江萍：《汉语中的日语借词研究》，上海：上海辞书出版社，2011
　年，第 49—55 页。
② 王宝平主编：《晚清中国人日本考察记集成：教育考察记》上册，杭州：杭州大学出
　版社，1999 年，第 418 页上。
③ 同上，第 403 页上。

日本的中国留学生。湖南留日同乡会在东京创办的《游学译编》杂志（1902）第一册刊登了日本学者楢原陈政的《支那地理概述》一文的节译，译者在标题下特别注明：

> 概系**直译**。课忙，未及润色，阅者谅之。①

上文说过，古汉语中虽然也出现了"直译"，但其含义和日语里的"直译"不同，指的是"直接翻译"，区别于转译。就语法结构而言，这种"直译"应归于短语一类。在上面这段引文里，译者因为采用了"直译"法而向读者致歉，把"直译"理解成"直接翻译"显然不通。这里的"直译"好像只是翻译的第一道工序，炮制出的还只是"成色"不足的半成品，或辞藻不够优美，或文法不够畅达，必须经过"润色"才能成就一篇合格的译文；而逐字逐句、不加变通的翻译恰恰可能造成这样的结果。因此，这里的"直译"只能是日语中的"直译"。同样的用法还见于中国留日学生浙江同乡会主办的《浙江潮》（1903）发刊词，该刊宣称：

> 虽不专工于文辞，然务适于我国民之用。说理必明畅，记事必简赅。非如**直译**剪抄者，令读者昏昏欲睡也。②

这里的"直译"显然也是逐字逐句翻译的意思，和上一个例子一样源自日语。在编者看来，翻译不应是原封不动地挪用原文，译文必

---

① 游学译编社编辑：《游学译编（一）》（影印合订本），长沙：湖南师范大学出版社，2008年，第79页。

② 张之华主编：《中国新闻事业史文选（公元724年—1995年）》，北京：中国人民大学出版社，1999年，第435页。

须经过必要的修订。"直译"被认为是一种不负责任的"剪抄"行为,是偷懒的做法,会导致说理不明畅、记事不简赅,"令读者昏昏欲睡也"。

　　戊戌政变失败后,梁启超等维新人士流亡日本,在横滨相继创办《清议报》(1898)和《新民丛报》(1902)以鼓吹"保皇立宪",其刊载的文章多用日语词汇①,而"直译"一词也在其列。1899 年 1 月 2 日《清议报》登出的《善邻协会主旨》一文附有《著译凡例》五条,其中一条说:

　　　　泰西之书,大抵繁琐周密,其言不免冗复。若逐句译出,则不翅索然无味,恐使初学有望洋之叹。故本会译法,务从节约,**直译**难通者,迎意解之,不必一一拘泥。要简明切当,使一读得其要领。②

"善邻协会"是一个由日本人创立的组织,自称其宗旨为"译述新书,以输诸清韩"③。此文应系日人直接以汉文写成,"直译"二字取自日语。"逐句译出""索然无味"清楚展现了作者对"直译"的理解,而所谓"迎意解之,不必一一拘泥"则是把意译的意思包含在内了。1902 年 4 月出版的《新民丛报》在介绍周逵编译的《万国宪法志》时再次使用了"直译"一词,推荐者称赞该书:

　　　　体例谨严,文笔流畅,较之寻常**直译**之本,相去天渊。④

---

① 沈国威:《近代中日词汇交流研究:汉字新词的创制、容受与共享》,第 189 页。
② 《清议报》报馆编:《清议报(一)》(影印合订本),北京:中华书局,2006 年,第 104 页。
③ 同上,第 103 页。
④ 梁启超主编:《新民丛报(一)》(影印合订本),北京:中华书局,2008 年,第 754 页。

同以上几例相仿,逐字逐句的"直译"被认为容易造成语句不通顺,进而阻碍阅读。

类似地,《新民丛报》上也出现了"意译"一词。1906 年 7 月 6 日的《新民丛报》刊登了日本政治学家小野冢喜平次的《论奥大利立宪制之运用与民族之复杂》一文,译者仲遥①在《例言》中申明:

> 此篇多用**意译**,不斤斤于字比句次,惟意义则无所异于原文,殊敢自信。②

这是汉语里较早使用"意译"一词并明确界定其内涵的例子。不拘泥于文字次序("不斤斤于字比句次")而"意义则无所异于原文",这里的"意译"完全符合日语"意译"的语义。

《清议报》和《新民丛报》面向海内外发行,在华人知识界覆盖面极广,《新民丛报》的单期销量甚至达到过 1 万份之多,有时一期再版或辗转翻印达 10 余次,国内外寄售点九十多处,云、贵、陕、甘等边远地区均有出售③,其影响之大,可见一斑。根据以上材料来看,《清议报》《新民丛报》以及其他留日中国学生所用的"直译"和"意译"来自日语应是比较可靠的判断。

---

① 仲遥(1886—?),名吴渊,又名渊民。19 岁赴日留学,先后入弘文学院、早稻田大学。曾在《新民丛报》发表《社会主义论》《呜呼四川铁路公司之股份! 呜呼四川人之财产》等(陈玉堂编著:《中国近现代人物名号大辞典》全编增订本,杭州:浙江古籍出版社,2005 年,第 498 页)。

② 梁启超主编:《新民丛报(十二)》(影印合订本),第 11181 页。这段文字让人想起严复 1898 年撰写的《〈天演论〉译例言》里的句子:"译文取明深义,故词句之间,时有所颠倒附益,不斤斤于字比句次,而意义则不倍本文。"(王栻主编:《严复集》,北京:中华书局,1986 年,第 1321 页)同样宣称"不斤斤于字比句次",同样强调对原文大意的忠实("取明深义""不倍本文"),其实也已完整包含了"意译"的两层内涵。

③ 方汉奇主编:《中国新闻事业通史》第 1 卷,北京:中国人民大学出版社,1992 年,第 649—651 页。

结　语

　　根据本书的考察，古汉语中虽然出现过"直译""直翻"以及"意""译"连用的情况，但均未成词，其含义和我们现在当作翻译术语使用的"直译"和"意译"不同，其中："意""译"必须搭配其他成分才能组成"以意译""随意译"之类的短语，其字面意思是根据人的主观判断进行翻译。在实际使用中，"以意译"的含义会随着"译"的语义引申而发生变化。除了表示翻译，这里的"译"还可以表示解释、猜测、演绎等。"以意译"的语义总体而言是不稳定的，我们现在使用的翻译术语"意译"和古汉语中的"以意译"这类短语并没有语言学意义上的渊源关系。古代典籍中的"直译"和"直翻"则是独立的短语，"直"和"译"（"翻"）的关系比较紧密，相对而言比"以意译"具有更完备的成词条件。但我们没有发现"直译"或"直翻"被当成固定术语来使用的迹象。论者一般用"直译"或"直翻"笼统地表示直接翻译，这里的"译"（"翻"）通常就是严格意义上的翻译（即语际翻译）；但所谓"直接"却可以根据语境的不同指代不同的翻译方法——按照现在的分类方法，至少包括直接译（不经过中介译本，与转译相对）、音译、义译和意译四种，具体取决于使用者对翻译的理解和论述的需要，带有很强的主观性。因此，古汉语中"直译"和"直翻"的语义也是不固定的，而且从未用来指称现代意义上的直译。

　　另一方面,中国古代的佛经翻译理论中存在和直译、意译相当的两组翻译方法,称为"敌对翻"和"取意译"或"正翻"和"义翻"。"取意"是《华严经随疏演义钞》等华严一系的佛典注疏中经常使用的词语,其字面意思就是"采取其意",往往和各种动词搭配,表示对经文大意的概括。通过对"孟夏月"、《金刚经》"六喻"、"船师"等具体译例的考察,我们认为"取意译"是指根据原文大意进行翻译,相当于现代意义上的意译。类似的表达方式还有"会意译",即在汇通原文大意的基础上进行翻译。和"取意译"("会意译")相对的翻译方法被注疏者称为"敌对翻(译)"。这里的"敌对"取其本意"对等","敌对翻"的字面意思就是"对等的翻译",相当于直译。不过翻译的"对等"并没有统一标准,被不空视为"敌对翻"的做法在良贲看来便成了"会意译",这是因为他们采用了不同的意义单位作为衡量"对等"的标准。"敌对翻"在不同的翻译语境中可以指向不同层级的意义单位,但强调译出语文本和译入语文本在同一层级保持语义对等则是其共同特征。

　　"正翻"和"义翻"分别用来处理"东西两土俱有"和"西土即有,此土全无"两种情况下的译名问题。唐末五代的《四分律行事钞简正记》中录有为这对术语界定概念的文字,但其首倡者是提出"五种不翻"的译经大师玄奘。北宋南山律宗僧人允堪根据道宣律学著作中的译例分析,进一步阐述了"义翻"的内涵。他借用中国传统文论中的"事类"观念,对道宣提出的"事义相译"进行了详细疏解与发挥(本书将其分作"譬喻"和"假借"两种)。宋代另一位南山宗传人元照则根据道宣对翻译问题的论述详细提出了"四句"翻译,即"以义翻名"、"以名翻义"、"以名翻名"和"以义翻义"。其中,"名"是指事物的名称,"义"是指事物的特征或属性,"以名翻名"和"以义翻名"分别对应"正翻"和"义翻"。此外,当我们把翻译的对象限定在"词"这一层级时，"敌对翻"和"正翻"、"取意译"和"义翻"
是等效的，"正翻"可以理解成对词的直译，"义翻"则可以理解成对
词的意译。一般而言，"正翻"是受到推崇的做法，"义翻"则每每被
视为无法进行"正翻"时的权宜之计。这种价值取向和唐代对"格
义佛学"的批判很有关系。不过，在面对具体的翻译个案时，并不
是所有的注经家都会拘泥于"正翻"的正统性而一味否认"义翻"的
价值。"修多罗"一词的翻译所引发的争论便足以说明：除了由于
"此土本无"而被迫选择"义翻"的情况外，对于一些可以"正翻"的
梵文词语，"义翻"也可能通过某种方式被采纳，甚至被认为优于纯
粹的"正翻"。

　　"敌对翻"和"取意译"、"正翻"和"义翻"等佛经汉译方法在南
朝中后期至唐代随着中国佛教主要宗派的东传而进入日本——特
别是日本的悉昙学文献之中，并为日后的兰学翻译提供了可资借
鉴的方法论资源。1774 年，日本的兰学医者杉田玄白及其弟子大
槻玄泽在翻译解剖学著作《解体新书》时出了"翻译""义译"和"直
译"。在修订该书时改作"直译""义译"和"对译"（即音译）三种翻
译方法，前二者便是现代意义上的直译和意译的雏形。1826 年
《重订解体新书》出版之后，"直译"和"义译"渐成定制。到明治时
代，这两个翻译术语的使用已相当普遍，当时问世的各种大型辞书
均有收录。在此过程中，"直译"以及由"义译"衍生出的"意译"最
终完成了与西方意义上的"literal translation"和"free translation"
的词义对接。

　　由于中日共用汉字系统，日语汉字词得以通过"借形"的方式
迅速进入汉语词汇，而十九世纪末二十世纪的留日高潮有力地推
动了这一过程：湖南留日学生同乡会创办的《游学译编》（1902）、
中国浙江留日学生同乡会的《浙江潮》（1903）以及梁启超等维新人

士在日流亡期间创办的《清议报》(1898)和《新民丛报》(1902)便使用了"直译"和"意译"。不过,"直译"在刚刚进入汉语词汇时,常常意味着语句不通顺、文字不简练,有悖汉语读者的阅读习惯,因而被当作一种不恰当的做法。直到"五四"新文化运动时期,"直译"才开始受青睐。"直译"和"意译"的对立正是在上述过程中建立起来的。

梁启超在 1920 年写作的《翻译文学与佛典》将佛典翻译文体问题的焦点归于"直译、意译之得失","直译"和"意译"不仅被视作一组对立的翻译方法,而且其思想被认为覆盖了从东汉桓帝到唐代玄奘这五百年间的佛经汉译史。梁启超为"直译"和"意译"这两个后出的概念找到了几乎持续整个中国翻译史的漫长"前世",使这两个词成为统摄中国传统翻译思想的核心概念。从此以后,"直译"和"意译"逐渐成为翻译批评不可或缺的重要术语。

主要参考文献及引用书目

一、基本文献

（一）《大正藏》①

［东晋］瞿昙僧伽提婆译.增一阿含经［G］//大正藏（第2册）：549－830.

［元魏］吉迦夜、昙曜译.杂宝藏经［G］//大正藏（第4册）：447－499.

［后秦］鸠摩罗什译.金刚般若波罗蜜经［G］//大正藏（第8册）：748－752.

［元魏］菩提流支译.金刚般若波罗蜜经［G］//大正藏（第8册）：752－757.

［姚秦］鸠摩罗什译.妙法莲华经［G］//大正藏（第9册）：1－62.

［唐］实叉难陀译.大方广佛华严经［G］//大正藏（第10册）：1－444.

［西晋］竺法护译.慧上菩萨问大善权经［G］//大正藏（第12册）：156－165.

---

① 本书所引《大正藏》即高楠顺次郎和渡边海旭发起并担任都监、小野玄妙等人负责编辑校勘的《大正新修大藏经》，于1934年由日本东京大正一切经刊行会出版。

[刘宋] 求那跋陀罗译. 胜鬘狮子吼一乘大方便方广经[G]//大正藏(第 12 册)：217 - 223.

[北凉] 昙无谶译. 大般涅槃经[G]//大正藏(第 12 册)：365 - 604.

[唐] 金刚智译. 金刚顶瑜伽中略出念诵经[G]//大正藏(第 18 册)：223 - 253.

[唐] 不空译. 佛顶尊胜陀罗尼注义[G]//大正藏(第 19 册)：388.

[唐] 不空译. 仁王护国般若波罗蜜多经陀罗尼念诵仪轨[G]//大正藏(第 19 册)：513 - 519.

[唐] 不空译. 仁王般若陀罗尼释[G]//大正藏(第 19 册)：522 - 524.

[清] 工布查布译解. 造像量度经解[G]//大正藏(第 21 册)：936 - 956.

[姚秦] 佛陀耶舍、竺佛念等译. 四分律[G]//大正藏(第 22 册)：567 - 1014.

失译. 萨婆多毗尼毗婆沙[G]//大正藏(第 23 册)：503 - 564.

[唐] 义净译. 根本说一切有部毗奈耶[G]//大正藏(第 23 册)：627 - 905.

龙树菩萨造, [后秦]鸠摩罗什译. 大智度论[G]//大正藏(第 25 册)：57 - 756.

尊者法救造, [宋]僧伽跋摩等译. 杂阿毗昙心论[G]//大正藏(第 28 册)：869 - 965.

德慧法师造, [陈]真谛译. 随相论[G]//大正藏(第 32 册)：158 - 169.

[唐]宗密述, [宋]子璿治定. 金刚般若经疏论纂要[G]//大正

藏（第 33 册）：154 - 170.

　　［宋］子璿录. 金刚经纂要刊定记［G］//大正藏（第 33 册）：170 - 228.

　　［隋］智顗说，灌顶记. 仁王护国般若经疏［G］//大正藏（第 33 册）：253 - 286.

　　［宋］善月述. 仁王护国般若波罗蜜经疏神宝记［G］//大正藏（第 33 册）：286 - 314.

　　［唐］良贲述. 仁王护国般若波罗蜜多经疏［G］//大正藏（第 33 册）：429 - 523.

　　［唐］窥基撰. 般若波罗蜜多心经幽赞［G］//大正藏（第 33 册）：523 - 542.

　　［隋］智顗说. 妙法莲华经文句［G］//大正藏（第 34 册）：1 - 150.

　　［唐］湛然述. 法华文句记［G］//大正藏（第 34 册）：151 - 360.

　　［唐］窥基撰. 妙法莲华经玄赞［G］//大正藏（第 34 册）：651 - 854.

　　［宋］知礼述. 观音玄义记［G］//大正藏（第 34 册）：892 - 921.

　　［宋］知礼述. 观音义疏记［G］//大正藏（第 34 册）：936 - 960.

　　［唐］法藏述. 华严经探玄记［G］//大正藏（第 35 册）：107 - 492.

　　［唐］澄观撰. 大方广佛华严经疏［G］//大正藏（第 35 册）：503 - 964.

　　［唐］澄观述. 大方广佛华严经随疏演义钞［G］//大正藏（第

36 册）：1－701.

　　［宋］智圆述.涅槃玄义发源机要［G］//大正藏（第 38 册）：15－41.

　　［隋］灌顶撰.大般涅槃经疏［G］//大正藏（第 38 册）：41－230.

　　［唐］道宣撰.四分律删繁补阙行事钞［G］//大正藏（第 40 册）：1－156.

　　［唐］道宣述.四分律比丘含注戒本［G］//大正藏（第 40 册）：429－463.

　　［唐］道宣集.四分律删补随机羯磨［G］//大正藏（第 40 册）：492－511.

　　［隋］吉藏撰.法华论疏［G］//大正藏（第 40 册）：785－826.

　　［北魏］昙鸾注解.无量寿经优婆提舍愿生偈注［G］//大正藏（第 40 册）：826－844.

　　［唐］法藏述.十二门论宗致义记［G］//大正藏（第 42 册）：212－231.

　　［宋］子璿录.起信论疏笔削记［G］//大正藏（第 44 册）：297－409.

　　［隋］慧远撰.大乘义章［G］//大正藏（第 44 册）：465－876.

　　［唐］窥基撰.大乘法苑义林章［G］//大正藏（第 45 册）：245－374.

　　［唐］智俨集.华严五十要问答［G］//大正藏（第 45 册）：519－536.

　　［唐］宗密注.注华严法界观门［G］//大正藏（第 45 册）：683－692.

　　［唐］道宣述.释门章服仪［G］//大正藏（第 45 册）：834－

839.

　　[唐]道宣撰.广弘明集[G]//大正藏(第52册):97-362.

　　[唐]李师政撰.法门名义集[G]//大正藏(第54册):195-204.

　　[宋]法云编.翻译名义集[G]//大正藏(第54册):1055-1185.

　　[唐]智昇撰.开元释教录[G]//大正藏(第55册):477-723.

　　[唐]圆照撰.贞元新定释教目录[G]//大正藏(第55册):771-1048.

　　(日)圆珍撰.佛说观普贤菩萨行法经记[G]//大正藏(第56册):226-254.

　　(日)空海撰.金刚般若波罗蜜经开题[G]//大正藏(第57册):1-3.

　　(日)湛叡撰.华严演义钞纂释[G]//大正藏(第57册):49-366.

　　(日)良忠述.观经疏传通记[G]//大正藏(第57册):497-673.

　　(日)圆珍撰.菩提场经略义释[G]//大正藏(第61册):513-564.

　　(日)珍海撰.三论名教抄[G]//大正藏(第70册):693-832.

　　(日)空海撰.即身成佛义[G]//大正藏(第77册):385-387.

　　(日)明觉撰.悉昙要诀[G]//大正藏(第84册):501-568.

　　佚名.摄大乘论章[G]//大正藏(第85册):1011-1022.

（二）《卍续藏经》①

［唐］慧苑述.续华严经略疏刊定记［G］//卍续藏经（第 5 册）：1－640.

［唐］澄观别行疏，［宋］宗密随疏钞.华严经行愿品疏钞［G］//卍续藏经（第 7 册）：773－1012.

［唐］澄观述.华严经疏钞玄谈［G］//卍续藏经（第 8 册）：345－684.

［元］普瑞集.华严悬谈会玄记［G］//卍续藏经（第 12 册）：1－648.

［唐］澄观疏义，［明］德清提挈.华严纲要（1—15 卷）［G］//卍续藏经（第 12 册）：787－998.

［唐］宗密撰.圆觉经大疏释义钞（1—11 卷）［G］//卍续藏经（第 14 册）：407－924.

［唐］宗密于《大疏》略出.圆觉经略疏钞［G］//卍续藏经（第 15 册）：179－454.

［元］清远述.圆觉经疏钞随文要解［G］//卍续藏经（第 15 册）：477－756.

［宋］德洪造论，［宋］正受会合.楞严经合论［G］//卍续藏经（第 18 册）：1－190.

［元］惟则会解，［明］传灯疏.楞严经圆通疏［G］//卍续藏经（第 19 册）：399－930.

［明］钱谦益钞.楞严经疏解蒙钞［G］//卍续藏经（第 21 册）：73－702.

---

① 本书所引《卍续藏经》系台北新文丰出版公司以日本京都藏经书院《大日本续藏经》为底本重排影印，于 1993 年刊行的《卍新编续藏经》。

［清］通理述.楞严经指掌疏［G］//卍续藏经(第 24 册)：168 - 837.

［清］续法集.楞严经势至圆通章疏钞［G］//卍续藏经(第 24 册)：890 - 928.

［宋］从义撰.金光明经文句新记［G］//卍续藏经(第 31 册)：523 - 742.

［明］古德法师演义,慈帆、智愿定本.阿弥陀经疏钞演义［G］//卍续藏经(第 33 册)：529 - 712.

［唐］圆测撰.解深密经疏(1—7 卷)［G］//卍续藏经(第 34 册)：581 - 952.

［唐］一行述记.大日经义释［G］//卍续藏经(第 36 册)：507 - 986.

［辽］觉苑撰.大日经义释演密钞［G］//卍续藏经(第 37 册)：1 - 275.

［清］弘赞会释.七俱胝佛母所说准提陀罗尼经会释［G］//卍续藏经(第 37 册)：429 - 501.

［清］通理述.金刚新眼疏经偈合释［G］//卍续藏经(第 39 册)：479 - 581.

［唐］宗密疏,［宋］子璿记,［清］大璸科会.金刚经疏记科会［G］//卍续藏经(第 39 册)：725 - 946.

［明］弘赞述.般若心经添足［G］//卍续藏经(第 41 册)：920 - 934.

［清］徐昌治解.般若心经解［G］//卍续藏经(第 42 册)：24 - 31.

［唐］道暹述.法华经文句辅正记［G］//卍续藏经(第 45 册)：1 - 368.

［唐］智云述. 妙经文句私志诸品要义［G］//卍续藏经（第45册）：603－656.

［唐］智云撰. 妙经文句私志记（1—6卷）［G］//卍续藏经（第45册）：657－962.

［唐］智云撰. 妙经文句私志记（7—14卷）［G］//卍续藏经（第46册）：1－380.

［宋］道威入注. 法华经入疏［G］//卍续藏经（第47册）：1－506.

［明］通润笺. 法华经大窾［G］//卍续藏经（第50册）：41－344.

［唐］栖复集. 法华经玄赞要集：13—35卷［G］//卍续藏经（第54册）：1－932.

佚名. 观音经玄义记会本科［G］//卍续藏经（第55册）：1－20.

佚名. 观音经义疏记会本科［G］//卍续藏经（第55册）：151－170.

［隋］智𫗯说，［宋］知礼述. 观音经义疏记会本［G］//卍续藏经（第55册）：171－286.

［宋］智圆述. 涅槃经疏三德指归［G］//卍续藏经（第58册）：349－986.

［清］续法述. 四十二章经疏钞［G］//卍续藏经（第59册）：97－222.

［清］续法述. 八大人觉经疏［G］//卍续藏经（第59册）：226－238.

［明］袾宏发隐. 梵网菩萨戒经义疏发隐［G］//卍续藏经（第59册）：647－822.

［唐］法铣撰. 梵网经菩萨戒疏［G］//卍续藏经（第 60 册）：476－500.

［明］弘赞述. 梵网经菩萨戒略疏［G］//卍续藏经（第 60 册）：773－924.

［宋］允堪述. 四分律含注戒本疏发挥记［G］//卍续藏经（第 62 册）：157－194.

［唐］道宣撰,［宋］元照述. 四分律含注戒本疏行宗记［G］//卍续藏经（第 62 册）：309－1026.

［明］弘赞释. 四分戒本如释［G］//卍续藏经（第 63 册）：33－256.

［宋］允堪述. 四分律随机羯磨疏正源记［G］//卍续藏经（第 64 册）：209－438.

［唐］道宣疏,［宋］元照记,（日）禅能和会. 四分律删补随机羯磨疏济缘记［G］//卍续藏经（第 64 册）：519－1020.

［唐］怀素撰. 四分律开宗记（13—20 卷）［G］//卍续藏经（第 67 册）：1－216.

［唐］大觉撰. 四分律钞批（1—25 卷）［G］//卍续藏经（第 67 册）：217－1030.

［宋］景霄纂. 四分律行事钞简正记［G］//卍续藏经（第 68 册）：107－1056.

［明］弘赞辑. 四分律名义标释［G］//卍续藏经（第 70 册）：401－1002.

［明］性祇述. 佛说目连五百问经略解［G］//卍续藏经（第 71 册）：169－222.

［清］续法会编. 起信论疏记会阅［G］//卍续藏经（第 72 册）：259－636.

［唐］窥基记.异部宗轮论疏述记［G］//卍续藏经（第 83 册）：421－467.

［宋］观复述.遗教经论记［G］//卍续藏经（第 86 册）：555－624.

［宋］周琪述.圆觉经夹颂集解讲义［G］//卍续藏经（第 87 册）：721－998.

［唐］澄观述，［宋］净源录疏注经.华严经疏注［G］//卍续藏经（第 88 册）：37－705.

佚名.法华经玄赞释［G］//卍续藏经（第 93 册）：1－56.

［清］通理述.法华经指掌疏悬示［G］//卍续藏经（第 93 册）：429－460.

［宋］智聪述.圆觉经心镜［G］//卍续藏经（第 93 册）：945－1054.

［明］真贵述.仁王经科疏［G］//卍续藏经（第 94 册）：898－1074.

［唐］志鸿撰述.四分律搜玄录［G］//卍续藏经（第 95 册）：270－430.

［宋］遵式述.注肇论疏［G］//卍续藏经（第 96 册）：198－366.

［隋］吉藏撰.三论略章［G］//卍续藏经（第 97 册）：574－592.

［宋］智圆著.闲居编［G］//卍续藏经（第 101 册）：53－216.

［清］性权记.四教仪注汇补辅宏记［G］//卍续藏经（第 102 册）：246－848.

［清］弘赞编.沙门日用［G］//卍续藏经（第 106 册）：239－264.

［清］沈善登述.报恩论卷附：致杨仁山书［G］//卍续藏经（第110 册）：477－614.

［宋］善卿编正.祖庭事苑［G］//卍续藏经（第 113 册）：1－242.

（三）其他

《民报》报馆编.民报［G］.影印合订本.北京：中华书局,2006.

《清议报》报馆编.清议报［G］.影印合订本.北京：中华书局,2006.

［汉］班固撰.汉书［M］.北京：中华书局,1962.

陈惇、刘象愚编选.穆木天文学评论选集［G］.北京：北京师范大学出版社,2000.

［元］陈澔注,万久富整理.礼记集说［M］.南京：凤凰出版社,2010.

［清］陈澧著.东塾读书记（外一种）［M］.北京：生活·读书·新知三联书店,1998.

［清］陈立撰,吴则虞点校.白虎通疏证［M］.北京：中华书局,1994.

陈平原、夏晓虹编.二十世纪中国小说理论资料（第 1 卷）［G］.北京：北京大学出版社,1997.

［晋］陈寿撰,陈乃乾校点.三国志［M］.北京：中华书局,1964.

陈子褒著,区朗若、冼玉清、陈德芸编校.陈子褒先生教育遗议［G］.桂林：广西师范大学出版社,2012.

（日）大槻玄泽译.兰畹摘芳［M］.东京：国立国会图书馆,1817（文化 14 年）.

（日）大槻玄泽译.六物新志[M].浪华兼葭堂藏本.东京：早稻田大学图书馆,1795(宽政 7 年).

道宣著.续高僧传[M].台北：文殊出版社,1988.

额尔登泰、乌云达赉校勘.蒙古秘史[M].校勘本.呼和浩特：内蒙古新华书店,1980.

[南朝宋]范晔撰,[唐]李贤等注.后汉书[M].北京：中华书局,1965.

[明]方应选撰.方众甫集[G]//四库全书存目丛书编纂委员会编.四库全书存目丛书：第 170 册.济南：齐鲁书社,1997：1-242.

[汉]伏胜撰,[汉]郑玄注,陈寿祺辑校.尚书大传(附序录辨伪)[M].北京：中华书局,1985.

复旦大学中文系古典文学教研组注.天问天对注[M].上海：上海人民出版社,1973.

傅景华、陈心智点校.黄帝内经素问[M].北京：中医古籍出版社,1997.

[明]耿定向撰.耿天台先生文集[G]//四库全书存目丛书编纂委员会编.四库全书存目丛书：第 131 册.济南：齐鲁书社,1997.

[清]龚自珍著,王佩诤校.龚自珍全集[G].上海：上海古籍出版,1999.

故宫博物院明清档案部编.清末筹备立宪档案史料[G].北京：中华书局,1979.

何琇撰.樵香小记[M].北京：中华书局,1985.

胡适著.胡适留学日记[M].合肥：安徽教育出版社,1999.

黄怀信撰.鹖冠子汇校集注[M].北京：中华书局,2004.

［汉］贾谊撰，阎振益、钟夏校注.新书校注［M］.北京：中华书局，2000.

（日）建部清庵、（日）杉田玄白著.和兰医事问答［G］//（日）早川纯三郎编.文明源流丛书：第 2 册.东京：国书刊行会，1914（大正 3 年）：382－408.

（日）建部清庵、（日）杉田玄白著.和兰医事问答［M］.紫石斋藏本.东京：早稻田大学图书馆，1795（宽政 7 年）.

［汉］孔安国传，［唐］孔颖达正义，黄怀信整理.尚书正义［M］.上海：上海古籍出版社，2007.

黎翔凤撰，梁运华整理.管子校注［M］.北京：中华书局.2004.

李天纲编校.万国公报文选［G］.北京：生活・读书・新知三联书店，1998.

［清］李文田注.元秘史注［G］//《续修四库全书》编纂委员会续.续修四库全书：第 312 册.上海：上海古籍出版社，1996：309－506.

梁启超主编.大中华杂志［G］.影印合订本.台北：文海出版社，1978.

梁启超主编.新民丛报［G］.影印合订本.北京：中华书局，2008.

梁启超主编.庸言［G］.影印合订本.北京：中华书局，2010.

梁启超撰.佛学研究十八篇［G］.上海：上海古籍出版社，2001.

［汉］刘向撰，向宗鲁校证.说苑校证［M］.北京：中华书局，1987.

［南朝梁］刘勰著，杨明照校注拾遗.文心雕龙校注［M］.北

京：中华书局,1959.

[后晋]刘昫等撰.旧唐书[M].北京：中华书局,1975.

[汉]刘珍等撰,吴树平校注.东观汉记校注[M].北京：中华书局,2008.

鲁迅著.鲁迅全集[G].北京：人民文学出版社,2005.

罗新璋编.翻译论集[G].北京：商务印书馆,1984.

罗新璋、陈应年编.翻译论集[G].修订本.北京：商务印书馆,2009.

茅盾著.茅盾全集[G].北京：人民文学出版社,1984.

[清]皮锡瑞撰.尚书大传疏证[G]//《续修四库全书》编纂委员会续.续修四库全书：第55册.上海：上海古籍出版社,1996：697-795.

钱锺书著.管锥编[M].北京：生活·读书·新知三联书店,2007.

[清]阮元校刻.十三经注疏[G].北京：中华书局,1980.

（日）杉田玄白译,（日）大槻玄泽重订.重订解体新书[M].东都书肆刻本.京都：京都大学附属图书馆,1826(文政九年).

（日）杉田玄白译.解体新书[G]//早川纯三郎编.文明源流丛书：第2册.东京：国书刊行会,1914(大正三年)：324-381.

（日）杉田玄白译.解体新书[M].东武书林刻本.东京：东京大学医学图书馆,1774(安永三年).

（日）杉田玄白著.兰学事始[M].天真楼藏本.东京：早稻田大学图书馆,1869(明治二年).

（日）杉田玄白著,（日）野上豊一郎校定.兰学事始[M].东京：岩波书店,1930(昭和五年).

（日）杉田玄白著,徐克伟译.兰学事始[J].或问,2013,23：

123－150.

　　［明］史玄撰.旧京遗事［G］//［明］史玄撰；［清］夏仁虎撰；［清］佚名撰.旧京遗事；旧京琐记；燕京杂记.北京：北京古籍出版社,1986：1－26.

　　［汉］司马迁撰.史记［M］.北京：中华书局,1959.

　　苏舆撰,钟哲点校.春秋繁露义证［M］.北京：中华书局,1992.

　　苏州章氏国学讲习会编.制言［G］.扬州：广陵书社.2009.

　　［春秋］孙武撰,［三国］曹操等注,杨丙安校理.十一家注孙子校理［M］.北京：中华书局,1999.

　　［清］孙希旦撰,沈啸寰、王星贤点校.礼记集解［M］.北京：中华书局,1989.

　　［清］孙诒让撰,王文锦、陈玉霞点校.周礼正义［M］.北京：中华书局,1987.

　　［元］脱脱等撰.金史［M］.北京：中华书局,1975.

　　王宝平主编.晚清中国人日本考察记集成：教育考察记［G］.杭州：杭州大学出版社,1999.

　　［汉］王符著,［清］汪继培笺,彭铎校正.潜夫论笺校正［M］.北京：中华书局,1985.

　　王利器撰.文子疏义［M］.北京：中华书局,2000.

　　王利器撰.新语校注［M］.北京：中华书局,1986.

　　［宋］王钦若等编纂,周勋初等校订.册府元龟［M］.校订本.南京：凤凰出版社,2006.

　　王栻主编.严复集［G］.北京：中华书局,1986.

　　王云五主编.李宗侗注译.春秋左传今注今译［M］.台北：台湾商务印书馆,1971.

王云五主编. 屈万里注译. 尚书今注今译[M]. 台北：台湾商务印书馆, 1969.

[宋] 惟白集. 大藏经纲目指要录[G]//（日）小野玄妙主编. 昭和法宝总目录（第 2 卷）. 东京：大正一切经印行会, 1929（昭和四年）：571 - 772.

[北齐] 魏收撰. 魏书[M]. 北京：中华书局, 1974.

[清] 文廷式著. 纯常子枝语[M]. 扬州：江苏广陵古籍刻印社, 1990.

[梁] 萧统编，[唐] 李善注. 文选[G]. 上海：上海古籍出版社, 1986.

[清] 徐珂编撰. 清稗类钞[M]. 北京：中华书局, 1984.

徐克伟译，沈国威校. 和兰医事问答（一）[J]. 或问, 2014, 26：137 - 146.

徐克伟译，沈国威校. 和兰医事问答（二）[J]. 或问, 2015, 27：145 - 152.

徐时仪校注.《一切经音义》三种校本合刊[G]. 上海：上海古籍出版社, 2008.

徐世昌撰. 大清畿辅先哲传[M]. 北京：北京古籍出版社, 1993.

[清] 许景澄撰. 许文肃公遗稿[G].《清代诗文集汇编》编纂委员会编：《清代诗文集汇编》第 758 册. 上海：上海古籍出版社, 2010.

许维遹撰，梁运华整理. 吕氏春秋集释[M]. 北京：中华书局, 2009.

[唐] 玄奘撰，章巽校点. 大唐西域记[M]. 上海：上海人民出版社, 1977.

（英）亚当·斯密著，严复译.原富[M].北京：商务印书馆，1981.

闫小芬、邹同庆、范振国编著.玄奘集编年校注[G].郑州：河南大学出版社，2012.

[清]严可均校辑.全上古三代秦汉三国六朝文[G].北京：中华书局，1958.

杨伯峻编著.春秋左传注[M].北京：中华书局，1981.

杨文会撰，周继旨校点.杨仁山全集[G].合肥：黄山书社，2000.

[明]姚希孟撰.文远集[G]//四库禁毁书丛刊编纂委员会编.四库禁毁书丛刊（集部第179册）.北京：北京出版社，1997：275-719.

[宋]叶适著.习学记言序目[M].北京：中华书局，1977.

[明]一如等编集.大明三藏法数（1—14卷）[G]//"永乐北藏"整理委员会.永乐北藏（第181册）.北京：线装书局，2000：327-852.

佚名撰.清实录[G].北京：中华书局，1986.

[清]永瑢等撰.四库全书总目[M].北京：中华书局，1965.

游学译编社编辑.游学译编[G].影印合订本.长沙：湖南师范大学出版社，2008.

[清]俞樾撰.茶香室丛钞[M].北京：中华书局，1995.

恽毓鼎著，史晓风整理.恽毓鼎澄斋日记[M].杭州：浙江古籍出版社，2004.

[宋]赞宁撰，范祥雍点校.宋高僧传[M].北京：中华书局，1987.

张之洞著.张文襄公全集[G].北京：中国书店，1990.

张之华主编. 中国新闻事业史文选（公元 724 年—1995 年）[G]. 北京：中国人民大学出版社，1999 年.

[清] 章学诚著，仓修良编注. 文史通义新编新注[M]. 杭州：浙江古籍出版社，2005.

郑奠、谭全基编. 古汉语修辞学资料汇编[G]. 北京：商务印书馆，1980.

[汉] 郑玄注，[唐] 贾公彦疏，彭林整理. 周礼注疏[M]. 上海：上海古籍出版社，2010.

[汉] 郑玄注，[唐] 孔颖达正义，吕友仁整理. 礼记正义[M]. 上海：上海古籍出版社，2008.

钟叔河编订. 周作人散文全集[M]. 桂林：广西师范大学出版社，2009.

周止庵注. 波罗密多心经诠注[M]. 台北：财团法人佛陀教育基金会，1996.

二、研究资料

（一）专著

北京师范学院中文系汉语教研组编著. 五四以来汉语书面语言的变迁和发展[M]. 北京：商务印书馆，1959.

曹明伦著. 翻译之道：理论与实践[M]. 保定：河北大学出版社，2007.

陈朝曙著. 杨仁山传[M]. 北京：当代中国出版社，2011.

陈福康著. 中国译学理论史稿[M]. 上海：上海外语教育出版社，1992.

陈福康著. 中国译学理论史稿[M]. 修订本. 上海：上海外语教育出版社，2000.

陈平原著.二十世纪中国小说史(第 1 卷)[M].北京:北京大学出版社,1989.

(日)村上专精著,杨曾文译.日本佛教史纲[M].北京:商务印书馆,1981.

董秀芳著.词汇化:汉语双音词的衍生和发展[M].修订本.北京:商务印书馆,2011.

范文澜著.中国通史简编(第 3 编第 1 册)[M].修订本.北京:人民出版社,1965.

方汉奇主编.中国新闻事业通史(第 1 卷)[M].北京:中国人民大学出版社,1992.

冯天瑜著.新语探源:中西日文化互动与近代汉字术语生成[M].北京:中华书局,2004.

冯天瑜、刘建辉、聂长顺主编.语义的文化变迁[M].武昌:武昌大学出版社,2007.

高名凯、刘正埮著.现代汉语外来词研究[M].北京:文字改革出版社,1958.

高守纲著.古代汉语词义通论[M].北京:语文出版社,1994.

顾江萍著.汉语中的日语借词研究[M].上海:上海辞书出版社,2011.

广超法师.般若波罗蜜多心经讲记[M].上海:复旦大学出版社,2009.

何锡蓉著.佛学与中国哲学的双向构建[M].上海:上海社会科学出版社,2004.

贺爱军著.译者主体性的社会话语分析——以佛经译者和近现代西学译者为中心[M].北京:科学出版社,2015.

胡适著.白话文学史[M].上海:新月书店,1928.

黄侃著.文心雕龙札记[M].北京:中华书局,1962.

季进著.钱锺书与现代西学[M].上海:上海三联书店,2002.

蒋绍愚著.古汉语词汇纲要[M].北京:北京大学出版社,1989.

蒋述卓著.佛经传译与中古文学思潮[M].南昌:江西人民出版社,1990.

孔慧怡著.重写翻译史[M].香港:香港中文大学翻译研究中心,2005.

黎难秋著.中国科学文献翻译史稿[M].合肥:中国科学技术大学出版社,1993.

李无未著.日本汉语音韵学史[M].北京:商务印书馆,2011.

李小荣著.汉译佛典文体及其影响研究[M].上海:上海古籍出版社,2010.

李知沅撰.现代汉语外来词研究[M].台北:文鹤出版有限公司,2004.

梁晓红、徐时仪、陈五云著.佛经音义与汉语词汇研究[M].北京:商务印书馆,2005.

陆宗达、王宁著.训诂方法论[M].北京:中国社会科学出版社,1983.

罗根泽编著.魏晋六朝文学批评史[M].重庆:商务印书馆,1943.

罗正坚著.汉语词义引申导论[M].南京:南京大学出版社,1996.

吕澂著.中国佛学源流略讲[M].北京:中华书局,1979.

马祖毅著.中国翻译简史:"五四"运动以前部分[M].北京:中国对外翻译出版公司,1984.

马祖毅著.中国翻译简史:"五四"以前部分[M].增订版.北京:中国对外翻译出版公司,1998.

马祖毅等著.中国翻译通史:古代部分[M].武汉:湖北教育出版社,2006.

(日)末木文美士著,涂玉盏译.日本佛教史[M].台北:南周出版,2002.

热扎克·买提尼牙孜主编.西域翻译史[M].2版.乌鲁木齐:新疆大学出版社,1996.

任继愈主编.中国佛教史[M].北京:中国社会科学出版社,1981.

沈国威著.近代中日词汇交流研究:汉字新词的创制、容受与共享[M].北京:中华书局,2010.

(日)实藤惠秀著,谭汝谦、林启彦译.中国人留学日本史[M].修订译本.北京:北京大学出版社,2012.

汤用彤著.汉魏两晋南北朝佛教史[M].台北:台湾商务印书馆股份有限公司,1936.

汤用彤著.汉魏两晋南北朝佛教史[M].增订本.北京:北京大学出版社,2011.

王宏印著.新译学论稿[M].北京:中国人民大学出版社,2011.

王宏印著.中国传统译论经典诠释——从道安到傅雷[M].武汉:湖北教育出版社,2003.

王力著.汉语史稿[M].北京:中华书局,2004.

王铁钧著.中国佛典翻译史稿[M].北京:中央编译出版社,2006.

王文颜著.佛典汉译之研究[M].台北:天华出版事业股份有

限公司,1984.

王晓元著.翻译话语与意识形态——中国 1895—1911 年文学翻译研究[M].上海:上海外语教育出版社,2010.

吴海勇著.中古汉译佛经叙事文学研究[M].北京:学苑出版社,2004.

谢天振著.译介学[M].上海:上海外语教育出版社,1999.

徐世荣著.古汉语反训集释[M].合肥:安徽教育出版社,1989.

杨曾文著.日本佛教史[M].北京:人民出版社,2008.

俞晓红著.佛教与唐五代白话小说研究[M].北京:人民出版社,2006.

甄金著.蒙古秘史学概论[M].呼和浩特:内蒙古教育出版社,1996.

(二) 论文

Begr, Wolfgang. "'To translate' is 'to exchange' 譯者言易也: Linguistic Diversity and the Terms for Translation in Ancient China." [G]//Michael Lackner & Natascha Vittinghoff (eds.). *Mapping Meanings: The Field of New Learning in Late Qing China*. Leiden: Brill, 2004: 173 - 209.

Cheung, Martha P. Y. "Ji (寄), Xiang (象), Didi (狄鞮), Yi (譯) — A Study of Four Key Terms in Ancient Chinese Discourse on Translation." [G]//Luo Xuanmin (ed.). *Translation Studies: An Interdisciplinary Approach*, 2006: 240 - 257.

Jakobson, Roman. "On linguistic Aspects of Translation."

[G]//Lawrence Venuti（ed.）. *The Translation Studies Reader*. London：Routledge，2000：113－118.

白杨. 玄奘研究综述（1994—2007）（上）[J]. 新疆师范大学学报（哲学社会科学版），2008，29(1)：20－25.

白杨. 玄奘研究综述（1994—2007）（下）[J]. 新疆师范大学学报（哲学社会科学版），2008，29(2)：28－33.

（日）坂本幸男.《华严经》和三藏、二藏、十二部经之关系[G]//张曼涛主编. 华严典籍研究（华严学专集研究之四）. 台北：大乘文化出版社，1978：65－104.

曹明伦. 中国当代译论对佛教典籍的失察和误读[J]. 四川大学学报（哲学社会科学版），2011(6)：53－60.

曹仕邦. 中国佛教译经史研究余渖之四[G]//曹仕邦著. 中国佛教译经史论集. 台北：东初出版社，1990：187－202.

陈福康. 古代佛经翻译理论的传统文化意义[J]. 外国语（上海外国语学院学报），1991(4)：57－63.

陈福康. 论鲁迅的"直译"与"硬译"[J]. 鲁迅研究月刊，1991(3)：10－17.

陈士强. 汉译佛经发生论[J]. 复旦学报（社会科学版），1994(3)：95－101.

陈寅恪. 童受《喻鬘论》梵文残本跋[G]//陈寅恪著. 陈寅恪先生全集. 台北：里仁书局，1979：1391－1395.

陈宗宝. 综述我国佛教经典翻译[J]. 外语教学，1982(2)：60－64.

方广锠. 玄奘"五种不翻"三题[J]. 法音，2006(10)：11－15.

（日）飛田良文. 近代語研究の資料[G]//（日）土屋信一编. 現代語：日本語研究論集15. 东京：有精堂出版株式会社，1983

（昭和五十八年）：51－66.

冯天瑜、邓新华.中、日、西语汇互动与近代新术语形成[J].浙江社会科学,2002(4)：121－128.

韩焕忠.中国佛教的译经策略[J].宗教学研究,2011(4)：100－103.

贺爱军、乔璐璐.从"译"到"翻译"——翻译本体话语的演变与分析[J].宁波大学学报（人文科学版）,2013,26(1)：41－44、49.

胡晨飞."直译""意译"之历史溯源与理论界说[J].英语研究,2009(1)：51－56,39.

黄宝生.佛经翻译的启示[N].中华读书报.2003－07－09.

黄宝生.佛经翻译文质论[J].文学遗产,1994(6)：4－11.

黄月圆.复合词研究[J].国外语言学,1995(2)：1－9.

（日）吉野政治.蘭書三訳法の起源とその名称[J].同志社女子大学日本語日本文学,2014,26：41－57.

（日）酒井シヅ.『解体新書』と『重訂解体新書』[C]//洋学史研究会编.大槻玄沢の研究.京都：思文阁出版,1991：97－158.

李雪涛."玄奘译言考辨"辨[J].中国翻译,1994(3)：56.

李养正.关于唐初僧道译《老》为梵的争论[J].世界宗教研究,1996(3)：83－90.

刘力力、王育林、马燕冬.从"大机里尔"到"胰"——荷兰语医学名词"alvleesklier"汉译探微[J].中西医结合学报,2011,9(10)：1158－1160.

刘梦溪.汉译佛典与中国的文体流变[G]//刘梦溪著.传统的误读.石家庄：河北教育出版社,1996：28－45.

刘梦溪.中国古代文论何以最重文体——汉译佛典与中国的文体流变之一[J].文艺研究,1992(3)：75－82.

陆宗达、王宁.古汉语词义研究——关于古代书面汉语词义引申的规律[J].辞书研究,1981(2):31-42.

罗新璋.我国自成体系的翻译理论[G]//罗新璋编.翻译论集.北京:商务印书馆,1984:1-19.

牟润孙.论儒释两家之讲经与义疏[G]//牟润孙著.注史斋丛稿.增订本.北京:中华书局,2009:88-155.

穆雷.为翻译学事业培养人才——第二届全国翻译学博士论坛综述[J].上海翻译,2006(4):14-18.

牛亚华.中日接受西方解剖学之比较研究[D].西安:西北大学,2005.

(日)平山久雄.安然《悉昙藏》里关于唐代声调的记载——调值问题[C]//《纪念王力先生百年诞辰学术论文集》编辑委员会编.纪念王力先生百年诞辰学术论文集.北京:商务印书馆,2002:16-22.

钱国红.晚清中国的社会转型与日本研究——以郭嵩焘、黄遵宪、梁启超为例[C]//中国史学会、中国社会科学院近代史研究所编.黄遵宪研究新论——纪念黄遵宪逝世一百周年国际学术研讨会论文集.北京:社会科学文献出版社,2007:127-149.

钱锺书.林纾的翻译[G]//钱锺书.七缀集.北京:三联书店,2002:77-114.

裘禾敏.从格义看佛教中国化过程中翻译策略的演进[J].外语教学理论与实践,2009(4):71-75.

佚名.直訳・意訳の語源[J].言語生活,1968,197(2):20.

任东升、裴继涛.机构性翻译的"场域"视点——佛经译场与圣经译委会比较[J].解放军外国语学院学报,2012,35(6):76-82.

邵文利.古汉语词义引申方式新论[J].山东大学学报(哲学社会科学版),2003(2):93-98.

沈国威.汉语的近代新词与中日词汇交流——兼论现代汉语词汇体系的形成[J].南开语言学刊,2008(1):72-88.

沈国威.回顾与前瞻:日语借词的研究[J].日语学习与研究,2012.(3):1-9.

沈国威.西方新概念的容受与造新字为译词——以日本兰学家与来华传教士为例[J].浙江大学学报(人文社会科学版),2010,40(1):121-134.

沈国威.现代汉语中的日语借词之研究:序说[J].日语学习与研究,1988(5):14-19.

史原朋.《金刚经》及其不同译本研究[J].中国宗教,2009(2):29-31.

释界空.罗什大师和玄奘三藏译经风格之比较[G]//释济群主编.闽南佛学:第6辑.北京:宗教文化出版社,2009:388-400.

舒志田.『全体新論』と『解体新書』(重訂版を含む)との語彙について——日本の洋学から中国への影響の可能性[J].或问,2004.8:53-74.

(日)松村明.翻譯・對譯・義譯——解體新書とその譯語(一)[J].国語研究室,1964,2:76-80.

苏晋仁.三藏文体与译经通例[G]//王尧主编.佛教与中国传统文化:上册.北京:宗教文化出版社,1997:204-250.

孙昌武.关于佛典翻译文学的研究[J].文学评论,2000(5):12-22.

汤用彤.论"格义"——最早一种融合印度佛教和中国思想的方法[G]//汤用彤著.汤用彤全集(第5卷).石家庄:河北人民出版社,2000:231-242.

屠承先.中国佛教在日本的流传与影响[J].佛学研究,1996:
108 - 114.

王春燕.古代汉语词义引申的认知视角初探[D].北京:首都
师范大学,2009.

王国强、邹桂香.西学汉籍东传日本述略[J].图书与情报,
2004(5):51 - 54、57.

王立达.现代汉语中从日语借来的词汇[J].中国语文,1958
(2):90 - 94.

王宁.训诂原理概说[G]//王宁著.训诂学原理.北京:中国国
际广播出版社,1996:32 - 87.

王若昭.《繙清说》简介[J].中国翻译,1988(2):31 - 33.

王兴业.引申义的演变规律初探[G]//河南省语言学会编.汉
语论丛:第2辑.开封:河南大学出版社,1992:306 - 320.

王子今."重译":汉代民族史与外交史中的一种文化现象
[J].河北学刊,2010,30(4):52 - 56.

尉迟治平.日本悉昙家所传古汉语调值[J].语言研究,1986
(2):17 - 35.

魏承思.中国佛经翻译理论概观[J].佛教文化,1991(3):
44 - 47.

温金玉.南山律师道宣[J].五台山研究,1990(1):26 - 28、33.

乌云高娃.东亚"译语"考——兼论元明与朝鲜时代"译语"意
义之演变[G]//南京大学民族研究所、暨南大学中国文化史籍研
究所、香港教育学院社会科学系编.元史及民族史研究集刊(第14
辑).海口:南方出版社,2001:166 - 179.

五老旧侣.佛教译经制度考[G]//张曼涛主编.佛典翻译史
论.台北:大乘文化出版社,1981:171 - 186.

谢锐.《金刚经》六种汉语译本的相互关系[J].图书馆理论与实践,2011(12):61-64.

谢思田.我国译史发端界说——中国翻译释意思想起源的寻迹[J].外国语,2011,24(2):78-83.

徐克伟.《翻译新定名义解》初探[D].北京:北京大学,2012.

徐有富.《书序》考[J].古典文献研究,2005:208-224.

杨磊.《繙清说》翻译思想解读[J].作家,2014(2):163-164.

杨全红.玄奘翻译思想辨伪[J].解放军外国语学院学报,2010,33(6):61-65、80.

杨廷福.略论玄奘在中国翻译史上的贡献[G]//杨廷福著.玄奘论集.济南:齐鲁书社,1986:88-105.

袁锦翔.玄奘译言考辨[J].中国翻译,1993(2):24-26.

苑艺、朱荣宽.中国古代翻译理论初探[J].中国翻译,1984(1):6-9,21.

张伯伟.佛经科判与初唐文学理论[J].文学遗产,2004(1):60-70.

张德劭.钱锺书的翻译思想[J].语言与翻译,1995(3):57-67.

张广达.论隋唐时期中原与西域文化交流的几个特点[J].北京大学学报(哲学社会科学版),1985(4):1-13.

张建木.玄奘法师的翻译事业[J].法音,1983(2):8-13.

张建木.玄奘法师的译经事业(续一)[J].法音,1983(3):8-13.

张建木.玄奘法师的译经事业(完)[J].法音,1983(4):12-16.

张鹏飞.辨章"反切"[J].江汉大学学报(人文科学版),2008

（6）：63 - 67.

张雪明.字的本义及其它[G]//《汉语大字典》湖北省编辑部编.汉字的源和流.武汉：湖北辞书出版社,1986：116 - 121.

张哲嘉.《重订解体新书》对三译原则的运用[C]//黄自进主编.东亚世界中的日本与台湾.台北："中研院"人文社会科学研究中心,2013：41 - 64.

张哲嘉.《重订解体新书》译词的改定与方法[C]//（日）铃木贞美、刘建辉编.東アジアにおける知的交流：キイ・コンセプトの再検討.京都：国際日本文化研究センター,2013：225 - 235.

张哲嘉.『全体新論』と『解体新書』の漢字医学術語について[C]//（日）铃木贞美、刘建辉编.東アジアにおける近代諸概念の成立.京都：国際日本文化研究センター,2012：173 - 178.

张哲嘉.逾淮为枳：语言条件制约下的汉译解剖学名词创造[C]//沙培德、张哲嘉主编.近代中国新知识的建构.台北："中研院",2013：21 - 52.

赵巍、马艳姿.传统译论中的翻译策略术语研究——重九译、重译、九译、直译和音译[J].西安外国语大学学报,2010,（3）：93 - 95.

赵巍、石春让."文质"的现代转化问题——兼论传统译论的价值和现代阐释[J].上海翻译,2009（3）：14 - 18.

郑奠.谈现代汉语中的日语借词[J].中国语文,1958（2）：95.

朱佩弦.玄奘的翻译理论和实践及其对当代汉语外译的价值与影响[D].武汉：华中师范大学,2012.

邹桂香.十六至十八世纪西学文献在中国的传播[D].郑州：郑州大学,2005.

（三）工具书

比丘明复编.中国佛学人名辞典[M].北京：中华书局,1988.

陈玉堂编著.中国近现代人物名号大辞典[M].全编增订本.杭州：浙江古籍出版社,2005.

慈怡主编.佛光大辞典[M].高雄：佛光出版社,1988.

丁福保编.佛学大辞典[M].上海：上海书店,1991.

方梦之主编.中国译学大辞典[M].上海：上海外语教育出版社,2011.

高亨纂著,董治安整理.古字通假会典[M].济南：齐鲁出版社,1989.

《古汉语常用字字典》编委会编.古汉语常用字字典[M].彩色版.北京：外文出版社,2011.

谷衍奎编.汉字源流字典[M].北京：语文出版社,2008.

[梁]顾野王著.大广益会玉篇[M].北京：中华书局,1987.

[晋]郭璞注,[宋]邢昺疏,王世伟整理.尔雅注疏[M].上海：上海古籍出版社,2010.

汉语大字典编辑委员会编纂.汉语大字典[M].2版.成都：四川辞书出版社.2010.

华学诚汇证,王智群、谢荣娥、王彩琴协编.扬雄方言校释汇证[M].北京：中华书局,2006.

蓝吉富主编.中华佛教百科全书[M].台南：中华佛教百科文献基金会,1994.

林煌天主编.中国翻译词典[M].武汉：湖北教育出版社,1997.

刘正埮、高名凯、麦永乾、史有为编.汉语外来语词典[M].上海：上海辞书出版社,1984.

陆德明撰,黄焯断句.经典释文[M].北京:中华书局,1983.

陆德明撰,黄焯汇校,黄延祖重辑.经典释文汇校[M].北京:中华书局,2006.

罗竹风主编.汉语大词典[M].上海:上海辞书出版社,1986.

马天祥、萧嘉祉编著,李毅夫校订,周祖谟审定.古汉语通假字字典[M].西安:陕西人民出版社,1991.

[清]钱绎撰集,李发舜、黄建中点校.方言笺疏[M].北京:中华书局,1991.

裘沛然主编.中国医籍大辞典[M].上海:上海科学技术出版社,2002.

日本讲谈社编,上海译文出版社编译.日汉大辞典[M].上海:上海译文出版社,2002.

沈起炜、徐光烈编著.中国历代职官词典[M].上海:上海辞书出版社,1992.

王海根编纂.古代汉语通假字大字典[M].福州:福建人民出版社,2006.

[清]王念孙著,钟宇讯点校.广雅疏证[M].北京:中华书局,1983.

谢桂华、李均明、朱国炤著.居延汉简释文合校[M].北京:文物出版社,1987.

徐宗泽编著.明清间耶稣会士译著提要[M].北京:中华书局,1989.

[汉]许慎撰,[宋]徐铉校定.说文解字[M].南京:江苏古籍出版社,2001.

[汉]许慎撰,[清]段玉裁注.说文解字注[M].郑州:中州古籍出版社,2006.

许伟建著.上古汉语通假字字典[M].深圳:海天出版社,1989.

杨树达著.词诠[M].上海:上海古籍出版社,2006.

张志哲主编.中华佛教人物大辞典[M].合肥:黄山书社,2006.

[明]张自烈、[清]廖文英编,董琨整理.正字通[M].北京:中国工人出版社,1996.

震华法师编.中国佛教人名大辞典[M].上海:上海辞书出版社,1999.

中国简牍集成编辑委员会编.中国简牍集成[M].标注本.兰州:敦煌文艺出版社,2001.

中国社会科学院考古研究所编.居延汉简甲乙编[M].北京:中华书局,1980.

中国社会科学院语言研究所词典编辑室编.现代汉语词典[M].5版.北京:商务印书馆,2005.

周家珍编著.20世纪中华人物名字号辞典[M].北京:法律出版社,2000.

周叔迦著.释家艺文提要[M].北京:北京古籍出版社,2004.

[清]朱骏声编著.说文通训定声[M].北京:中华书局,1984.

竺摩法师鉴定,陈义孝居士编.佛学常见词汇[M].台北:财团法人佛陀教育基金会,2002.

宗福邦、陈世铙、萧海波主编.故训汇纂[M].北京:商务印书馆,2003.

(日)惣郷正明、飛田良文编.明治のことば辞典[M].东京:东京堂出版,1986.

后　记

　　吾诗已成。/无论大神的震怒,/还是山崩地裂,/都不能把它化为无形!

——奥维德《变形记》

　　最初看到这几行诗,是在王小波的文章里,写完博士论文的那一刻,忽然从心底冒了出来。这本小书,便是在我博士论文的基础上修订而成的。它当然不配和这杰出的诗篇相提并论,但一如十月怀胎诞下的丑儿,终归敝帚自珍。

　　写作论文的过程,漫长而艰辛。很多时候,我都觉得自己在一个漆黑的甬道子了前行,不知道出口会在哪里。我把自己想象成一部高速运转的机器,脑子里转动的是严丝合缝的齿轮和螺钉。我也害怕,害怕自己忘了"对酒当歌人生几何",忘了"三秋桂子十里桃花"。不过还算幸运,我好像没有把它们弄丢。

　　一直很感念导师王宏志老师当年的"收留",我总担心他会不会很后悔收了一个像我这样鲁钝的学生。然而在那些近乎惨淡的日子里,他却给了我很多鼓励和安慰。他会推掉活动,专程从香港飞来帮我开题、答辩;他会跟我分享童年第一次过海关时留下的阴影;他会在 QQ 上告诉我,他也喜欢卡朋特的歌,喜欢那句"I know I ask perfection of a quite imperfect world and fool enough to think that's what I'll find."学术上，他任由我按自己的兴趣换掉早已动笔的题目，他从来不把自己的理念强加给我，而总是鼓励我表达自己的想法。与其说是"supervisor"，他更像一个"mentor"。而恰恰是在这种平等的气氛里，我越来越被他的治学方法和态度所吸引，被他对史料抽丝剥茧、去芜存菁的智慧和行云流水般的文风所吸引——尽管直到如今，我都还是一个笨拙的学徒。

这一路走来，特别感激陈思和老师和王安忆老师对我的关照。在复旦的十年间，几乎每一个重要关口，都是在陈老师的全力支持下才得以顺利迈过。本科开始听陈老师讲巴金，讲萧红，讲《雷雨》，讲《孽子》……他告诉我一个真正的理想主义者要去脚踏实地践行自己的梦想，他教我去接纳泥沙俱下却生机勃勃的现实。在他的课堂里，我既感到渺小，也感到前所未有的力量。

王安忆老师是我的硕士导师，虽然我在博士阶段的研究课题已距离文学创作很远，但她始终记挂着我的学业，记挂着可能对我的论文有帮助的任何材料。在我最迷茫、最低落的时候，也是王老师帮我规划未来的图景，让我鼓起继续前进的勇气。无论是她自己的生活，还是她笔下的生活，都扎实得像一块闪闪发亮的红烧肉，教我去填补那些挥之不去的虚无。王老师所给我的关怀，是我毕生都无以回报的。

还要感谢我的本科毕业论文导师陈引驰老师，当年允许我旁听他的研究生小课，我对学术的兴趣正是在那时萌生的。感谢傅杰老师的教诲，他让我明白"学问"二字的分量。感谢杨乃乔老师的耳提面命，使我不敢须臾懈怠。感谢陈力卫老师不厌其烦地帮我查阅材料，甚至专程到京都大学找来我需要的重要文献扫描给我。感谢查明建老师、邹振环老师、王东风老师、罗岗老师、戴从容老师，以及两位匿名评审专家对论文提出的宝贵意见。感谢王宏图老师和龚静老师对我的关心和帮助。感谢刘存玲老师为我的求学之路提供最大的便利，并让我有机会在助管岗位上充分锻炼自己的能力。感谢同门禹玲、唐欣玉、吴慧敏、胡梦颖和李立一直为我加油打气。感谢徐克伟和孙若圣两位学友的无私帮助。感谢相濡以沫的室友陈卓和朱佑伦，有了你们的陪伴，这十年光阴才鲜活起来。感谢那一个个用绰号来称呼的小伙伴，你们有的走了，有的还在，我们共同见证过无数欢笑与泪水，也见证了彼此的成长。

　　最后当然还要感谢我的父母，感谢你们始终尊重我的选择，支持我的学业。

　　物是人非，十年转瞬。是为记。

2015 年 6 月 2 日

于复旦大学北区 123 号楼 202 室初稿

2020 年 9 月改定

图书在版编目(CIP)数据

"直译""意译"观念溯源：从佛经翻译到兰学翻
译 / 陶磊著. —上海：上海古籍出版社，2020.10
ISBN 978 - 7 - 5325 - 9745 - 1

Ⅰ.①直… Ⅱ.①陶… Ⅲ.①佛经—翻译—研究—中
国②科学技术—翻译—研究—日本 Ⅳ.①B949.2
②G301

中国版本图书馆 CIP 数据核字(2020)第 169828 号

"直译""意译"观念溯源
——从佛经翻译到兰学翻译

陶 磊 著

上海古籍出版社出版发行

(上海瑞金二路 272 号 邮政编码 200020)

(1) 网址：www.guji.com.cn
(2) E-mail：guji1@guji.com.cn
(3) 易文网网址：www.ewen.co

浙江临安曙光印务有限公司印刷

开本 890×1240 1/32 印张 8.375 插页 2 字数 250,000
2020 年 10 月第 1 版 2020 年 10 月第 1 次印刷
ISBN 978 - 7 - 5325 - 9745 - 1
Ⅰ·3508 定价：42.00 元
如有质量问题,请与承印公司联系